高等学校应用型"十二五"规划教材

# 生产系统建模与仿真

武 福　李忠学　　编著

雷 斌　王海涌　杨喜娟

西安电子科技大学出版社

## 内容简介

　　本书以生产系统为研究对象，从系统建模的角度全面阐述了离散事件建模与仿真技术在生产系统分析中的应用，书中的介绍借助了软件工具和应用案例，以便于读者理解与掌握。本书主要内容包括：系统、模型和仿真的基本概念，生产系统及其建模分析；离散事件系统仿真方法；生产系统的仿真方法；随机数和随机变量的生成原理及方法；Witness 仿真软件及其在生产系统仿真中的应用等。

　　本书可作为高等院校工业工程、管理工程、机械设计制造及其自动化等专业本科生与硕士研究生相关课程的教材，也可作为生产系统设计与规划、生产计划与控制、物流设施规划等领域的工程技术人员的参考书。

**图书在版编目(CIP)数据**

　生产系统建模与仿真/武福等编著. —西安：西安电子科技大学出版社，2014.8
高等学校应用型"十二五"规划教材

ISBN 978–7–5606–3415–9

Ⅰ. ① 生… Ⅱ. ① 武… Ⅲ. ① 生产管理—系统建模—高等学校—教材 ② 生产管理—系统仿真—高等学校—教材 Ⅳ. ① F273-39

**中国版本图书馆 CIP 数据核字(2014)第 163049 号**

策　　划　李惠萍
责任编辑　买永莲　李惠萍
出版发行　西安电子科技大学出版社(西安市太白南路 2 号)
电　　话　(029)88242885　88201467　　　邮　　编　710071
网　　址　www.xduph.com　　　　　　电子邮箱　xdupfxb001@163.com
经　　销　新华书店
印刷单位　陕西华沐印刷科技有限责任公司
版　　次　2014 年 8 月第 1 版　　2014 年 8 月第 1 次印刷
开　　本　787 毫米×1092 毫米　1/16　　印　　张　13
字　　数　303 千字
印　　数　1～3000 册
定　　价　23.00 元
ISBN 978 – 7 – 5606 – 3415 – 9/F

**XDUP 3707001–1**

# 前　言

工业工程(Industrial Engineering，IE)起源于 20 世纪初的美国，它以现代工业化生产为背景，在发达国家得到了广泛应用。现代工业工程是以大规模工业生产及社会经济系统为研究对象，在制造工程学、管理科学和系统工程学等学科基础上逐步形成和发展起来的一门交叉的工程学科。它是将人、设备、物料、信息和环境等生产系统要素进行优化配置，对工业等生产过程进行系统规划与设计、评价与创新，从而提高工业生产率和社会经济效益的专门化的综合技术，且内容日益广泛。

本书以生产系统为研究对象，从系统建模的角度全面阐述了离散事件建模与仿真技术在生产系统分析中的应用原理和技术方法，并借助于软件工具和应用案例的介绍与分析，使学生能够全面认识和理解系统建模与仿真技术(尤其是计算机仿真技术)在生产系统工程中的应用，掌握利用某些工具对生产系统进行仿真分析的方法，并在掌握相关理论知识的同时，培养和提高其自身的实践能力。

本书共分 7 章。第 1 章分析了系统、模型和仿真的基本概念，生产系统及其基本特征，当前生产系统面临的主要问题以及生产系统建模与仿真的主要内容，并给出了应用案例；第 2 章以生产系统为研究对象，介绍了离散事件系统的基本概念以及离散事件系统建模的基础理论，重点介绍了离散事件系统建模的主要方法，如实体流图法、活动循环图法、Petri 网理论、面向对象的建模方法和统一建模语言(UML)等几种常见的离散事件系统建模方法，最后对典型生产系统中的库存系统的模型进行了分析；第 3 章分析了生产系统的仿真方法，内容包括仿真调度策略、仿真时钟推进机制以及消息驱动的仿真机制，介绍了蒙特卡罗仿真的基本原理，并给出了应用案例；第 4 章介绍了系统建模与仿真的随机数和随机变量的概念及生成原理和方法，最后作为特例介绍了 Witness 随机分布函数及其生成；第 5～7 章分析了仿真软件的发展历程，介绍了生产系统仿真软件的概念和特点，并以 Witness 软件为重点，介绍了仿真软件的功能、元素的定义和组成及其应用步骤，并以单排队加工系统、库存系统、供应链系统为例，给出了仿真和优化案例。

参加本书编写的有武福(第 1 章)、李忠学(第 2 章)、雷斌(第 3 章、第 4 章)、王海涌(第 5 章、第 6 章 6.1 节)、杨喜娟(第 6 章 6.2 节、第 7 章)，武福对全书进行了统稿。此外，兰州交通大学的吴国祥，兰州理工大学的常蓬浩，兰州工业学院的刘瑞玲，参与了部分章节的撰写与校订工作，裴明高、崔丽婷、马超、张治娟、朱正凯、武乡等学生在文献检索、材料准备等方面做了大量工作，在此谨致谢意。

本书的编写得到了祁文哲教授自始自终的指导与帮助，在此，致以衷心的感谢。

本书的编写还引用和参考了许多专家、学者的研究成果，谨致谢意。

鉴于本书涉及的知识面非常广，加之编者水平所限，书中不可避免地存在着诸多的不足，恳请广大读者批评指正。

本书获甘肃省高等学校基本科研业务费专项资金项目(212085，211124)资助。

编 者

2014 年 1 月

# 目　录

# 第1章 绪 论

## 1.1 系统、模型与仿真的基本概念

### 1.1.1 系统、模型与仿真

#### 1. 系统

"系统"一词是随着美籍奥地利生物学家创立的"一般系统论"而开始流行起来的。系统论是指 "从更一般的意义上制定出适用于各种系统的原理和模型，而不讨论它们的特殊种类、元素及其所包含的各种力"。

所谓系统，是一组对象的集合或总和，它们按照某些规律结合起来，相互作用、相互依存，来达到某种特定的目的。例如，我们可以将制造汽车的总装生产线定义为一个系统，各种汽车零部件按一定的节拍由传送带运输，经过一道道工序，操作人员(或机器人)将零部件按工艺流程要求进行装配，最终生产出各种汽车。工人、机器以及零部件等为生产高质量的交通工具而组织起来，一起在装配线上运作。在该系统中，操作人员与零部件相互作用，传送带的速度、零部件到达的节拍均影响着操作人员的忙闲状态和工作的紧张程度，而工艺的划分、零部件到达的及时性也影响着生产线的效率。

系统可以分为离散系统和连续系统两大类，如图 1.1 所示。离散系统是指状态变量只在某个离散的时间点集合上发生变化的系统；连续系统则是指状态变量随时间连续变化的系统。

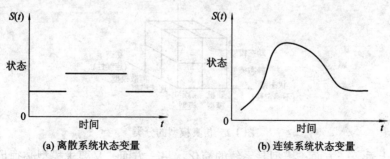

(a) 离散系统状态变量          (b) 连续系统状态变量

图 1.1　离散系统与连续系统

实际上很少有系统是完全离散或完全连续的，但对于大多数系统来说，由于某一类型的变化占主导地位，因此会将系统划分为离散的或连续的。

尽管世界上的事物是相互联系的，但当对某一对象进行研究的时候，总是要将该对象

与其所处的环境区别开来。因此，在定义一个系统时，首先要明确系统的边界。边界确定了系统的范围，边界以外对系统的作用称为系统的输入，系统对边界以外的环境的作用称为系统的输出。

系统边界的选取，有时依赖于研究的目的。例如，在工厂系统中，控制订单到达的因素可以被认为是处于工厂的影响之外，因此属于环境的一部分。然而，如果考虑供应对需求的影响，则在工厂输出和订单到达之间将会存在一种关系，而这一关系被认为是系统的一个活动。

为了对系统进行描述，人们总结出系统的"三要素"，即实体、属性和活动。所谓的实体，是指组成该系统的具体对象，例如，某商品销售系统中的实体有经理、部门、商品、货币和仓库等。实体确定了系统的构成，也就确定了系统的边界。属性是指这些实体所具有的每一项有效特性，如部门的属性有人员数量、职能范围，商品的属性有生产日期、进货价格、销售日期、销售价格等。属性也称为描述变量，描述每一个实体的特征，其中系统的状态属性对研究对象在任意时刻的描述来说是必要的。活动是指随着时间的推移，在系统内部由于各种原因而发生的变化过程，如在该商品销售系统中库存商品数量的变化、零售商品价格的增长等。活动定义了系统内部实体之间的相互作用，从而确定了系统内部发生变化的过程。

### 2. 模型

模型被定义为"用于研究目的的系统的表示"，是对现实世界的一种抽象。它描述了现实世界中实际系统的某些主要特点或属性，具有以下三个方面的特征：

(1) 它是对现实世界一部分的抽象或模仿。

(2) 它由与分析问题有关的因素构成。

(3) 它表明了有关因素间的相互关系。

一般来说，模型可以划分为图形与实物模型和数学(分析)模型两大类。数学模型是使用符号标记和数学方程来对系统进行描述的。仿真模型则是系统的一类特殊数学模型，它又可以划分为静态的或动态的、确定的或随机的、离散的或连续的，如图1.2所示。

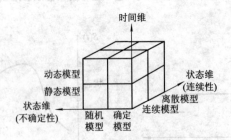

图1.2　仿真模型的分类

从定义上看，一方面，模型是系统的简化；另一方面，又要求模型必须足够详细，以便能够对真实的系统得出有效的结论。开发模型的目的是将模型作为替代来帮助人们对原物进行假设、定义、探索、理解、预测、设计，或与原物的某一部分进行通信。为了研究、分析、设计和实现一个系统，需要进行实验。实验的方法基本上可分为两大类：一种是直接在真实系统上进行；另一种是先构造模型，通过对模型的实验来代替或部分代替对真实系统的实验。传统上大多采用第一种方法，随着科学技术的发展，尽管第一种方法在某些情况下仍然是必不可少的，但第二种方法正逐渐成为人们更为常用的方法，其主要原因在于：

(1) 系统还处于设计阶段，真实的系统尚未建立，人们需要更准确地了解未来系统的性能，这只能通过对模型的实验来了解。

(2) 在真实系统上进行实验可能会破坏系统或引发故障。

(3) 需要进行多次实验时，难以保证每次实验的条件相同，因而无法准确判断实验结果的优劣。

(4) 实验后，系统难以复原。

(5) 实验时间太长或费用昂贵。

因此，用模型来进行实验已成为科学研究与工程实践中不可缺少的手段，日益为人们所青睐。

### 3. 仿真

1961 年，摩根扎特(G.W.Morgenthater)首先对"仿真"进行了技术性定义，即"在实际系统尚不存在的情况下，对系统或活动本质的实现"。接着科恩(G.A.Korn)于 1978 年在其所著的《连续系统仿真》一书中将仿真定义为"用能代表所研究的系统的模型做实验"。1982 年，斯普瑞特(J. Spriet)进一步将仿真概念的内涵加以扩充，将其定义为"所有支持模型分析的活动为仿真活动"。奥伦(Oren)于 1984 年在给出了仿真的基本概念框架"建模—实验—分析"的基础上，提出了"仿真是一种基于模型的活动"的定义，这被认为是现代仿真技术的一个重要概念。

根据模型的类型(物理属性)，系统仿真可以分成物理仿真、数学仿真和物理—数学仿真。物理仿真是按照真实系统的物理性质构造系统的物理模型，并在物理模型上进行实验。数学仿真是按照真实系统的数学关系构造系统的数学模型，并在数学模型上进行实验。数学仿真的特点是经济、方便。计算机为数学模型的建立与实验提供了较大的灵活性，目前的数学仿真一般就是在计算机上建立系统的数学模型并进行实验。因此数学仿真通常也称为计算机仿真。物理—数学仿真就是把系统的一部分写成数学模型，而对另一部分则构造其物理模型，然后将它们连接成系统模型进行实验，也称为半实物仿真。

根据仿真中所用计算机的类型，系统仿真又可以分为模拟仿真、数字仿真和混合仿真。

根据仿真的研究对象，系统仿真可以分成连续系统仿真、离散事件系统仿真和混合系统仿真。

综上所述，系统、模型和仿真三者之间有密切的关系。系统是研究的对象，模型是系统的抽象，仿真通过对模型的实验以达到研究系统的目的。

从应用的角度来看，仿真是一个设计和建立实际系统或所设想系统的计算机模型的过程，以便通过数值实验来更好地理解系统在给定条件下的行为。仿真可以再现系统的状态、动态行为及性能特征，用于分析系统配置是否合理、性能是否满足要求，预测系统可能存在的缺陷，为系统的设计提供决策支持和科学依据。现代仿真技术大多是在计算机支持下进行的，因此，系统仿真也往往被称为计算机仿真，即借助于专门的计算机软件来模仿实际系统的运作或特征(通常随时间变化)，进而来研究各种不同的系统模型。尽管也可以用它来研究一些简单系统，但只有在研究复杂系统时，其威力才能真正地发挥出来。

计算机仿真包含了系统建模、仿真建模和仿真实验三个基本的活动。联系这三个活动的是系统仿真的三要素，即系统、模型和计算机(包括硬件和软件)。三者之间的关系可用图1.3来描述。

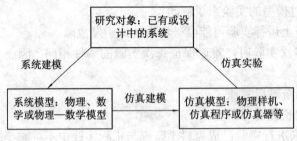

图 1.3  计算机仿真的要素与内容

## 1.1.2  系统建模与仿真的应用

仿真是分析、评价和优化系统性能的一种技术手段。与运筹学(优化)模型等相比，仿真模型无需对系统作过多简化，能更真实地反映系统的结构和性能特征。优化模型通常仅给出优化结果，而仿真可以再现系统的动态运行过程。

目前，数字化仿真已广泛应用于产品开发和制造系统研制过程中，成为系统方案论证、规划设计、参数及性能优化研究的有效工具。表 1.1 总结了仿真技术在新产品开发及制造系统中的应用。

表 1.1  仿真技术在新产品开发及制造系统中的应用

| 阶　　段 | 应 用 内 容 |
| --- | --- |
| 概念化设计 | 对产品或制造系统的设计方案进行技术、经济分析及可行性论证 |
| 设计建模 | 建立零部件及制造系统模型，以判断产品造型、结构及物理特性是否满意 |
| 设计分析 | 仿真分析零部件及制造系统的运动学、静力学、动力学、可靠性等性能 |
| 设计优化 | 优化系统材料、结构、配置及参数，实现系统性能的优化 |
| 制造 | 通过对加工、装配及生产工艺的仿真，评价系统的制造工艺和制造成本等 |
| 样机试验 | 通过虚拟样机试验，分析系统的动态性能指标，并调整系统结构及参数，实现性能的改进及优化 |

对制造企业而言，系统建模与仿真技术可以从以下几个方面提升企业的竞争力：

(1) 有利于提高产品及制造系统的开发质量。传统的机械产品或制造系统开发多以满足基本使用要求为准则。市场竞争的加剧和相关技术的发展，使得产品及系统全寿命周期的综合性能(如交货期、质量、成本以及服务等)最优成为设计的核心准则。

然而，物理仿真往往难以复现产品或系统在全寿命周期内可能出现的各种复杂工作环境，或因复现环境的代价太高而难以付诸实施。数字化仿真技术可以克服上述缺点，在产品或制造系统未实际开发出来之前，研究系统在各种工作环境下的表现，以保证系统具有良好的综合性能。

(2) 有利于缩短产品的开发周期。传统的产品开发遵循设计、制造、装配、样机试验的串行开发模式，而简单的计算分析难以准确地预测被设计产品的实际性能，通常需通过样机试制和样机试验结果，确定设计方案的优劣，以便修改、完善设计。因此，产品开发过程复杂、成功率低、周期长。采用数字化仿真技术，可以在计算机上完成产品的概念设计、结构设计、加工、装配以及系统性能的仿真，提高设计的一次成功率，缩短设计周期。

据报道，美国 Boeing 公司 777 型飞机的开发广泛采用了数字化仿真技术，在计算机和网络环境中完成飞机设计、制造、装配及试飞的全部过程，取消了传统的风洞试验、上天试飞等物理仿真及试验环节，使开发周期由原先的 9～10 年缩短为 4.5 年。Boeing 777 的全数字和无纸化生产，充分展现了数字化仿真的强大作用，开创了复杂制造系统开发的全新模式。

(3) 有利于降低产品及制造系统的开发成本。数字化仿真以虚拟样机代替实际样机或模型进行试验，能显著地降低开发成本。例如，汽车车身覆盖件的设计不仅要考虑运行阻力、外观造型等因素，还要考虑汽车受到碰撞时车上人员的安全性因素。在传统的车身覆盖件开发中，每种车型都要进行撞车试验，以验证车身的变形状况，多者需要毁坏十几辆车。基于计算机软件的撞车试验，可以减少碰撞试验的次数甚至取消撞车试验，从而极大地降低开发成本。

目前，Ford、BMW、FIAT、Volvo 等世界领先汽车制造企业的汽车新产品开发已经彻底摒弃了传统的开发模式。在基于网络系统的开发及制造环境下，传统的串行工程和物理样机的开发模式已经被并行开发过程所取代，从产品的概念设计、样机制造到样机性能试验及修改完善等所有环节都在计算机和网络环境中完成，从而极大地加快了新产品的开发速度，降低了开发成本，使企业在激烈的市场竞争中保持优势。

(4) 可以完成复杂产品或系统的操作培训。对于复杂产品或技术系统(如飞机、核电站)而言，系统操作人员必须经过严格培训。但是，若以真实产品或系统进行培训，成本高，且存在很大风险。采用数字化仿真技术，可以再现系统运行过程，模拟系统的各种状态，甚至可以设计出各种"故障"和"险情"，使操作人员接受全面而系统的训练，既降低了培训成本，也能取得很好的培训效果。

除制造系统外，系统建模与仿真技术还广泛应用于军事、工程建设、管理、物流、交通运输、商务、商业等领域。表 1.2 列举了系统建模与仿真技术的部分应用。

**表 1.2 系统建模与仿真技术的应用领域**

| 应用领域 | 应 用 举 例 |
| --- | --- |
| 机械制造 | 切削加工车间生产调度、注塑模具制造与工艺仿真、汽车发动机加工工艺优化、FMS 生产平衡分析与参数优化、冲压件加工质量评估、机床传动系统可靠性评价、摩托车装配线瓶颈工序分析、轧钢厂生产流程优化、虚拟制造 |
| 半导体制造 | 半导体制造中的在制品控制、晶圆生产工艺及参数优化、晶圆生产线的调度优化 |
| 工程与项目管理 | 水电站选址、港口建设项目效益评估、机场建设调度优化、项目工期预测、项目管理优化、项目环境评估、项目成本预算、项目的技术可行性论证 |

| 应 用 领 域 | 应 用 举 例 |
|---|---|
| 军事 | 信息战环境模拟、武器效能仿真、新型装备操作培训、虚拟现实的三维作战环境构建、后勤保障系统评估、多兵种联合作战效果分析、载人航天飞船发射全过程仿真 |
| 物流及供应链管理 | 企业最佳库存分析、FMS 中物流瓶颈工序分析、企业供应链优化、车站进出站口规划、企业物资采购计划、图书馆及教学楼布局优化、汽车销售配送中心选址 |
| 交通运输 | 飞机航班调度、城市交通瓶颈预测、公交车辆调度、新机场选址、城市消防通道优化、铁路机车调度、运输企业效益评价、天然气管线优化、高速公路网规划 |
| 商业、服务及社会系统 | 超市收银台数量优化、114 查号台规模分析、自动取款机选址、医院急诊室布局、医院诊疗系统优化、银行网点布局、食堂布局、天气预报、区域人口数量预测 |

# 1.2  系统建模与仿真的一般步骤

本书的主要研究对象是制造系统，属于离散事件系统。如前所述，离散事件系统即在某个时间点上有事件发生时，系统状态才会发生改变的系统。当采用数学模型研究此类系统的性能时，模型求解大致可有两类方法，即解析法(Analytical Method)和数值法(Numerical Method)。

解析法采用数学演绎推理的方法求解模型。例如，采用 ABC 法优化库存成本；采用单纯形法求解最佳运输路线问题等。与解析法不同，数值法在对一定假设和简化的基础上建立系统模型，通过运行系统模型来"观测"系统的运行状况，通过采集和处理"观测"数据来分析和评价实际系统的性能指标。显然，采用离散事件系统仿真求解模型的方法可归类为数值法。图 1.4 分析了系统实验、模型以及数学模型求解方法之间的关系。

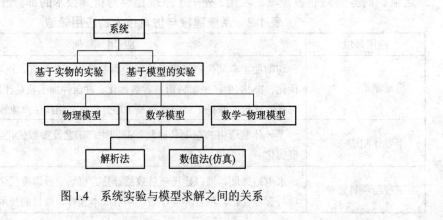

图 1.4　系统实验与模型求解之间的关系

　　系统建模与仿真的目的是分析实际系统的性能特征。图 1.5 给出了系统建模和仿真的应用步骤，总体上可分为系统分析、数学建模、仿真建模、仿真实验、仿真结果分析以及模型确认等步骤，以下简要分析各步骤的基本功能。

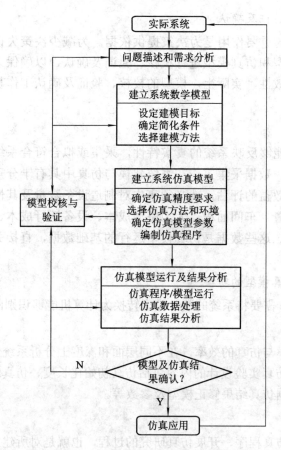

图 1.5　系统建模与仿真应用的基本步骤

　1) 问题描述与需求分析

　　建模与仿真的应用源于系统研发需求，因此应首先明确被研究系统的组成、结构、参数和功能等，划定系统的范围和运行环境，提炼出问题的主要特征和元素，以便对系统建模和仿真研究作出准确的定位和判断。

　2) 设定研究目标和计划

　　优化和决策是系统建模与仿真的目的。根据研究对象的不同，建模和仿真的目标包括性能最好、产量最高、成本最低、效率最高、资源消耗最小等。

　　根据研究目标，确定拟采用的建模与仿真技术，制定建模与仿真研究计划，包括技术方案、技术路线、时间安排、成本预算、软硬件条件以及人员配置等。

　3) 建立系统的数学模型

　　为保证所建模型符合真实系统，反映问题的本质特征和运行规律，在建立模型时要准确把握系统的结构和机理，提取关键的参数和特征，并采取正确的建模方法。按照由粗到精、逐步深入的原则，不断细化和完善系统模型。需要指出的是，数学建模时不应追求模型元素与实际系统的一一对应关系，而应通过合理的假设来简化模型，关注系统的关键元素和本质特征。此外，应以满足仿真精度为目标，避免使模型过于复杂，以降低建模和求解的难度。

4) 模型的校核、验证及确认

系统建模和仿真的重要作用是为决策提供依据。为减少决策失误，降低决策风险，有必要对所建数学模型和仿真模型进行校核、验证及确认，以确保系统模型与仿真逻辑及结果的正确性和有效性。实际上，模型的校核、验证及确认工作贯穿于系统建模与仿真的全过程中。

5) 数据采集

要想使仿真结果能够反映系统的真实特性，采集或拟合符合系统实际的输入数据显得尤为重要。实际上，数据采集工作在系统建模与仿真中具有十分重要的作用。例如，要完成一个制造车间效益的评估，就必须事先对制造设备数量及其性能、物流设备数量及性能、操作人员数量、车间面积、人力资源成本、设备运行成本、零件种类、零件数量等进行调研和分析。这些数据是仿真模型运行的基础数据，直接关系到仿真结果的可信性。

6) 数学模型与仿真模型的转换

在计算机仿真中，需要将系统的数学模型转换为计算机能够识别的数据格式。

7) 仿真实验设计

为了提高系统建模与仿真的效率，在不同层面和深度上分析系统性能，有必要进行仿真实验方案的设计。仿真实验设计的内容包括仿真初始化长度、仿真运行的时间、仿真实验的次数以及如何根据仿真结果修正模型及参数等。

8) 仿真实验

仿真实验是运行仿真程序、开展仿真研究的过程，也就是对所建立的仿真模型进行数值试验和求解的过程。不同的仿真模型有不同的求解方法。离散事件系统的仿真模型通常是概率模型。因此，离散系统仿真一般为数值试验的过程，即测试当参数符合一定概率分布规律时系统的性能指标。值得指出的是，不同类型的离散事件系统具有不同的仿真方法。

9) 仿真数据处理及结果分析

从仿真实验中提取有价值的信息，以指导实际系统的开发，是仿真的最终目标。早期仿真软件的仿真结果多以大量数据的形式输出，需要研究人员花费大量的时间整理、分析仿真数据，以便得到科学的结论。

目前，仿真软件中广泛采用图形化技术，通过图形、图表、动画等形式显示被仿真对象的各种状态，使得仿真数据更加直观、丰富和详尽，这也有利于人们对仿真结果的分析。另外，应用领域及仿真对象不同，仿真结果的数据形式和分析方法也不尽相同。

10) 优化和决策

根据系统建模和仿真得到的数据和结论，改进和优化系统结构、参数、工艺、配置、布局及控制策略等，实现系统性能的优化，并为系统决策提供依据。

# 1.3 生产系统及其建模分析

## 1.3.1 生产系统的基本概念

从系统的角度来考察产品的生产过程，就得出了生产系统的概念。按照国际生产工程科学院(CIRP)对生产系统所下的定义，生产系统即"生产产品的制造企业的一种组织体，它具有销售、设计、加工、交货等综合功能，并有提供服务的研究开发功能"。在这一定义的基础上，人们进一步地把供应商和用户也作为生产系统的组成部分纳入其中。

生产是一切社会组织的基本活动之一。作为企业系统的一个子系统，生产系统体现为一个有序的把各种生产要素的输入转换为产品的输出过程。它包括以下三个基本的组成部分：

(1) 输入(或投入)。它主要是指加工对象及其他生产要素，如原材料、资料和能源等。

(2) 转换过程(或生产过程)。它是指如何进行实体上的转换，如制造；如何进行位置上的转换，如运输；如何进行服务商的转换，如医疗及娱乐等。

(3) 输出(或产出)。它是指系统通过转换过程形成并输出的结果，如一种有形的产品或者无形的服务。

生产系统的基本框图如图 1.6 所示，虚线方框内表示一个生产系统，大方框外表示生产系统所处的外界环境。

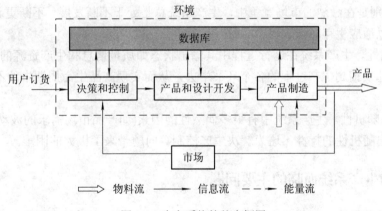

图 1.6 生产系统的基本框图

整个生产过程分为三个阶段：

① 决策和控制阶段，由工厂最高决策层根据生产动机、技术知识、经验以及市场情况，对所生产的产品类型、数量等作出决定，同时对生产过程进行指挥与控制。

② 产品设计和开发阶段。

③ 产品制造阶段，在此阶段必须从外部输入必要的能源和物质(如材料等)。

经过上述三个阶段的生产活动，系统最后输出所生产的产品。产品输出后，应及时地将产品在市场上的竞争能力、质量评价和用户的改进要求等信息反馈到决策机构，以便使其及时地对生产作出新的决策。

整个系统由信息流、物料流和能量流联合起来。信息流主要是指计划、调度、设计和工艺等方面的信息；物料流主要是指原材料从加工、装配到成品的过程，包括检验、油漆、包装、储存和运输等环节；能量流主要是指动力能源系统。

根据企业生产过程经营活动各方面的具体目标和活动内容，生产系统一般又可划分为供应保障子系统、计划与控制子系统和加工制造子系统等。

## 1.3.2 生产系统的特性分析

作为一类特殊的复杂的社会系统，生产系统具有如下的几个基本特性：

(1) 集合性。生产系统是由多个可以相互区别的要素(或子系统)所组成的。

(2) 相关性。生产系统内的各要素是相互联系的。构成生产系统的各要素(或子系统)正是通过这种联系，形成了生产系统的相对稳定的结构。

(3) 多目标性。任何一个实际的生产，都是为完成特定的生产目标而存在的。或者说，它要实现一个或多个既定的目标，生产系统是多目标的，如交货期目标、调度性能目标、生产成本目标等，而且这些目标之间可能发生冲突。

(4) 环境适应性。一个具体的生产系统，必须具有对周围环境变化的适应性。生产系统应是具有动态适应性的系统，表现为以最少的时间延迟去适应不断发展变化的环境：① 生产系统总是处于生产要素(如原材料、能量和信息等)的不断输入和产品的不断输出这一动态过程中；② 生产系统的各构成要素或子系统及其内部结构也处于不断的动态变化发展中；③ 特别是在激烈的市场竞争中，生产系统总是处于不断发展、不断更新、不断完善的过程中，以适应生存环境。

(5) 反馈性。生产系统在运行过程中其输出状态如质量信息和生产资源的利用状况等，总是要不断地反馈到生产过程的各个环节中去，从而实现产品生命周期中的不断调节、改进和优化。

(6) 动态随机性。生产系统中有很多偶然性的因素(如产品市场需求的波动等)，使得生产系统表现出随机性的特性。这为解决生产控制等问题带来了极大的困难。

## 1.3.3 当前生产系统面临的主要问题

当前，随着经济全球化与市场竞争的日趋激烈，企业生产系统也逐渐呈现出柔性化、自动化、集成化、智能化及市场导向化的发展趋势。在生产系统，尤其是大型复杂的生产系统中，其规划设计和运行管理正面临着越来越多的问题，如由于系统本身的复杂性而难以评估设计风险、系统适应性差和系统运行过程中生产调度困难等。引发这些问题的原因主要在于：

(1) 在新生产系统的设计过程中，业务流程缺乏有效的辅助设计与验证分析手段，系统内各部门和设计、物流、销售等部门之间的关系以及各种决策过程对整个生产系统的影响缺乏定性与定量分析。

(2) 在制造单元设计过程中，对于初步设计方案缺少一个验证、分析与比较的工具，如生产能力和生产周期的测度、关键设备的数量和各种资源的分配与利用率的计算以及物流情况的合理性分析、设备故障对整个制造系统的影响等，都需要作一些事前的分析与比较。

(3) 在生产系统的运行过程中，生产计划和调度的合理性缺乏合理的验证手段，往往是决策和调度人员根据自身的经验进行决策，而缺乏足够的科学性。这个问题较为突出地反映在库存管理和生产调度等问题上。

长期以来，人们为更好地解决上述问题，在生产管理的过程中，在利用数学和运筹学的方法对生产系统中的各种具体问题进行抽象、建模和分析方面进行了大量的探索，并取得了一些比较有代表性的成果，如马尔代夫模型、排队模型、Petri 网络模型和存储模型等。但是，一方面，这些方法的不足之处在于它们通常仅局限于具体问题，无法完成对整个生产系统的总体分析和比较，也不能真实地反映实际系统的诸多特性；另一方面，随着生产自动化水平的不断提高，生产节奏越来越快，生产系统越来越复杂，导致数学模型十分复杂和抽象，一般的生产管理人员难以理解和掌握，甚至根本无法建立。计算机仿真技术则在一定程度上弥补了这一缺陷。

作为一种系统建模和实验分析方法，计算机仿真能够把生产资源、产品工艺路线、库存和管理等信息动态地结合起来，以系统活动过程的"生动再现"代替以往数学方法的抽象描述，表达形式易于理解，并能全面反映生产系统动态过程和特征，为生产系统的设计、方案验证和运行过程中的管理提供了一种比较理想的分析手段和工具。

## 1.3.4 生产系统建模与仿真的主要内容

生产系统建模与仿真的主要内容可概括为以下几个方面：

(1) 生产系统的规划设计。在一个新的生产系统建立时，往往要对该生产系统的方案设计进行评价。除了其他一些系统设计与评价方法外，仿真是最常用的一种方法。通过仿真，可以对新系统建立模型并动态执行，以帮助人们发现系统方案中存在的问题，寻求一个较优的方案。

(2) 企业在生产运营中需要消耗大量的物资材料，这些物料的供应及仓储管理等问题是整个生产系统要解决的重要问题之一。不同的物料管理策略，会产生不同的效果。策略得当，可以保证物料适时、适量的供应，保障生产系统的均衡生产；反之，则可能造成生产物流的失调，或出现积压浪费，或出现供料不足。对各种物料管理策略进行仿真与建模分析，可以帮助人们确定出最适合的物料管理方案。

(3) 生产计划模拟。企业在制定计划时，通常都要采用一些定量分析的方法来预测计划下达后的效果，对计划进行分析与评价。仿真则是众多定量分析方法中应用最为广泛的一种。

(4) 生产系统协调。在多工序、多设备的复杂生产线中，由于各种加工工序生产节奏的不协调，往往会严重影响到生产系统的整体效率。借助于计算机仿真技术，人们可以迅速地找到生产过程中的瓶颈环节，并通过相应措施来消除瓶颈，以协调生产节拍，充分发挥现有生产设备和人力资源的潜力，从而实现系统生产的总体高效率。

(5) 生产成本分析。仿真可以对生产的动态过程进行模拟分析，得到生产成本的相关统计数据。改变有关参数，并多次执行仿真过程，就能够帮助人们从中寻求降低成本、提高生产效率的较优方案。

此外，仿真还可以用于生产系统的可靠性分析、产品市场的预测及需求分析等。表 1.3 列举了仿真在生产系统中的几个应用实例。

表 1.3　计算机仿真在生产系统中的应用实例

| 生产类型 | 生产中提出的问题 | 仿真目标 | 仿真后的改进建议 | 改进后的效果 |
|---|---|---|---|---|
| 半导体生产 | 在制品种类过多，加工周期长　经常由于紧急用户而中断原生产过程 | 缩短加工周期 | 通过分析全过程，给每台设备定出在制品数的上限和下限 | 缩短加工周期，减少了投资，生产线始终顺畅，紧急用户中断生产的现象大大减少 |
| 家用电器生产 | 由于扩大生产，增加了设备和托盘，经常出现托盘积压和堵塞通道的现象 | 优化托盘数量 | 减少托盘的数量 | 减少了投资，保证了生产线的畅通 |
| 汽车配件生产 | 规划设计与生产线相配套的旋转试验台 | 优化试验台的工位数 | 建议每个旋转试验台设合适数量的工位 | 在满足生产要求的同时，试验台数量比原设计减少了 |
| 电话机生产 | 总装配以前的各种工序生产时间不协调，影响总装 | 协调各工序的生产节奏，减少在制品数 | 建议保证加工周期最短的工件优先加工 | 增加了产量，缩短了制造周期，减少了在制品数 |
| PCB 装配与检测线 | 每周更换一次产品品种，经常需要周末突击加班才能完成本周任务 | 制定日产量规划，合理分配每日工作量 | 制定出切实可行的日产量规划 | 增加了生产的透明度，每日生产负荷均衡，减少了在制品数 |
| 空调器生产 | 规划设计装配生产线 | 优化自动导引车数量 | 在提供不同利用率的情况下，设置不同的自动导引车数量 | 生产线投资有的放矢，避免了浪费 |
| 电子产品生产 | 有两种产品同时生产时，经常出现不平衡的现象 | 达到均衡生产 | 给出两种产品投入数量的适当比例 | 减少了加班，降低了成本，保持了生产均衡 |

# 思考与练习题

1. 什么是系统，它有哪些特点？以某一产品的生产线为对象，分析系统的组成、功能和边界，并阐述该系统是如何运作的。

2. 试举例说明模型的概念，并对比分析数学模型与计算机仿真模型的异同。

3. 什么是连续系统和离散系统？它们存在哪些区别？结合具体案例，分析连续系统和离散系统的特点。

4. 如何理解"仿真是基于模型的活动"？

5. 系统、模型和仿真三者之间具有怎样的相互关系？这三者的关系在生产系统中如何应用？

6. 简述系统建模与仿真的特点和意义。

7. 试述生产系统的概念及其基本特征。

8. 通过 Internet 查询相关期刊、论文、新闻报道以及图片等，认识和了解计算机仿真技术在生产领域中的应用现状及其发展趋势。

9. 通过本章的学习，总结你对系统建模与仿真技术的认识。

# 第2章 离散事件系统建模方法

生产系统模型是生产系统实体的抽象描述，是生产决策和管理人员对生产系统进行有效分析、规划或决策的重要手段。生产系统一般属于离散事件系统。离散事件模型中系统内部的状态变化是随机的，只在离散的随机点上发生变化，且状态在一段时间内保持不变；在建立离散事件模型时，只需考虑系统内部状态发生变化的时间点和发生这些变化的原因，而不用描述系统内部状态发生变化的过程。因此，对生产系统进行建模分析，首先要求必须了解离散事件系统的基本概念以及离散事件系统建模的术语和基础理论知识。本章首先对这些概念进行介绍，然后以生产系统为研究对象，介绍实体流图法、活动循环图法、Petri网、面向对象的建模方法和统一建模语言(UML)等几种常见的离散事件系统建模方法，最后对典型生产系统中的库存系统的模型进行分析。

## 2.1 离散事件系统模型

离散事件系统(Discrete Event System)是指系统的状态仅在离散的时间点上发生变化的一类系统，而且这些离散时间点一般是不确定的。这类系统的状态仅与离散的时间点有关，当离散的时间点上有事件发生时，系统状态才发生变化。实际中的大部分生产系统，如订单处理系统、加工系统、库存控制系统、汽车装配线系统等，都属于离散事件系统，这类系统的动态特性很难用人们熟悉的数学方程形式加以描述，一般只能借助于流程图或活动图加以描述。

### 2.1.1 离散事件系统的基本要素

离散事件系统的类型虽然多种多样，但它们的主要组成元素基本上还是相同的。下面结合简单加工系统来介绍离散事件系统的基本要素。

如图 2.1 为一个简单的加工系统，零件"毛坯"到达机床后，在仅有的单台机床上加工，然后离开。该系统也可以看成一个典型的单服务台排队系统。

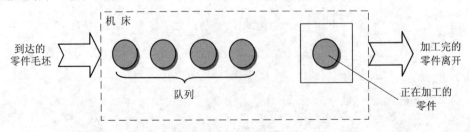

图 2.1　简单加工系统

## 1. 实体

构成系统的各种成分称为实体(Entity)，用系统论的术语，它是系统边界内的对象或要素，如用来加工零件的机器和接受服务的顾客等，它是描述系统的三个基本要素(即实体、属性和活动)之一。根据实体在系统中的性质和作用，可将其分为两大类。第一类是临时实体，它在系统中只存在一段时间，这类实体在系统仿真过程中的某一时刻出现，在仿真结束前从系统中消失，实体的生命不会贯穿整个仿真过程，如上述简单加工系统中的待加工的零件毛坯、医院或超市中排队等待的顾客等。另一类是永久实体，它在相当长的时间内(相对于企业的一个经营过程而言)保留在系统中，只要系统处于活动状态，这些实体就存在，如简单加工系统中的机床设备，还有生产系统中的自动导引小车(AGV)、缓冲站、仓库、货物、营业员、医生等。临时实体按一定的规律出现在仿真系统中，引起永久实体状态的变化，又在永久实体的作用下离开系统，如此整个系统呈现出动态变化的过程。

## 2. 属性

实体的状态由它的属性(Attribute)的集合来描述，属性用来反映实体的某些性质。如上述简单加工系统中，待加工的零件毛坯是一个实体，具有零件编号、零件名称、几何尺寸和加工工艺过程等属性。一个客观实体，其属性很多，我们在仿真建模中，只需要使用与研究目的相关的一部分就可以了。零件毛坯的零件编号、零件名称与加工生产关系不大，则在简单加工系统中不必作为它的一个属性，而其到达时间、加工时间和离开时间是研究加工效率的重要依据，是简单加工系统仿真中零件毛坯的属性。

## 3. 事件

事件(Event)是引起系统状态发生变化的行为，它是在某一时间点上的瞬间行为。离散事件系统可以看做由事件驱动的。例如图 2.1 的简单加工系统中，可以把"一个新的待加工的零件到达系统"定义为一类事件——零件的到达；由于零件的到达，系统的状态——机床设备的状态可能从"闲"变"忙"(如果没有等待加工的零件)，或者系统的另一个状态——等待加工的零件的队列长度发生变化(增加 1)。也可以定义"一个零件加工完毕后离开系统"为另一类事件——零件加工完离开，此事件可能使机床设备的状态由"忙"变为"闲"，同时零件的队列长度减 1。

## 4. 活动

实体在两个事件之间保持某一状态的持续过程称为活动(Activity)。活动的开始与结束都是由事件引起的。在图 2.1 中，零件开始加工到该零件加工完毕后离开系统可视为一个活动，在此过程中机床处于"忙"状态。

## 5. 进程

进程(Process)由若干个有序事件及若干个有序活动组成，它描述了所包含的事件及活动间的相互逻辑关系及时序关系。在图 2.1 的简单加工系统中，可以把一个零件毛坯到达系统、等待加工(排队)、开始加工、加工完离开系统看做一个进程。

事件、活动、进程三者之间的关系可用图 2.2 来描述。

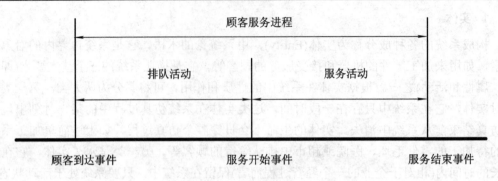

图 2.2　事件、活动、进程之间的关系

### 6. 状态

在某一确定时刻，系统的状态(State)是系统中所有实体的属性的集合，它包含了描述系统在任何时间所必需的所有信息。在生产系统中，状态变量可以是正在进行作业的工人数、等待加工队列中的工件数，或者正在加工处理中的工件数以及下一个工件到达加工设备的时间等。此外，加工设备的忙、闲或设备的故障率等也可能是一种状态变量。

### 7. 仿真时钟

仿真时钟(Simulation Clock)用于表示仿真时间的变化，作为仿真过程的时序控制。它是系统运行时间在仿真过程中的表示，而不是计算机执行仿真过程的时间长度。在连续仿真中，将连续模型离散化后，仿真事件的变化由仿真步长确定，可以是定步长，也可以是变步长。而离散事件系统的状态本来就是在离散点上发生变化。仿真时钟的推进方式(Time Advance Mechanism)基本上有两种：固定步长时间推进机制(Fixed-Increment Time Advance Mechanism)和下次事件时间推进机制(Next Event Time Advance Mechanism)。

### 8. 规则

规则(Rule)用于描述实体之间、实体与仿真时钟之间的相互影响。例如图 2.1 的简单加工系统中，零件这类实体与机床这类实体之间，机床是主动实体，零件是被动实体，机床的状态受零件的影响(作用)，作用的规则是：如果机床状态为"闲"，零件到达机床工作台则改变当前状态，使其由"闲"转为"忙"；如果机床正在加工(忙)，则对刚到达的零件不起作用，而作用到自身——零件进入排队状态。实际上，主动实体与被动实体之间会产生作用，而主动实体与主动实体、被动实体与被动实体之间也可能产生作用。

## 2.1.2　离散事件仿真模型的部件与结构

虽然实际的系统千差万别，但离散事件仿真模型都有许多通用的部件，并用一种逻辑结构将这些部件组织起来以便于编码、调试。在实际研究中，使用了下次事件时间推进法的大多数离散事件仿真模型都具有下列部件。

(1) 系统状态：由一组系统状态变量构成，用来描述系统在不同时刻的状态。

(2) 仿真时钟：用来提供仿真时间的当前时刻的变量，描述了系统内部的时间变化。

(3) 事件表：即在仿真系统中按时间顺序所发生的事件类型和时间对应关系的一张表。

(4) 统计计数器：用于控制与存储关于仿真过程中的结果的统计信息。在计数器仿真中经常设计一些工作单元用于统计中的计数，这些工作单元就叫做统计计数器。

(5) 定时子程序：该程序根据时间表来确定下一事件，并将仿真时钟推移到下一事件的发生时间。

(6) 初始化子程序：在仿真开始时对系统进行初始化工作。

(7) 事件子程序：一个事件子程序对应一种类型的事件，它在相应的事件发生时，就转入该事件的处理子程序，并更新系统状态。

(8) 仿真报告子程序：在仿真结束后，用来计算和打印仿真结果。

(9) 主程序：调用定时子程序，控制整个系统的仿真过程，并确定下一事件，传递控制给各事件子程序以更新系统状态。

离散事件系统仿真模型的总体结构图如图 2.3 所示。

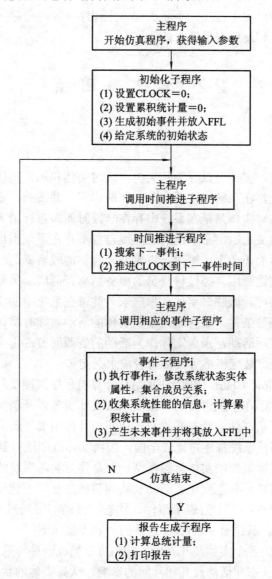

图 2.3　离散事件系统仿真模型的总体结构图

仿真在 0 时刻开始，采用主程序调用初始化程序的方法。此时仿真时钟设置成 0，系统状态、统计计数器和事件表也进行初始化。控制返回到主程序后，主程序调用定时子程序以确定哪一个事件最先发生。如果下一事件是第 i 个事件，则仿真时钟推进到第 i 个事件将要发生的时间，而控制返回到主程序，而后主程序调用事件程序 i。在这个过程中有三类典型的活动发生：

(1) 修改系统状态以记下第 i 类事件已经发生过这一事实；

(2) 修改统计计数器以收集系统性能的信息；

(3) 生成将来事件发生的时间并将该信息加到事件表中。

在这些过程完成以后，进行检查工作，以便确定现在是否应该终止仿真。如果到了仿真终止时间，则主程序调用报告生成程序，计算各种系统要求的数据并打印报告。如果没有到终止时间，则控制返回主程序，不断执行"主程序→计时程序→主程序→事件程序→终止检查"的循环，直到最后满足停止条件。

# 2.2  实体流图法

## 2.2.1  实体流图

在离散事件系统中，实体可以分为两大类：临时实体和永久实体。临时实体按一定规律由系统外部到达系统，在系统中接受永久实体的作用，并按照一定的流程通过系统，最后离开系统。因此，临时实体只是在系统中存在一段时间即自行消失。这里所谓的消失，既可以指实体在物理意义上退出了系统的边界或自身不存在了，也可以是一种逻辑意义上的取消，意味着不必再给予考虑。例如，进入商店购物的顾客就是一个临时实体，他们按一定的统计分布规律到达商店，经过售货员的服务后离开商店。另外，交通路口的车辆、生产线上的电视机等都可看做临时实体。那些永久驻留在系统中的实体称为永久实体，它们是系统产生功能的必要条件。系统通过永久实体的活动对临时实体产生作用，临时实体和永久实体协同完成某项活动，永久实体作为活动的资源而被占用。例如，理发店中的理发员及生产线上的加工、装配机械等，都可看成永久实体。

实体流图(Entity Flow Chart，EFC)法采用与计算机程序流图类似的图示符号和原理，建立表示临时实体产生、在系统中流动、接受永久实体服务以及消失等过程的流程图。借助实体流程图，可以表示事件、状态变化及实体间相互作用的逻辑关系。由于实体流图编制方法简单，对离散事件系统描述得比较全面，因而实体流图法得到了广泛的应用。

为了准确地建立实际系统的实体流图模型，一是要对实际系统的工作过程有深刻的理解和认识，二是要将事件、状态变化、活动和队列等概念贯穿于建模过程中。常用的图示符号有菱形框(表示判断)、矩形框(表示事件、状态、活动等中间过程)、圆端矩形框(表示开始和结束)及箭头线(表示逻辑关系)等。建模的一般步骤如下：

(1) 明确组成系统的各个实体及其属性。队列可以当成一种特殊的实体来考虑。

(2) 分析各实体的状态和活动及其相互间的影响。队列实体的状态是指队列的长度。

(3) 考察那些导致了这种活动开始或结束的事件，或者是可以作为活动开始或结束的标志，以确定引起实体状态变化的事件，并将条件事件合并。

(4) 分析各种事件发生时实体状态是如何变化的。

(5) 在一定的服务流程下，分析与队列实体有关的特殊操作(如排队等)。

(6) 根据分析，以临时实体的流动为主线，用约定的符号画出被仿真系统的实体流程图。

(7) 确定模型参数的取值、参变量的计算方法及属性描述变量的取值方法。属性描述变量(例如顾客到达时间、服务时间等)既可以取一组固定值，也可以由某一公式计算得到，还可以是一个随机变量。如果属性描述变量是随机变量，就应给出其分布函数。

(8) 确定队列的排队规则。当有多个队列存在时，还应给出其服务规则。例如队列的优先权、排队规则等。

下面通过一个简单的单服务台、单队列服务系统的例子(类似于简单加工系统)来进一步介绍实体流图(EFC)的建模方法。例中顾客和服务员分别代表了离散事件系统中临时实体和永久实体，他们之间的关系则代表了永久实体和临时实体之间典型的服务与被服务关系。

在下面讨论的理发店服务系统中，假设一个小理发店只有一个理发员。顾客来到理发店后，如果有人正在理发就坐在一旁等候。理发员按先来先服务的原则为每一位顾客服务，而且只要有顾客就不停歇。建模的目的是在假设顾客到达间隔和理发花费的时间服从一定的概率分布时，考察理发员的忙闲情况。

上述服务系统由三类实体组成：理发员、顾客及顾客队列。理发员是永久实体，其活动为理发，有"忙"和"闲"两种状态。顾客是临时实体，他与理发员协同完成理发活动，有"等待服务"和"接受服务"等状态。顾客队列是一类特殊实体，其状态以队列长度来表示。三类实体的活动及其状态之间存在逻辑上的联系：

(1) 某一顾客到达时，如果理发员处于"忙"状态，则该顾客进入"等待服务"状态；否则，进入"接受服务"状态。

(2) 理发员完成对某一顾客的服务时，如果队列处于"非零"状态，则立即开始服务活动；否则，进入"闲"状态。

"顾客到达"或"顾客结束排队"可以导致"服务"活动的开始，而"顾客理完离去"可以导致"服务"活动的结束，因此这三件事情均可作为事件看待。但是，由于"顾客结束排队"是以理发员状态是"闲"为条件的，因此是条件事件；而队列状态是"非零"时理发员状态为"闲"是由事件"顾客理完离去"导致的，因此将"顾客结束排队"事件并入"顾客理完离去"事件，不予单独考虑。这是实体流图法建模的一般规则。"顾客到达"将使理发员由"闲"转为"忙"，或使"队列长度"加 1。"顾客理完离去"将使理发员由"忙"转为"闲"。"顾客结束排队"将使"队列长度"减1，并使理发员由"闲"转为"忙"。由于本问题只有一个队列，而且顾客不会因为排队人数太多而离去，因此队列规则很简单，没有特殊的队列操作。

通过以上分析，可画出理发店服务系统的实体流图，如图 2.4 所示。需给出的模型属性变量有顾客的到达时间(随机变量)、理发员为一个顾客理发所需的服务时间(随机变量)等，它们的值可分别从不同的分布函数中抽取。

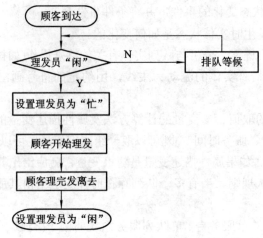

图 2.4　理发店服务系统的实体流图

队列的排队规则是先到先服务(FIFO)，即每到一名顾客就排在队尾，服务员为排在队首的顾客服务。实体流图是为描述实体流动和相互间逻辑关系而绘制的，它和计算机程序框图不同，因此与计算机编程实现的要求还有较大差距。

## 2.2.2　模型的人工计算运行

所谓人工运行，就是在建立实体流图模型后，选取有代表性的例子将流图全部走一遍。人工运行模型要求遍历流图的各个分支和实体的各种可能状态，在时间逐渐变化的动态条件下，分析事件的发生及状态的变化过程，以检查模型的组成和逻辑关系是否正确。下面就简要介绍一下实体流图模型的人工运行方法。

在理发服务系统的例子中，我们做如下假定：

(1) 系统的初始状态：包括永久实体理发员的状态及特殊实体队列的状态。初始时刻是指仿真开始的时刻，可以选取实际系统理发店开门营业的时间。此刻，理发员为闲，队列长度是 0。

(2) 模型参数及变量的取值：本模型的变量包括第 $i$ 个顾客与第($i$-1)个顾客到达的时间间隔 $A_i$，以及理发员为第 $i$ 个顾客理发的时间 $S_i$。一般 $A_i$、$S_i$ 均为随机变量，可以根据其分布函数来产生。为了便于说明，取其样本值为

$$A_1 = 15，A_2 = 32，A_3 = 24，A_4 = 40，A_5 = 22，\cdots$$
$$S_1 = 43，S_2 = 36，S_3 = 34，S_4 = 28，\cdots$$

此例中模型的人工运行规则如下：

(1) 规则 1——确定当前时间。人工运行开始时，取当前时间 TIME = $t_0$ ($t_0$ 为仿真初始时刻)。人工运行开始后，当前时间逐步向前推移，且依次取下一最早发生事件的发生时刻。如果当前时间有顾客到达事件发生，则转规则 2；若有顾客离去事件发生，则转规则 3。

(2) 规则 2——顾客到达事件处理。假定在时刻 TIME 有顾客 $i$ 到达，根据图 2.4 知，如果此时理发员"忙"，则顾客排队等待，队列长度加 1；否则理发员开始为顾客理发，且在 $d_i$ = TIME + $S_i$ 时刻，顾客理发完毕离去。

(3) 规则 3——顾客离去事件处理。假定在时刻 TIME 有顾客 $i$ 离去，根据图 2.4 知，

如果此时队列长度为 0，则置理发员为"闲"状态；否则，队列中排在队首的一名顾客开始理发，队列长度减 1，并且该顾客在 $d_i = \text{TIME} + S_i$ 时刻理完离去。

以上规则体现了"事件调度法"的基本思想。对于其他模型，如果还存在其他类型的事件或复杂的服务流程，则需增加相应的规则。

此例中给出的理发店服务系统模型可按上面的规则进行人工运行：

(1) 在 $\text{TIME} = t_0$ 时刻(取 $t_0 = 0$)，无任何事件发生。下一最早发生的事件为顾客 1 到达，发生时刻为 $a_1 = \text{TIME} + A_1 = 15$。

(2) 在 $\text{TIME} = 15$ 时刻，顾客 1 到达。按规则 2，由于理发员状态"闲"，开始为顾客 1 理发，理发员状态变为"忙"，顾客 1 离去时刻为

$$d_1 = \text{TIME} + S_1 = 15 + 43 = 58$$

下一最早发生的事件为顾客 2 到达，顾客 2 到达的时刻为

$$a_2 = a_1 + A_2 = 15 + 32 = 47 \ (<58)$$

(3) 在 $\text{TIME} = 47$ 时刻，顾客 2 到达。因理发员状态为"忙"，顾客 2 只好排队等待，队列长度变为 1。

下一最早发生的事件为顾客 1 离去，离去时刻为

$$d_1 = 58 \ (<a_3 = 71)$$

(4) 在 $\text{TIME} = 58$ 时刻，顾客 1 离去。按规则 3，由于队列长度为 1，理发员开始为顾客 2 理发，队列长度变为 0。顾客 2 离去时刻为

$$d_2 = \text{TIME} + S_2 = 58 + 36 = 94$$

下一最早发生的事件为顾客 3 到达，到达的时刻为

$$a_3 = a_2 + A_3 = 47 + 24 = 71$$

(5) 在 $\text{TIME} = 71$ 时刻，顾客 3 到达，……

上述运行过程可在实体流图上按照如下方法进行标注。首先在实体流图队列和永久实体状态判断框旁边标出系统的初始状态，如在"排队等待"框边标上 0，"理发员闲"框边标上 Y，并在流图下方注明 $\text{TIME} = 0$。然后，当时间推进到一个新的时刻点时，在标有当前时间值的实体流图的对应图标上，标出当前和未来事件的发生时间及当前时刻各实体的状态。图 2.5 是当前时刻 $\text{TIME} = 47$ 时理发店服务系统的运行状况，图中 $Q = 1$ 表示只有一个理发员。将模型的初始状态和各个时刻的运行结果逐列填写在事先设计好的表格中，可以得到表 2.1。

**表 2.1　理发店模型的人工运行结果**

| 时间 | 事件 | | 理发员状态 | | 队列长度 | 下一最早事件 |
|---|---|---|---|---|---|---|
| | 当前 | 将来 | $t$ | $t+\Delta t$ | 长度 | |
| 0 | NO | 15/1A | IDLE | IDLE | 0 | 15/1A |
| 15 | 1A | 47/2A, 58/1D | IDLE | B1 | 0 | 47/2A |
| 47 | 2A | 71/3A | B1 | B1 | 1 | 58/1D |
| 58 | 1D | 94/2D | B1 | B2 | 0 | 71/3A |
| 71 | 3A | 111/4A | B2 | B2 | 0 | 94/2D |

表 2.1 中，A 表示顾客到达；D 表示顾客离去；B 表示理发员忙；与 A、D 连在一起的数字表示到达或离去的顾客编号；与 B 连在一起的数字表示接受理发员服务的顾客的编号；斜杠前的数字表示事件发生的时间。

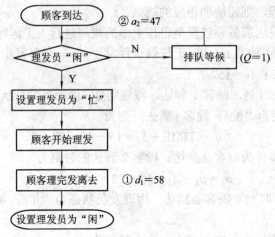

图 2.5　TIME = 47 时理发店服务系统的运行状况

# 2.3　活动循环图法

活动循环图(Activity Cycle Diagram，ACD)法以直观的方式显示了系统的状态变化，便于理解和分析，因而广泛地应用于柔性制造系统(Flexible Manufacture System，FMS)等离散事件系统的建模仿真工作中。ACD 法中使用两类节点来分别表示系统中实体的静态和动态情况，而各个实体的动态、静态的交替转换则反映了系统的运行特性。ACD 法可以根据不同的问题，对所分析的系统建立不同层次的模型，并且高层次的模型可进一步分解为低层次的模型。在 ACD 法中，系统的状态变化是以全部个体状态变化的集合方式来显示的，因此个体的活动在 ACD 法中占有重要的地位。另外，可以通过 ACD 描述的模型，十分方便地将其转换为 ECSL 仿真语言的仿真程序，这也是 ACD 法的另一个十分重要的特点。

但是，ACD 法也存在一些缺点。首先，当系统过于庞大、复杂时，系统的 ACD 十分繁杂，不利于人们的理解；其次，ACD 只描述了系统的稳态，而没有研究系统的瞬态，即一个动作的开始和结束。此外，ACD 没有相应的状态转换方程来支持模型的分析研究。

## 2.3.1　活动循环图法的原理及建模方法

### 1. ACD 的原理

ACD 是这样对要研究的系统进行描述的：系统中的每一种实体都按各自的方式循环地发生变化，在这一循环中只有两种状态——静止状态和活动状态，这两种状态在循环中交替出现。静止状态(或称队列)用圆来代表，而活动状态用矩形来代表，它们之间的转换用有向弧(箭头)来表示。由于在一个系统中一般有多种实体，因而有向弧就要使用不同的颜色或线型，以便于区分不同的实体。

ACD 认为只有满足如下条件时一个活动才会发生：所有前置队列中都具有按照排队规则挑选的、足够数量的令牌(Tokens)存在。一个活动可以同时发生多起(例如 FMS 中有几台机床同时处于切削过程中)，活动的延续时间可以是常数或随机数，也可以是按照某种规律变化的数。

在绘制 ACD 时，必须将系统中的实体按某种行为特征加以分类。例如，根据实体在给定时间点的状态，可将机床分为加工和空闲，工人分为工作与等待；按实体的行为，可以将机床分为全自动与半自动，工人分为操作工和调整工等。

下面对 ACD 中几个常用术语进行简要的介绍。

(1) 实体。实体指的是组成系统的各种要素，也就是 ACD 中产生活动的主体。例如，柔性制造系统中的机床、工件、托盘、小车、装卸车、机器人等。在 ACD 中，实体可以使用文字加以注明或通过不同线型加以表示，实体的数量则可在名称后用圆括号加数字说明。

(2) 活动。如果实体正在参加某种活动，则称实体处于活动状态，简称活动。活动用矩形框表示，活动的持续时间(也称活动周期)标注于该活动的矩形下方，活动名称标注于矩形中。

(3) 队列。如果实体处于静态或等待状态，则称之为实体的队列，简称队列。队列使用圆圈来表示，圆圈中注明队列的性质。

(4) 实体的行为模式。在 ACD 中，规定实体的行为模式遵循"…→活动→队列→活动→…"的交替变化规则。

(5) 直联活动和虚拟队列。如果在任何情况下，某一活动完成后，其后续活动就立即开始，则称后续活动为直联活动。为了使直联活动与前面活动之间的变化仍符合实体的行为模式约定，规定这两个活动之间有一等待时间为零的队列，这样的队列称为虚拟队列。

(6) 合作活动。如果一个活动要求多于一个(或一类)实体才能开始，则称其为合作活动。

### 2. ACD 的建模方法

下面通过一个例子来说明 ACD 的绘制方法。

假设有一个系统，它有两个实体——机床和工人。机床是半自动的，需要一个工人去安装工件，然后机床可以自动地对工件进行加工，直到加工完毕，机床停止。此时若有一个工人可来安装工件，就可以开始一次新的循环。因此，半自动机床这一类实体就有安装(SETUP)和加工(RUN)两种活动，空闲(IDLE)和就绪(READY)两个等待状态(队列)，其 ACD 如图 2.6 所示。

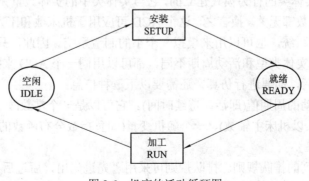

图 2.6　机床的活动循环图

现在对另一类实体——工人进分析，假设工人只担负一项任务——安装工件，即工人只参加一个活动 SETUP，则这一类实体的循环图如图 2.7 所示。

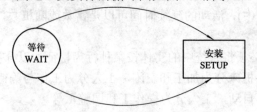

图 2.7　工人活动循环图

在完成了各类实体的活动循环的分析和绘制之后，就应将它们综合成一个系统的 ACD，如图 2.8 所示。在此图中，→表示机床的活动循环；—○—○—○→表示工人的活动循环。

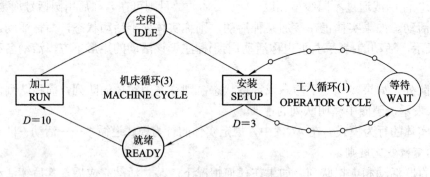

图 2.8　系统的活动循环图

对于合作活动，只有当参与合作活动的实体都在该活动的当前队列中存在时，此活动才能开始。在图 2.8 中，如果合作活动 SETUP 要开始，则必须有一个工人在队列 WAIT 中且有一台机床在队列 IDLE 中才行。如果其中一个在而另一个不在，则前者将被迫在队列中等待。这种被迫等待，通常会使系统的性能严重下降。

当一个活动开始时，相应的实体从队列中移到该活动中。在 ACD 上，可以使用标志来代表实体。这样，就可以用该标志在 ACD 中的位置来代表实体的状态，用它从队列中到活动中的移动来模拟上述的移动动作。当模拟的活动周期结束时，标志再从该活动移入相关的后续队列。一个活动完成后，释放其后续活动所需的实体，并使后续的活动有了开始的可能。在本例中，READY 队列是虚拟队列；SETUP 是合作活动。

ACD 是按照实体类的行为模式建立的，它与实体类中的实体数量无关。例如在本例中，它与机床数及工人数都无关。换言之，这个 ACD 可应用于机床数和工人数较多的系统，以模拟一个大的制造系统，也可以用来模拟一个小的制造系统。因此，只要系统的行为模式相同，即使它们的实体类型和活动周期不同，都可以用同一个 ACD 来描述。

在建立 ACD 后，如要进行仿真，还需要以下三种信息：

(1) 每一个活动的周期值(即活动持续时间)。它可以是一个常数(如图 2.8 中 $D = 10$)、一个计算值(如 5 乘以机床主轴数)、一个随机变量(如负指数分布函数的随机采样值)，或者是上述数值的组合。

(2) 每一个队列的排队规则。排队规则可采用"先进先出，后进后出"、等级高者先出或其他的优先规则。等级高者规则按实体属性决定其优先等级，如效率最高的工人优先，最不耐心的顾客优先等。在 ACD 中，若没有指明排队规则，则表示默认的规则是先进先出。

(3) 系统仿真的初始条件。在确定仿真的初始条件时，应当尽量避免使系统处于空闲状态。因此应该尽可能地使初始状态接近系统的稳态。在 ACD 中，应该恰当地给出每个实体的初始位置(既可以给定于队列中，也可以给定于活动中)。但是要注意，如果实体在合作活动中，则必须保证该活动要求参加的所有实体均已放入。

## 2.3.2　仿真分析规则和人工仿真运行

现在以图 2.8 中的 ACD 为例来讨论系统仿真的进程和仿真分析的规则。

假设该系统由 3 台半自动机床(以①、②、③为标志)和一个工人组成，活动周期是固定的(SETUP 为 3，RUN 为 10)，排队规则均为先进先出，初始时钟 CLOCK 值定为零。系统的初始条件为：工人处于 WAIT 队列中，3 台机床位于 IDLE 队列中。这个初始条件及前述的系统空闲状态，要达到系统运行稳态，还有一段过渡过程。图 2.9 给出了 CLOCK＝0 时的系统状态。

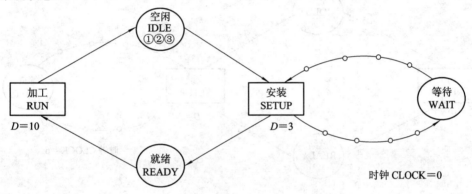

图 2.9　时钟值为 0 时的系统状态

在设定系统初始状态后，系统的仿真运行即可按下列规则推进：

(1) 规则 1(C 相)。依次检查每一活动，以判断此活动是否可以开始，即此活动所要求的足够的实体集合是否已经存在于所有有关的前置队列中。如果含有，则将这个实体集合的标志移入此活动的矩形中，且计算出此活动的终止时间(它等于当前的时钟值加上此活动的周期)，并将此时间值写在该活动的矩形内。当所有活动都检查完后，转向规则 2。在 C 相，活动检查的次序对系统运行结果有时会有影响。

(2) 规则 2(A 相)。检查所有活动的终止时间，选其最小值，并设置时钟值为此选择值，然后转向规则 3，除非时钟值超过了预定的仿真终止时间。

在此例中，这个最小值是 3，当前的时钟值等于 3。

(3) 规则 3(B 相)。比较每一活动的终止时间是否等于当前时钟值(从规则 2 可看出，至少有一个活动的终止时间等于当前时钟值)。对于每个当前时间等于当前时钟的活动，删除其在 C 相时写于矩形内的终止时间，并将此活动矩形内的实体标志移入其相关的后续队列，然后转向规则 1。在 B 相中，活动检查的顺序不是很重要。

此例中，现在 SETUP 结束，工人返回到 WAIT 队列，机床 1 处于 READY 队列中，如图 2.10 中。接着使用规则 1，SETUP 活动又开始了，而且，其直联活动 RUN 也可以开始了。

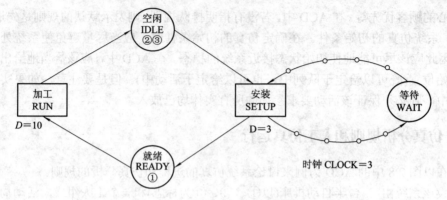

图 2.10　时钟值为 3 时的系统状态

图 2.11 给出系统在时钟值为 6 时的状态。在这个时间点上，机床 1 正在加工(机床 1 在系统时钟值为 13 时即结束)，机床 2 开始加工，而机床 3 还没有安装。

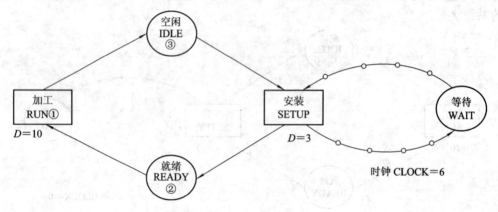

图 2.11　时钟值为 6 时的系统状态

表 2.2 给出了从时刻 0 到时刻 30 之间的变化。表中，"√"表示事件满足发生的条件；括号内的数字表示该事件终止的时刻。

表 2.2　时刻 0 至 30 之间的系统状态的变化

| 时　刻 | 开　始 | | 结　束 | |
| --- | --- | --- | --- | --- |
| | 安装(SETUP) | 加工(RUN) | 安装(SETUP) | 加工(RUN) |
| 0 | √(3) | | | |
| 3 | √(6) | √(13) | √ | |
| 6 | √(9) | √(16) | √ | |
| 9 | | √(19) | √ | |
| 13 | √(16) | | | √ |
| 16 | √(19) | √(26) | √ | √ |
| 19 | √(22) | √(29) | √ | √ |
| 22 | | √(32) | √ | |
| 26 | √(29) | | | √ |
| 29 | √(32) | √(39) | √ | √ |

### 2.3.3 具有逻辑实体和到达活动的 ACD

#### 1. 具有逻辑实体的 ACD

以上讨论的 ACD 考虑的都是实际事物的实体,但是常常还需要考虑另一种实体——逻辑实体。例如在上面所说的系统中,若工人每隔 2 h 有 10 min 的饮茶和休息时间(TEA),则 ACD 可以扩展为图 2.12 所示的形式。由图可以看出,工人可以开始两个活动(SETUP 和 TEA)中的某一个。究竟选择哪一个活动则要采用一定的方法来解决。

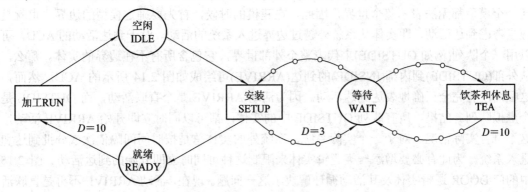

图 2.12　有工人休息的活动循环图

方法之一是使用确定活动相对优先权的方法,即规则 1 中的活动检查次序方法。例如,欲使 SETUP 优先于 TEA,则在 C 相模拟时,先检查 SETUP 活动,后检查 TEA 活动。这样,在 SETUP 前置队列 IDLE 中有机床可利用时,工人将先被安排去进行 SETUP 活动,只在 SETUP 不能开始时,才进行 TEA 活动。然而,如果 TEA 活动优先于 SETUP,则只要 WAIT 队列有工人存在,TEA 活动即可开始,而 SETUP 活动将不会进行,这是因为 TEA 活动除了 WAIT 这一前置队列外,没有其他的要求。

由此可见,当安排实体到活动中时,若存在着多种选择的可能,则在系统仿真的 C 相中,活动被检查的次序就成为重要的问题。这时,活动的排序在很大程度上反映着系统进行的逻辑。

在所讨论的工人的饮茶和休息问题中,显然,图 2.12 以及上述提到的两种活动优先级顺序都不能正确反映工人每隔 2 h 有 10 min 饮茶和休息时间的情况。这个问题可通过方法之二——在 ACD 上考虑一个逻辑实体工人休息的权利(RIGHT),再加上活动 TEA 高于活动 SETUP 的优先权来解决,其 ACD 如图 2.13 所示。

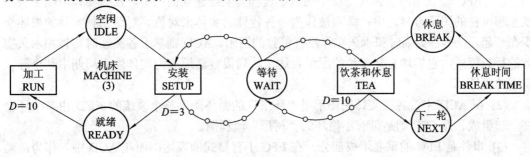

图 2.13　具有逻辑实体的活动循环图

由图 2.13 可见，当逻辑实体 RIGHT 停留在 BREAK 队列中时，工人总是先进行 TEA 活动，反之，SETUP 活动开始时。现在，工人每 2 h 最多进行一次 TEA 活动，因为 RIGHT 再次进入 BREAK 队列之前必须完成 10 min 的 BREAK TIME 活动。

上述方法也可用于处理那些类似的、与时间间隔有关的活动，如商店中的顾客到达活动、工厂中的订单到达活动、柔性制造系统中的零件到达活动、运输系统中的车辆到达活动等。

**2. 具有到达活动的 ACD**

前面讨论的 ACD 都考虑了各类实体在系统内部所实现的各种活动及其循环。但是，任何一个模型都无法表示整个世界，因此，在建模的时候，首先要确定模型的边界，也就是应当考虑到达活动，即实体从系统外越过边界进入系统的活动。对于到达活动的 ACD，可以用一个队列(例如 OUTSIDE)来代表整个外部世界，它包含所有不在边界的实体。那么，从外部(OUTSIDE)到内部(INSIDE)的到达(ARRIVE)可绘成如图 2.14 所示的 ACD。然而，这幅图没有完全正确地表达到达活动。因为活动 ARRIVE 是个直联活动，而 OUTSIDE 是个虚拟队列。结果，所有队列 OUTSIDE 中的实体，都可以同时立即开始 ARRIVE 活动，这不符合实际情况。对于一个实际系统，系统外的实体总是按时间间隔依次或分批到达和进入系统，为此有必要增添一类逻辑实体来限制这种可同时立即开始的到达活动。图 2.15 中的门 DOOR 逻辑实体及其活动循环解决了这一问题。现在，活动 ARRIVE 不再是直联活动，OUTSIDE 也不再是虚拟队列。最后，再恰当地给出 ARRIVE 活动的活动周期取值的规律，即可做到顺次或分批到达的要求。

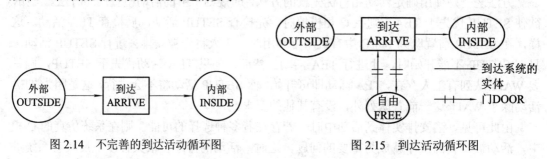

图 2.14　不完善的到达活动循环图　　　　图 2.15　到达活动循环图

## 2.3.4　活动循环图法与实体流图法的比较

活动循环图(ACD)与前面介绍的实体流图(EFC)两种离散事件系统的建模方法，它们各自的特点及其区别如下：

(1) EFC 是以临时实体在系统中的流动过程为主线建立的模型，永久实体浓缩于表示状态和事件的图示符号之中，队列被作为一种特殊的实体来对待。对这三种实体的描述交织在一起，使得各类临时和永久实体没有单独的图示。ACD 则基于各类临时实体和永久实体的行为模式，它们均有其单独的图示表达，队列很自然地成为实体生命周期中某个静寂状态的属性。

(2) 在 ACD 中，各类实体的图示是"环形"的循环图，整个系统的 ACD 由多个环套在一起组成。而 EFC 则是带有小循环的"树形"流程图。

(3) 事件是 EFC 的重要组成部分，在 EFC 中有显式的表达；而在 ACD 中，作为活动条件的事件蕴含在活动之中，没有显式的表达。

(4) 状态判断框在 EFC 中的作用十分重要。ACD 将 EFC 中需作判断的状态用"空闲"或"等待"等静寂状态表示，而对实体是否处于该状态的判断则无需标在图中，因为它已升华为模型运行时的一般规则。

(5) 从人工运行规则来看，ACD 存在普适性很强的运行规则，它与每个具体的 ACD 无关。而 EFC 的运行规则中只有第一条是通用的(体现了事件调度法)，其他各条均从具体的 EFC 中抽取，普适性较差。

(6) 由结论(1)和(5)可知，ACD 更易于用面向对象的技术实现，也更易于实现仿真程序的自动生成。另外，由结论(1)可知，ACD 表示冲突和并发现象更方便、直观。

(7) 正是由于 EFC 没有 ACD 规范，因此如果不考虑模型的运行问题，EFC 比 ACD 的适用范围更广。另外，EFC 可以对队列的排队规则和服务规则进行比较详细的描述。

# 2.4　Petri 网建模方法

对活动循环图建模方法作如下改变：

(1) 取消临时实体 ACD 中的"源"状态，将 ACD 图改成非闭合图，即不再考虑临时实体的生命周期循环。

(2) 将活动看做"开始事件+状态+结束事件"的组合，这样一来，建模的元素就变成"事件"和"状态"，后者包括 ACD 中的激活状态和静寂状态。

(3) 不强调实体模型之间的独立性。

由此可以得到一种新的建模思想，在采用集合论的语言描述后，可以建立规范的 Petri 网建模方法。

Petri 网是德国学者 Carl A.Petri 于 1962 年在其博士论文中提出的一种用于描述事件和条件关系的网络。Petri 网是一种用简单图形表示的组合模型，具有直观、易懂和易用的优点，它能够较好地描述系统的结构，表示系统中的并行、同步、冲突和因果依赖等关系，并以网图的形式，简洁、直观地模拟离散事件系统，分析系统的动态性质。Petri 网有严格而准确定义的数学对象，可以借助数学工具得到 Petri 网的分析方法和技术，并可以对 Petri 网系统进行静态的结构分析和动态的行为分析。目前 Petri 网已成功地应用于有限状态机、数据流计算、通信协议、同步控制、生产系统、形式语言和多处理器系统的建模中，成为离散事件系统的主要建模工具。

## 2.4.1　Petri 网的基本概念

### 1. 基本术语

(1) 资源：系统中发生变化所涉及的与系统状态有关的因素，包括原材料、产品、人员、工具、设备、数据等。

(2) 状态元素：资源按照在系统中的作用分类，每一类存放一处，则这一类抽象为一个相应的状态元素。

(3) 库所：状态元素就称为库所。它表示一个场所，而且在该场所存放了一定的资源。

(4) 变迁：资源的消耗、使用以及对应状态元素的变化。

(5) 条件：如果一个库所只有两种状态，即有标记和无标记，则该库所称为条件。

(6) 事件：涉及条件的变迁称为事件。

(7) 容量：库所能够存储资源的最大数量称为库所的容量。

**2. Petri 网的数学定义**

Petri 网是由节点和有向弧所组成的一种有向图。用圈圈"○"表示库所，用短竖线"|"或矩形框"□"表示变迁，用有向弧表示从库所到变迁的序偶$(p, t)$，或从变迁到库所的序偶$(t, p)$。

**定义 1** 一个 Petri 网是一个三元组 $N = (P, T, F)$，式中，

(1) $P$ 和 $T$ 分别是库所和变迁的有限集，满足 $P \cap T = \varnothing$ 和 $P \cup T \neq \varnothing$，$\varnothing$ 表示空集；

(2) $F$ 是由一个 $P$ 元素和一个 $T$ 元素组成的有序偶的集合，称做流关系，满足 $F \subseteq P \times T \cup T \times P$，$\times$ 是两个集合的直积运算；

(3) 令 $F$ 所含有序偶的第一个元素和第二个元素所组成的集合分别为 $\text{dom}(F)$ 和 $\text{cod}(F)$，满足 $\text{dom}(F) \cup \text{cod}(F) = P \cup T$，不属于 $\text{dom}(F)$ 和 $\text{cod}(F)$ 的元素叫做孤立元素。一个 Petri 网可以表示成如图 2.16 所示的图形，图中的 Petri 网包括 5 个库所和 3 个变迁。

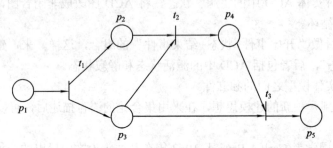

图 2.16　一个简单的 Petri 网示例

**定义 2** 设 $p \in P$ 和 $t \in T$，令 $°t = \{p \mid (p, t) \in F\}$ 为变迁 $t$ 的输入库所集，$t° = \{p \mid (t, p) \in F\}$ 为变迁 $t$ 的输出库所集。图 2.16 所示的 Petri 网用公式可写为 $N = (P, T, F)$。其中，库所集

$$P = (p_1, p_2, p_3, p_4, p_5)$$

变迁集

$$T = \{t_1, t_2, t_3\}$$

流关系

$$F = \{(p_1, t_1), (t_1, p_2), (t_1, p_3), (p_2, t_2), (p_3, t_2), (p_3, t_3), (t_2, p_4),$$
$$(p_4, t_3), (t_3, p_5)\}$$

**定义 3** 设 $N = (P, T, F)$ 为有向图，

(1) 记 $K$ 为 $N$ 上的容量函数，它是库所到正整数集的映射 $K: P \rightarrow \{1, 2, \cdots\}$；

(2) 记 $M$ 为 $N$ 的一个标识，它是一个从库所到非负整数集的映射 $M: P \rightarrow \{0, 1, 2, \cdots\}$，并且满足 $\forall p \in P, M(p) \leq K(p)$；

(3) 映射 $W: F \rightarrow \{1, 2, \cdots\}$ 称为 $N$ 的权函数，它对各弧线赋权，用 $\omega(p, t)$ 或 $\omega(t, p)$ 表示由 $p$ 指向 $t$ 或 $t$ 指向 $p$ 的有向弧的权重。弧线都用其权重来标注，如果弧线的权重等于

1，则标注可以省略。

图 2.17 是一个具有 $W$ 的 Petri 网图。库所中的黑点就是标识，它表示了库所当前的实际资源/产品数。其中，

$$\omega(t_2, p_1) = \omega(t_5, p_6) = \omega(t_6, p_1) = 2$$
$$\omega(t_3, p_3) = 4$$
$$\omega(t_4, p_5) = 3$$
$$\omega(p_1, t_3) = \omega(p_3, t_4) = \omega(p_5, t_6) = \omega(p_6, t_6) = \omega(p_4, t_5) = \omega(p_2, t_2)$$
$$= \omega(t_3, p_4) = \omega(t_1, t_2) = 1$$

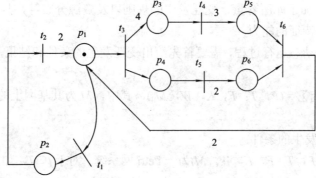

图 2.17 一个具有 $W$ 的 Petri 网图

### 3. 一个工业生产线的 Petri 网模型

有一条工业生产线，要完成两项工业操作，这两个操作分别用变迁 $t_1$ 和变迁 $t_2$ 表示。第一个变迁 $t_1$ 将传入生产线的半成品 $s_1$ 和部件 $s_2$ 用两个螺丝钉 $s_3$ 固定在一起，变成半成品 $s_4$。第二个变迁 $t_2$ 再将 $s_4$ 和部件 $s_5$ 用三个螺丝钉 $s_3$ 固定在一起，变成半成品 $s_6$。若要完成操作，$t_1$ 和 $t_2$ 都要用到工具 $s_7$。假定由于存放空间的限制，部件 $s_2$ 和 $s_5$ 最多不能超过 100 件，停放在生产线上的半成品 $s_4$ 最多不能超过 5 件，螺丝钉 $s_3$ 存放的件数不能超过 1000 件。

该生产线的生产过程可以用图 2.18 所示的 Petri 网表示。弧上标出的正整数表示某一变迁对资源的消耗量或产品的生产量(未标明的地方假定为 1)，也就是弧上的权值。$K$ 表示库所的容量值，即某一库所中允许存放资源的最大数量，未加标注的库所容量为无穷大。

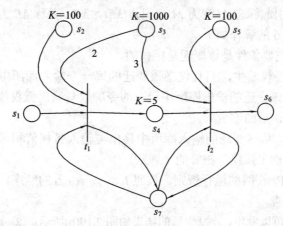

图 2.18 生产线的 Petri 网模型

### 4. Petri 网系统及其运行规则

Petri 网只是系统静态结构的基本描述，要实现对系统的动态行为的模拟，还需要定义 Petri 网系统。

**定义 4** 一个六元组 $\Sigma = (P, T; F, K, W, M_0)$ 构成 Petri 网系统，当且仅当：

(1) $N = (P, T; F)$ 是 Petri 网，称为 $\Sigma$ 的基网。

(2) $K$、$W$ 和 $M$ 分别是 $N$ 上的容量函数、权函数和标志。$M_0$ 是系统的初始标志，表示起始状态时库所中令牌的分布

$$M_0 = (m_1, m_2, \cdots, m_n) \tag{2.1}$$

Petri 网系统增加了库所容量、变迁发生的规则以及资源分布等，具备了完整地描述系统结构和资源静态特征的能力。

为描述系统的动态运行过程，需要首先给出变迁发生的条件和结果，称之为变迁规则。具体描述如下：

设 Petri 网系统 $\Sigma = (P, T; F, K, W, M_0)$，其中，$M$ 为其基网上的标志，$t \in T$，为任一变迁。

**定义 5** 变迁发生的条件：

设六元组 $\Sigma = (P, T, F, K, W, M)$ 为一 Petri 网系统。对于 $t \in T$，如果在标识 $M$ 下，有

$$\forall p \in {}^\circ t: M(p) + w(p, t) \leqslant K(p) \tag{2.2}$$

则称 $M$ 授权 $t$ 发生或 $t$ 在 $M$ 下有发生权，记为 $M[t > 0$。

此时，称 $t$ 在 $M$ 下有效，记作 $M[t > 0$。

**定义 6** 变迁发生的结果：

若 $t$ 在 $M$ 下有发生权，即 $M[t > 0$，则 $t$ 在 $M$ 下可以发生，同时将标志 $M$ 改变为 $M'$。且对于任一 $p \in P$，有

$$M'(p) = \begin{cases} M(p) - w(p,t) & p \in {}^\circ t - t^\circ \\ M(p) + w(t,p) & p \in t^\circ - {}^\circ t \\ M(p) - w(p,t) + w(t,p) & p \in {}^\circ t \bigcap t^\circ \\ M(p) & p \notin {}^\circ t \cup t^\circ \end{cases} \tag{2.3}$$

由变迁 $t$ 的发生引起标志 $M$ 变为 $M'$，记作 $M[t > M'$，并称 $M'$ 为 $M$ 的后续标志。

对定义 5 和定义 6 的解释如下：

(1) 变迁发生的充要条件是该变迁是授权的。

(2) 一个变迁被授权发生，当且仅当该变迁的每一个输入库所中的令牌数大于或等于输入弧的权值，并且该变迁的输出库所中已有的令牌数与输出弧权值之和小于输出库所的容量，即"前面够用，后面够放"。

(3) 变迁发生时，从该变迁的输入库所中移出与输入弧权值相等的令牌数，在该变迁的输出库所中产生与输出弧权值相等的令牌数。

**【例 2.1】** 根据 Petri 网的运行规则，按照 $t_1$、$t_2$、$t_3$、$t_4$ 的顺序，依次对图 2.19(a)中的变迁的发生权进行检查。

显然可得：① $t_1$ 可以发生，$t_1$ 发生后的结果如图 2.19(b)所示；② $t_2$ 不能发生；③ $t_3$ 可以

发生，$t_3$ 发生后的结果如图 2.19(c)所示；④ $t_4$ 可以发生，$t_4$ 发生后的结果如图 2.19(d)所示。

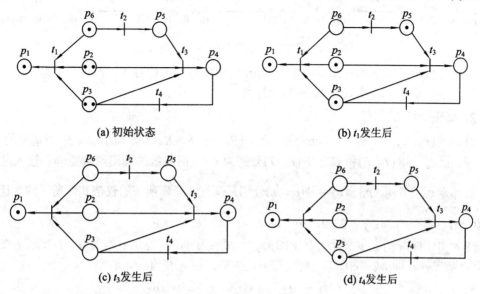

图 2.19　Petri 网的运行过程

这里需要强调的是：在 Petri 网系统运行时，一定要事先规定变迁的扫描顺序，不同的扫描顺序将导致不同的结果。

### 5. Petri 网分析技术

#### 1) 可达树分析法

系统在运行时，屏幕显示标记的移动。在运行的过程中，如果遇到冲突，运行自动暂停，在输入消除冲突的对策后，系统继续运行。当遇到死锁时，运行也自动停止。只有改变系统结构，排除了死锁，系统才能继续运行。当运行结束或经过一个循环后，可以生成可达树，然后利用可达树来分析系统的结构。

如果一个 Petri 网对给定的初始标识 $M_0$ 和目标标识 $M$ 有一个发射系列 $\sigma$，可以使得 $M_0$ 变迁为 $M$，则称 $M_0$ 可到达 $M$，用 $M_0 \xrightarrow{\sigma} M$ 表示，其中 $\sigma = t_1 t_2 \cdots t_n$。所有可达标识的集合称为可达集合，用 $R(M_0)$ 表示。可达树描述了从 $M_0$ 出发的所有可能启动序列的集合，它将 $R(M_0)$ 的各个标识作为节点，是以从 $M_0$ 到各个节点的发射系列为树枝画出的图。图 2.20 就是一个包含 6 个库所和 3 个变迁的 Petri 网模型，如果 $M_0 = (1，0，1，0，0)$，则对应的可达树如图 2.21 所示。

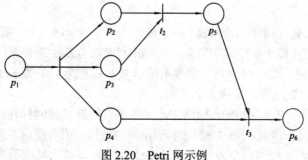

图 2.20　Petri 网示例

$$M_0 \xrightarrow{\hspace{2cm}} M_1 \xrightarrow{\hspace{2cm}} M_2 \xrightarrow{\hspace{2cm}} M_3$$

$$(1,\ 0,\ 1,\ 0,\ 0) \qquad (0,\ 1,\ 2,\ 0,\ 0) \qquad (0,\ 0,\ 1,\ 1,\ 0) \qquad (0,\ 0,\ 0,\ 0,\ 0)$$

图 2.21  图 2.20 所示的 Petri 网对应的可达树

可达树分析法的基本思想是枚举出 Petri 网中所有的可达标识。但由于"组合爆炸"问题，该方法仅适用于较小规模 Petri 网的分析。

2) 矩阵分析法

设 $N = (P,\ T;\ F)$ 是一个 Petri 网，$\Sigma = (P,\ T;\ F,\ K,\ W,\ M_0)$ 是以 $N$ 为基网的 Petri 网系统。记 $C^+ = W(T,\ P)$ 和 $C^- = W(P,\ T)$ 分别为 Petri 网系统的输出函数矩阵和输入函数矩阵，其元素 $c_{ij}^+ = W(t_j,\ p_i)$ 和 $c_{ij}^- = W(p_i,\ t_j)$ 分别是变迁 $j$ 至库所 $i$ 的权值和库所 $i$ 到变迁 $j$ 的权值($i = 1,\ 2,\ \cdots,\ n$；$j = 1,\ 2,\ \cdots,\ m$)。

令 $m$ 维向量 $e[j]$ 表示变迁 $t_j$ 发生的第 $j$ 个元素为 1，其他元素均为 0。若变迁 $t_j$ 在标识 $M_0$ 下有发生权，即 $M_0 \geqslant e[j]C^-$，则变迁 $t_j$ 发生后，标识变为 $M$，有

$$M = M_0 - e[j]C^- + e[j]C^+ = M_0 + e[j]C \tag{2.4}$$

其中，$C = C^+ - C^-$，称为网系统 $\Sigma$ 的关联矩阵。

对于某一变迁序列 $\delta = t_{j1},\ t_{j2},\ \cdots,\ t_{jk}$，显然可得

$$\begin{aligned} M &= M_0 + e[j_1]C + e[j_2]C + \cdots + e[j_k]C \\ &= M_0 + (e[j_1] + e[j_2] + \cdots + e[j_k])C \\ &= M_0 + f(\delta)C \end{aligned} \tag{2.5}$$

其中，$f(\delta) = (e[j_1] + e[j_2] + \cdots + e[j_k])$，称为变迁序列 $\delta$ 的发生向量。

若记向量 $X = f(\delta)$，则有

$$M = M_0 + XC \tag{2.6}$$

此即 Petri 网的状态方程。

对于上述的状态方程(2.6)，要求 $X$ 必须有非负的整数解。这一结论可以为 Petri 网的可达性问题分析提供很大的方便。

矩阵分析法最大的优点是能够利用计算机，但该方法在一些具体问题上还有待于进一步完善。

6. Petri 网的类型及特点

1) Petri 网的类型

(1) 基本 Petri 网。在最简单的 Petri 网系统中，规定网中每一个库所的容量为 1。其库所也可以称为条件，变迁称为事件，所以基本的 Petri 网又称为条件/事件系统，简称为 C/E 系统。

(2) 低级 Petri 网。如果网中每一个库所的容量和权重为大于等于 1 的任意整数，这样的 Petri 网称为库所/变迁网，简称为 P/T 网。

(3) 定时 Petri 网。在这种 Petri 网络中，将各事件的持续时间标在库所旁边，于是库所中新产生的标记经过一段时间后才加入到 Petri 网的运行；或者是将时间标在变迁上，于是经过授权的变迁延迟一段时间后发生，或者变迁发生后，马上从库所中移去相应的标记，

但在输出库所中延迟一段时间产生标记。

(4) 高级 Petri 网。谓词/变迁网、着色 Petri 网以及层次 Petri 网都属于高级网，高级 Petri 网可以简化复杂的网络模型，表达更多的信息。

2) Petri 网的特点

(1) 能够很好地描述和表达离散事件动态系统(DEDS)建模中经常遇到的并行、同步、冲突和因果依赖等关系。

(2) 为形式化分析提供良好的条件，因为 Petri 网有良好的数学基础和语义清晰的语法。

(3) 使用图形来描述系统，使系统形象化，易于理解，降低了建模的难度，提高了模型的可读性。

(4) 对于柔性制造系统(FMS)那样的分布式递阶结构，可以分层次建立 Petri 图。

(5) 与系统结构关系密切，对系统内部的数据流和物流都可以描述，容易在控制模型的基础上直接实现控制系统。

## 2.4.2　条件/事件系统

在条件/事件(C/E)系统中，条件用 $p$ 表示，事件用 $t$ 表示，所有成立的条件集合称为事例，在 Petri 图中利用圆圈中标上一个黑点的图形来表示事例。下面进行具体介绍。

### 1. 事件的逻辑关系图

图 2.22 列出了主要的 5 种关系。

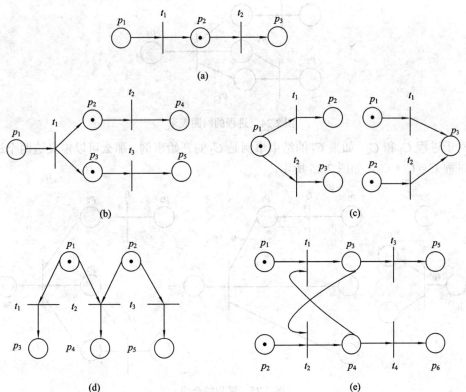

图 2.22　事件的逻辑关系图

图(a)表示事件 $t_1$ 和 $t_2$ 为先后关系；图(b)表示事件 $t_2$ 和 $t_3$ 为并发关系；图(c)表示事件 $t_1$ 和 $t_2$ 为冲突关系；图(d)表示事件 $t_1$、$t_2$ 和 $t_3$ 为迷惑关系；图(e)表示事件 $t_1$ 和 $t_2$ 为死锁关系，事件不可能发生。

### 2. 事例图

在事例图中，节点是事例，弧是条件/事件系统中的步。图 2.23 就是一个 Petri 网图的事例图。

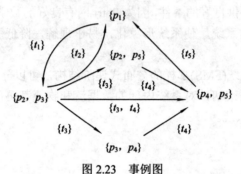

图 2.23　事例图

### 3. 进程与进程的合成

在条件/事件系统中，我们把一个 Petri 网的事例图的一条路径定义为它的一个进程。出于方便和直观的考虑，常常用网图来表示进程。图 2.24 就是进程的一个网图表示。

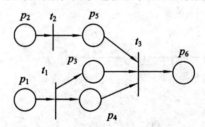

图 2.24　进程的网图表示

对于进程 $C_1$ 和 $C_2$，如果 $C_1$ 的结束事例是 $C_2$ 的开始事例，那么可以定义这两个进程的合成进程 $C = C_1 \times C_2$，如图 2.25 所示。

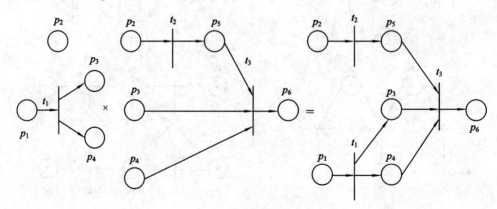

图 2.25　进程的合成

如果一个进程只描写了单个的步，那么称这个进程为基本进程。例如，图 2.25 中的进程 $C_1$ 就是基本进程。

### 4. 应用举例

下面以一个生产者/消费者系统的 Petri 网图来说明条件/事件系统的应用。图 2.26 中，$p_1$、$p_2$ 表示生产者就绪和正在生产产品，$p_3$ 表示仓库，$p_4$、$p_5$ 表示消费者就绪和消费产品。

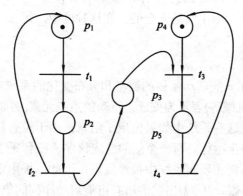

图 2.26　生产者/消费者系统的 Petri 网图

## 2.4.3　库所/变迁网

在这种类型的 Petri 网中，每一个库所中的标记数应大于零而小于它的容量。变迁发生时，在 $°t$ 和 $t°$ 的每一个库所中要有足够的标记和容量。

图 2.27 是一个由一个生产者和两个消费者组成的系统的 Petri 网。在这个系统中，仓库 (缓冲区)的容量为 5；生产者每一步产生 3 个标记，同时系统在每一个状态下最多只能有一个消费者进入仓库；进入缓冲区后，每一个消费者移去两个标记。

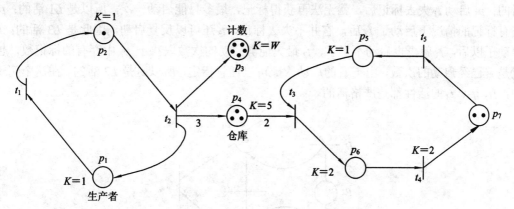

图 2.27　一个生产者和两个消费者的系统的 Petri 网图

图 2.27 中，$p_1$ 表示生产者准备就绪；$p_2$ 表示生产者正在生产产品；$p_3$ 记录了生产的步数，它的容量是无穷大；$p_4$ 表示仓库；$p_5$ 表示有一个消费者就绪；$p_6$ 表示消费者正在消费产品；$p_7$ 表示消费者完成了消费。

### 1. 库所/变迁网的行为特性

#### 1) 可达性

可参考 2.4.1 节中的 Petri 网分析方法。

#### 2) 有界性

在一个 Petri 网中，若存在一个整数，使得 $M_0$ 的任何一个可达标识的每一个库所中的标识数都不超过 $K$，则这个 Petri 网为 $K$ 有界(简称有界)。

若 $K = 1$，则认为这个 Petri 网是安全的。在这种网中，每一个库所要么有一个标识，要么没有标识。

#### 3) 活性

库所/变迁网常常用在一些活动实体的数量和分布变化的系统中，在这种系统中，一般将活动的系统元素(例如机械等)表示为变迁，不动的系统元素(例如仓库等)表示为库所，运动的实体表示为标记。在这些系统中如果出现了阻塞，由于没有任何变迁可以启动，就可能导致系统局部或整体停止运行。而一个活的网应该保证没有死锁操作。

活性是一种理想特性，在现实系统中很难实现，因此，采用定义不同的活性等级的方式来放宽对活性的定义。假设从 $M_0$ 出发的所有可能启动序列的集合为 $L(M_0)$，如果一个变迁 $t$ 在 $L(M_0)$ 内的任何启动序列中都无法启动，则称为死的或 L0 活的；如果至少可以启动一次，则称为 L1 活的；如果可以启动 $k$ 次($k$ 为大于 1 的任意整数)，则称为 L2 活的；如果可以无限制地启动，则称为 L3 活的；当 $t$ 在 $R(M_0)$ 中的每一个标识 $M$ 都是 L1 活的，则称为 L4 活的，或简称为活的。

如果网中每一个变迁都是 $Lk(k = 1，2，3，4)$ 活的，则称这个网是 $Lk$ 活的，其活性按照 L4，L3，L2，L1 的顺序依次递减。如果一个变迁是 $Lk$ 活的，而不是 $L(k+1)$ 活的($k = 1$，2，3)，则称该变迁是严格 $Lk$ 活的。

图 2.28 是一个具有 $Lk(k = 1，2，3)$ 活的变迁的例子。图中 $t_0$ 永远无法启动，因此是 L0 活的；$p_1$ 启动 $t_1$ 失去标记后，就无法再获得标记，最多只能启动一次，所以是 L1 活的；$p_1$ 在有标记的情况下启动了 $t_3$ 后，它并不失去标记，$t_3$ 还可以反复启动，因此是 L3 活的；$t_1$ 启动了以后，$t_3$ 就再也启动不了了，$t_2$ 最大能够启动的次数取决于 $p_2$ 中存有的标记数，也就是 $t_3$ 已经启动的次数，由于 $t_3$ 的启动次数可以任意指定，所以 $t_2$ 是 L2 活的。在这个例子中，$t_1$、$t_2$、$t_3$ 的活性都是严格活的。

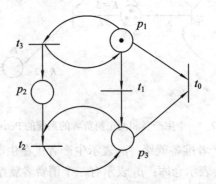

图 2.28　一个具有 $Lk(k = 1，2，3)$ 活的变迁的 Petri 网图

4) 可逆性

如果一个 Petri 网可以返回初始标识, 那么这个网称为可逆网。由于在多数情况下只要求系统回到某个特定状态, 而不需回到主状态, 因此对 $R(M_0)$ 的每个标识 $M$, 主状态 $M'$ 都是可达的。

图 2.29 就是一个可逆的 Petri 网。在这个网中, 初始标识 $M_0 = (0, 0, 1, 1, 0)$ 经过变迁序列 $\sigma_1 = t_2 t_1 t_3 t_4$ 可以回到初始标识。

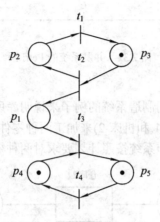

图 2.29 可逆的 Petri 网

5) 可覆盖性

如果一个 Petri 网有无限多个可达标识, 为了用有限个图来表示它, 引入符号 $\omega$ 来表示无限, 对每个正整数 $n$, $\omega > n$, $\omega \pm n = \omega$。这样, 就可以在一个有限的图中, 使每一个可达标识用图中的一个节点表示, 这样的图称为覆盖图。其数学定义如下: 如果在 $R(M_0)$ 中存在一个标识 $M'$, 使得网中的每一个库所都有 $M'(p) \geqslant M(p)$ 成立, 那么称标识 $M$ 是可覆盖的。图 2.30 中, 图(a)为一个 Petri 网, 图(b)为图(a)的可覆盖的可达树。

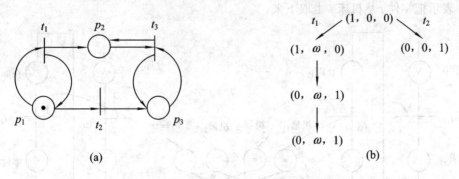

图 2.30 一个 Petri 网及其可覆盖的可达树

6) 同步距离

同步距离是对没有引入时间概念系统的动态行为的一种度量。令 $t_1$, $t_2 \subseteq T$, 在系统的每一个进程中, $t_1$ 事件和 $t_2$ 事件发生的次数是 $\mu_1(t_1)$ 和 $\mu_2(t_2)$, 则 $d_{12} = \max|\mu_1(t_1) - \mu_2(t_2)|$ 为 $t_1$ 和 $t_2$ 间的同步距离。

图 2.31 表示的是一个并发系统, $t_2$、$t_3$ 可以同时发生, 此时 $d_{23} = 0$; 也可以一前一后地

发生，此时 $d_{23}=1$。

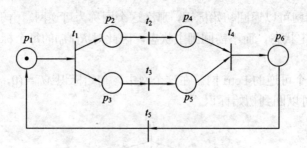

图 2.31　并发系统的 Petri 网

### 2. 应用举例

下面以一个流水线生产车间制造系统的例子来说明库所/变迁网的应用。在图 2.32 中，制造系统分别用两台机床(机床 1 和机床 2)来加工两种零件(零件 1 和零件 2)。在每台机床的入口和出口各有一个零件库。系统按照计划要求对两种零件交替进行加工。

图 2.32　流水线生产车间制造系统简图

在图 2.33 所示的制造系统的 Petri 网图中，

仓库$_{ij}$ 表示在机床 $j$ 的入口零件库中的零件 $i$；

零件$_{ij}$ 表示在机床 $j$ 上加工的零件 $i$；

机器$_{ij}$ 表示机床 $j$ 处于空闲状态，正在等待零件 $i$；

$t_{ij}$ 表示把零件 $i$ 安装到机床 $j$ 上；

$t'_{ij}$ 表示把零件 $i$ 从机床 $j$ 上取下来。

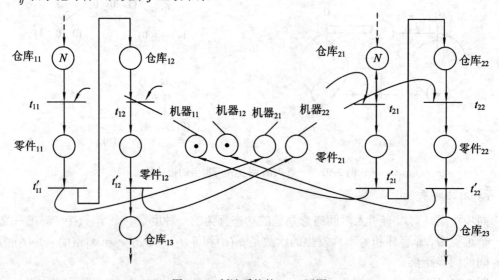

图 2.33　制造系统的 Petri 网图

图 2.33 表示有 $N$ 个零件 1 和零件 2 在机床 1 的入口零件库中，机床 1 和机床 2 处于空闲状态，正在等待零件 1。变迁 $t_{11}$ 使零件 1 到机床 1 上进行加工，变迁 $t'_{11}$ 将零件 1 从机床 1 上卸下来，空出机床 1，标记机床库所——机器$_{21}$，并将零件装入零件仓库 2。然后可能发生两个并行动作：① 启动 $t_{12}$，将零件 1 装到机床 2 上；② 启动 $t_{21}$，将零件 2 装到机床 1 上。这两种变迁将分别标记零件库所——零件$_{12}$ 和零件$_{21}$。零件 1 加工完以后，启动 $t'_{12}$ 将零件 1 装入输出零件库——仓库 3，空出机床 2 并标记机床库所——零件$_{22}$。当机床 2 空闲时，启动 $t_{22}$ 装上零件 2，并在加工完成后启动 $t'_{22}$ 将其卸下。

至此，以上内容都是围绕基本 Petri 网系统来介绍的。这种基本 Petri 网系统在应用上主要存在以下两个方面的局限性：

(1) 表达能力有限。稍微复杂一些的系统就需要使用大量的库所和变迁，由此所引起的"组合爆炸"问题往往使得 Petri 网模型比较难于理解和分析。

(2) 不能表示各事件之间的时间关系。

为了有效地解决这两个问题，人们后来又提出了高级 Petri 网系统。例如谓词/变迁网和着色网，分别使用谓词和色彩的抽象方法把具有"同类"功能的库所和变迁分别进行合并，从而大大减少了库所和变迁的数目；又如时间 Petri 网，通过在 Petri 网中引入时间概念，可用来评价网系统的实时性质，以更真实地反映系统状态等。限于篇幅，有兴趣的读者可以参考相关书籍来了解着色 Petri 网以及层次 Petri 网。

# 2.5　面向对象的建模方法与统一建模语言

## 2.5.1　面向对象的概念

面向对象的思想较早出现在程序设计语言中，并伴随着研究与应用的不断深入与发展，以其良好的机制和能力越来越受到人们的普遍重视。

按照面向对象的观点，客观世界是由许多各种各样的对象所组成的，每个对象都有其自己的内部状态与运动规律，不同的对象之间通过相互作用和联系构成了各种不同类型的系统。显然，这与人们认识世界的自然思维方式是一致的。因此，可以说面向对象的方法不仅仅是一种程序设计技术，更是一种完全不同于传统功能设计的新的思维方式。其最大的优点是能够帮助分析、设计人员和用户清楚地描述抽象的概念，从而使其相互之间能够更容易地进行信息交流。

与面向对象有关的几个基本术语简要介绍如下：

1) 对象(Object)

在某种意义上，客观世界中的任何事物都可以被认为是一个对象。对象的表示可以概括为属性、活动和关联关系三个主要的方面。在计算机中，通常用如下的三元组来表示：

$$对象 ::= (接口，数据，操作) \tag{2.7}$$

其中，接口用来描述对象与其他对象的关系；数据用来描述对象的属性；操作用来描述对象的行为(活动)。

2) 面向对象(Object-Oriented)

对面向对象这一概念的理解，包含以下两个方面的内容：

(1) 面向对象是一种认识客观世界的世界观，根据这种世界观，可以把客观世界视为由许多对象构成的，每个对象都有自己的内部状态和运动规律，它们相互联系、相互作用，构成了完整的客观世界。

(2) 面向对象是从结构组织的角度去模拟客观世界的一种方法，该方法着眼于对象这一构成客观世界的基本成分，将现实中的客观对象抽象为一组概念上的对象，再转换成相应的计算机对象。

从面向对象观点来认识客观世界，用面向对象的方法来对客观世界进行模拟，这就构成了面向对象的完整含义。

3) 消息(Message)

消息是描述对象间相互作用的一种方式。在面向对象的方法中，用对象间的通信(收发消息)来表示它们之间的相互作用。程序的执行就是由对象间传递消息来完成的。当发送一个消息给某一个对象时，该消息中就包含了要求接收对象去执行某些活动的消息，接到消息的对象将会对这些消息进行解释并予以响应。

4) 类(Class)

类是建立对象的模板，用来对一组具有相同数据结构和操作的对象进行描述。这些对象既有相同的属性和行为模式，同时也有它们自己的一些单独的属性和行为模式。例如，对生产系统中一般运输工具(Vehicle)的描述，可能含有型号、载重量和运行速度等属性，则可以描述为一个 Vehicle 类。

5) 继承(Inheritance)

继承是自动共享类中数据和方法的一种机制，它使得可以利用现有的类来定义新的类。例如自动引导车(AGV)是一种交通工具，那就可以利用继承的机制，通过修改 Vehicle 类的结构来创建 AGV 类(例如，可以添加对固定运输路线的描述等)。

6) 多态性(Polymorphism)

对象根据接收的消息执行相应的操作，但是当同样的消息为不同的对象所接收时，也有可能会导致完全不同的操作，这种特性称为多态性。应用多态性，用户就可以发送一个通用的消息给多个对象，而每个对象则根据自身的情况来决定是否响应和如何响应。

与多态性有密切联系的另一个概念是动态联编，即只有系统运行时才将对象接收到的消息和实现它的特定方法连接在一起。

## 2.5.2 面向对象分析与设计

### 1. 面向对象分析

将面向对象的思想应用于系统分析中，即形成了面向对象分析(Object-Oriented Analasis，OOA)方法。面向对象分析是建立在处理客观运行状态的信息造型(实体—关系图、语义数据模型)和面向对象程序设计语言的概念基础之上的。它从信息造型中汲取了属性、关系、结构以及对象作为问题域中某些事物的、实例的表示方法等概念；从面向对象程序设计语言中汲取了属性和方法的封装以及分类结构和继承性等概念，如图 2.34 所示。

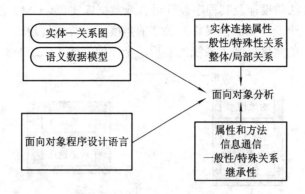

图 2.34　面向对象分析的基本结构

面向对象分析的一般内容和步骤如下：

(1) 识别对象。辨别所研究的实际系统中包含的客观对象有哪些，并根据研究的目的将其抽象和表示出来。对一个复杂系统中的对象的识别，往往在很大程度上依赖于具体的研究问题的具体特征和分析人员的经验，并没有普遍使用的规则。

(2) 识别结构。这里所说的结构，是指对象间的组织方式。它用来反映实际系统中诸多复杂事物之间的关系。常用的对象结构主要有两种：一是分类结构，大多用于描述事物类别之间的继承关系；二是部分—整体结构，大多用于描述事物的部分与整体之间的组合关系。

(3) 识别主题。主题是关于模型的一种抽象机制，它给出了系统分析结果的概念，以帮助理解对象和结构之间的关联关系。

(4) 定义属性。属性是记录对象状态信息的数据元素，为描述对象及结构提供了更多的细节。

(5) 定义方法。定义方法通常包括两部分内容，即首先定义每一种对象和分类结构应有的行为；其次，定义对象的实例之间必要的通信，也就是定义各实例之间的消息关联。

**2. 面向对象设计**

面向对象设计(Object-Oriented Design，OOD)认为系统的设计过程就是将所要求解的问题分解为一些对象及对象间传递消息的过程。从面向对象分析到面向对象设计是一个逐渐扩充模型的过程。面向对象分析主要是对问题域和系统任务进行描述，通过分析得到对象及其相互间的关系；而面向对象设计则主要是增加系统实现所必需的各种组成部分，解决的是这些对象及其相互关系的实现问题。

设计阶段又可划分为概要设计和详细设计两大步骤。概要设计的主要任务是定义系统是如何工作的，因此，对诸如工作平台、计算能力和存储容量等可以不加限制；而详细设计则必须考虑这些问题，并进一步细化概要设计的结果。

## 2.5.3　对象建模技术

对象建模技术(Object Modeling Technology，OMT)是由兰博(J.Rumbaugh)等人提出的。

该方法包含了一整套面向对象的概念和独立于语言的图示符号，主要应用于对问题需求进行分析、问题求解方法的设计及其程序设计语言或数据库实现。OMT 方法从对象模型、动态模型和功能模型三个既不相同但又相互关联的角度来进行系统建模，如图 2.35 所示。这三种模型从各自不同的角度反映了系统的实质，全面地描述了系统的需求。

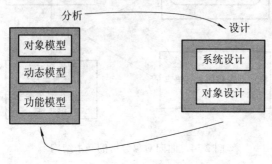

图 2.35　OMT 方法

### 1) 对象模型

对象模型是对系统中对象结构的描述，表示了系统数据的静态、结构化的性质，包括对象的唯一标志、与其他对象的关系和对象的属性等。对象模型可以用含有对象类的对象图来表示，它为动态模型和功能模型提供了实质性的框架。

### 2) 动态模型

动态模型是对与时间和操作次序有关的系统属性的描述，表示了系统控制的瞬时的、行为化的性质，包括触发时间、事件序列、事件与状态的组织等。动态模型可以用状态图来表示，表达了一个类中所有对象的状态和事件的正确次序。

### 3) 功能模型

功能模型描述的是与值的变化有关的系统属性、功能、映射、约束及功能依赖条件等。功能模型可以用数据流图来描述，表示了变化的系统的功能性质。

OMT 方法的主要特点可简单地总结如下：

(1) 注重并擅长于分析，可很好地用于信息建模，但不适合于行为建模。

(2) 具有丰富、生动的图示和表示法，但有时语义不太清晰。

(3) 可贯穿于从分析到实现的整个过程，但缺乏清晰的步骤以降低设计耦合。

## 2.5.4　统一建模语言

在面向对象方法形成并发展的过程中，出现了多种建模语言，它们各有优缺点，相互差别较大，这在一定程度上妨碍了用户之间的交流。在这种背景下，统一建模语言(Unified Modeling Language，UML)应运而生。统一建模语言是由著名的面向对象技术专家布奇(G.Booch)、雅各布森(I.I.Jacobson)和兰博(J.Rumbaugh)发起，在 Booch 方法、面向对象软件工程方法(Object-Oriented Software Engineering，OOSE)和对象建模技术等方法的基础上，集众家之长，经过反复修改而完成的。统一建模语言于 1997 年 11 月由对象管理组织(Object Management Group，OMG)批准，正式成为一种标准化的建模语言。

统一建模语言是一种通用的可视化、规范化、结构和文档化的建模语言。它基于用例驱动，提供了一系列的视图来对系统建模过程进行描述。

下面对统一建模语言中定义的五类视图分别作一简要的介绍。

**1. 用例图**

用例图(Use Case Diagram)分析是基于统一建模语言的面向对象建模过程的一个显著的特点。在基于统一建模语言的建模过程中，用例处在一个核心的位置。它除了被用来准确获取用户需求以外，还将驱动包括系统分析、系统实现、系统测试和系统配置等阶段在内的整个系统开发过程。

在统一建模语言中，一个用例模型通常由若干个用例图来描述。用例图描述了用例、系统参与者以及它们之间的关系。每个用例图由一组被系统边界包围的用例、系统边界外的参与者以及参与者和用例间的通信关系三部分组成。其中，用例是指系统执行的一系列动作，而且动作执行的结果能够被制定的参与者察觉；参与者是指用户在系统中扮演的角色；通信关系则表示执行者触发用例，并和用例进行信息交互。

例如，图 2.36 所示为某生产车间任务管理的用例图描述。

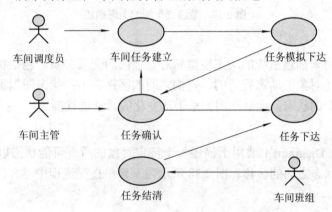

图 2.36　某生产车间任务管理的用例图描述

**2. 静态图**

静态图主要包括类图、对象图和包图。

1) 类图

类图(Class Diagram)用于描述系统中类、接口、协作及其之间的关系，主要有关联、聚合和泛化(继承)等，它揭示了系统的静态逻辑结构。例如，图 2.37 所示为某制造车间的类图描述。

2) 对象图(Object Diagram)

对象图是类图的实例，显示了在某一时间点上系统中的一组对象以及它们之间的关系。对象图多用于具体示例的设计，描述了系统的静态进程。可以把对象图看成类图的一个实例：对象是类的实例，对象之间的关系是类关系的具体化。

3) 包图

包图(Package Diagram)由包和类组成，主要表示包与包、包与类之间的关系，用于描述系统的分层结构。

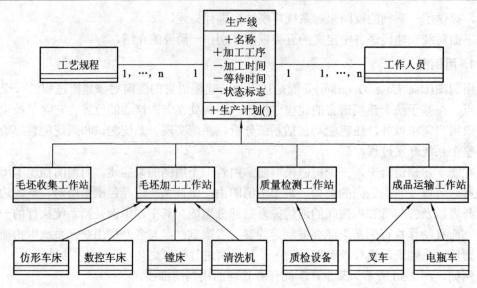

图 2.37  某制造车间的类图描述

### 3. 行为图

行为图主要用来描述系统的动态模型和对象之间的交互关系，包括状态图和活动图。两者都是用来描述对象的动态行为的，它们之间的区别在于：状态图侧重于从行为的结果来描述，即一个个的状态；而活动图侧重于从变化的活动进行描述。

### 1) 状态图

状态图(State Diagram)主要用于描述一个特定对象的所有可能状态以及由于各种事件的发生而引起的状态之间的转移。图 2.38 所示为某订单接受流程中"客户审查"的状态图描述。

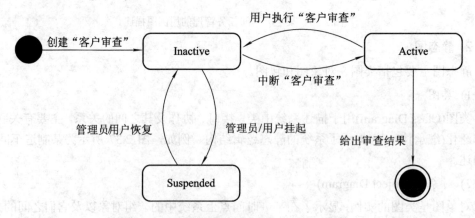

图 2.38  订单接受流程中"客户审查"的状态图描述

### 2) 活动图

活动图(Activity Diagram)用来描述满足用例要求所要进行的活动以及活动间的约束关系，常用于表示较为复杂的业务活动，以帮助确定出用例或用例之间及用例内部的交互作用。图 2.39 所示为某产品制造过程的活动图描述。

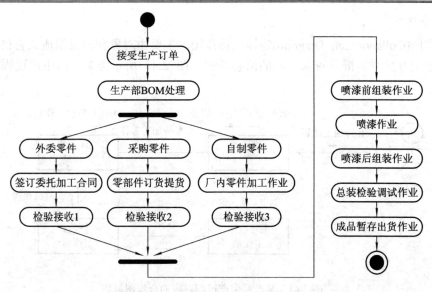

图 2.39　某产品制造过程的活动图描述

**4. 交互图**

交互图主要用来描述对象之间的交互关系，包括顺序图和合作图。它们之间的不同之处在于：顺序图着重体现交互的时间顺序；合作图则着重体现交互对象间的静态连接关系和消息的传递。

**1) 顺序图**

顺序图(Sequence Diagram)是用以描述参与者和对象之间以及对象之间按照时间先后顺序交互动作的过程。其关键思想是：对象之间的交互是按照特定的顺序发生的，这些按照特定顺序发生的交互序列从开始到结束需要一定的时间。图 2.40 所示为某产品生产过程的顺序图描述。

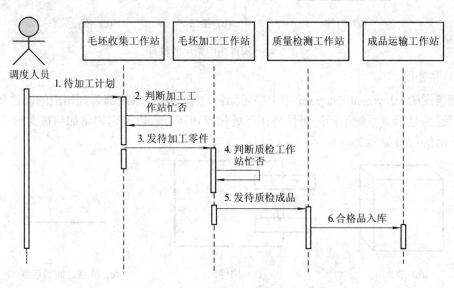

图 2.40　某产品生产过程的顺序图描述

**2) 合作图**

合作图(Collaboration Diagram)也译成协作图，主要由对象和消息组成。它也用来描述对象间的交互关系，展示对象之间的消息传递。图 2.41 所示为某产品生产过程对应的合作图。

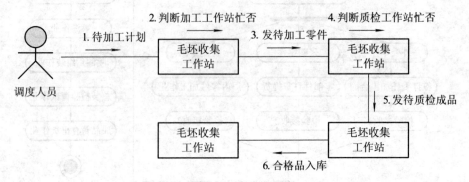

图 2.41　某产品生产过程对应的合作图描述

## 5. 实现图

实现图用以描述系统源代码的结构和运行时刻的实现结构，包括构件图和部署图等。

**1) 构件图**

构件图(Component Diagram)用来描述代码构件物理结构以及各构件之间的依赖关系。构件图中常用的符号如图 2.42 所示。

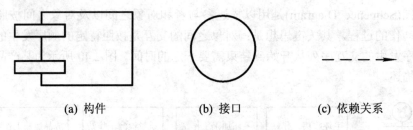

(a) 构件　　　　(b) 接口　　　　(c) 依赖关系

图 2.42　构件图中常用的符号

**2) 部署图**

部署图(Deployment Diagram)用来描述如何将某一软件系统部署到相应的硬件环境中。它的用途是显示该系统不同的组件将在何处物理地运行，以及它们将如何彼此通信。部署图中常用的符号如图 2.43 所示。

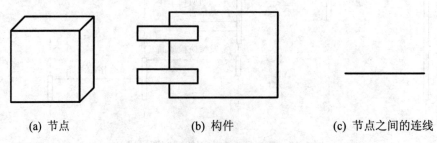

(a) 节点　　　　(b) 构件　　　　(c) 节点之间的连线

图 2.43　部署图中的常用符号

# 2.6　库存系统模型

## 2.6.1　库存系统的基本概念

### 1. 库存系统和库存管理的基本思想

在日常生活和生产活动中，物资的供应量与需求量、供应时期与需求时期之间常存在不协调性。为此，人们在供应和需求之间增加库存环节，将所需的物资存储起来，以备将来消费或使用，从而缓解供应和需求之间的不协调。

库存系统(Inventory System)就是指以储存的方式，解决供应与需求、生产与消费之间不协调性的现象与措施。库存系统是离散时间系统的重要类型之一。狭义的库存系统包括制造企业的原材料和在制品库存、百货商店的商品库存、水库蓄水量、银行现金储备、国家石油战略储备等。广义的库存系统还包括人力资源储备、教育和科研投入等。

库存管理对企业和区域经济发展具有重要意义。例如，制造企业的原材料库存太少，会造成企业停车待料和开工不足，不仅会给企业带来损失，还影响企业的服务水平；但是库存量过大，超出生产需要，又会造成资金和资源积压，积压商品还存在质量下降和贬值的风险。再如，雨季来临前水库的蓄水量也是值得研究的问题：蓄水量过少，当雨季降雨量偏少时会造成水库存水不足，影响发电、农田灌溉以及下游生产生活用水；蓄水量过大，当遭遇洪水时又会造成水位猛涨，可能引起泄洪不及，导致水坝垮塌，造成严重的经济损失。

显然，库存问题既具有普遍性，也表现出复杂性和多样性特征。库存系统要解决的基本问题是：根据特定的需求类型，确定合理的物资补充方式，以实现库存系统效益的最大化。

根据需求和补充中是否包含随机性因素，库存系统可以分为确定型和随机型两种。库存管理的研究可追溯到 20 世纪初，始于确定型库存研究。20 世纪 30 年代，人们提出"订货点法(Ordering Point Method)"。订货点法以"库存补充"为原则，目的是使库存量不低于安全库存，以保证生产活动的正常进行，避免因库存不足而影响生产。

订货点法比较适合于均衡消耗的场合，但是它未能考虑实际的物料需要，容易造成库存积压。20 世纪 60 年代，美国 IBM 公司的约瑟夫·奥利基(Orlicky Joseph A)在分析产品结构和制造工艺的基础上，提出物料独立需求(Independent Demand)和相关需求(Dependent Demand)的概念，建立了上下层物料的从属关系和数量关系，并在此基础上提出新的库存管理理论——物料需求计划(Material Requirements Planning，MRP)。MRP 基于市场需求、产品结构、制造过程中的时间坐标以及库存信息等制定企业的生产计划和采购计划。

但是，MRP 在指定生产计划时没有考虑生产能力约束，缺少必要的计划可行性分析。为此，人们提出了闭环 MRP(closed-loop MRP)理论。闭环 MRP 采用约束理论(Theory Of Constraints，TOC)分析生产能力、作业负荷、瓶颈工序(Bottleneck)或关键工作中心(Critical Work Center)，它具有自上而下的计划可行性分析和自下而上的执行反馈功能，使得生产计划具有一定的实时应变性，保证了生产计划的可靠性。

闭环 MRP 主要考虑的是生产计划中的物流过程，缺少必要的资金流动及财务成本分析，没有考虑计划执行结果与企业效益之间的关系，也未分析生产计划是否符合企业的发展目标。1977 年，美国生产管理专家奥利佛·怀特(Weight Oliver W)提出制造资源计划(Manufacturing Resources Planning，MRP II)的概念。MRP II 以闭环 MRP 为基础，从企业的经营目标和整体效益出发，以生产计划为主线，增加财务与成本控制功能，通过对企业各种制造资源的计划和控制，实现了物流、信息流和资金流的集成管理，从而达到以资金流控制企业生产活动和物流活动的目的。

20 世纪 90 年代以后，在经济全球化和以 Internet 为代表的信息化技术的推动下，企业之间的竞争不断加剧，企业运作出现跨行业、跨地区和多业务融合等特征，它不仅要求企业对内部的制造资源进行管理，还要对供需链中的人、财、物、产、供、销等信息进行集成管理，以适应全球化市场竞争。MRP II 是以面向企业内部业务为主的管理系统，已不能适应全球化竞争、供需链集成管理的需求。1990 年，美国加特纳集团公司(Gartner Group Inc.)提出了企业资源计划(Enterprise Resources Planning,ERP)的思想。

ERP 建立在信息技术基础上，它面向全球市场和供需链管理，全面集成企业内外的相关资源和信息，实现资源的综合平衡和优化，是一种全方位和系统化的企业决策、计划、控制、经营管理平台。

### 2. 库存系统模型的构成

库存系统模型应能反映库存问题的基本特征。库存系统模型的要素包括需求、补充、库存、费用以及库存策略等。

(1) 需求(Demand)。库存的目的是满足需求。需求是库存的输出，它反映生产经营活动对资源的需要，即从库存中提取的资源量。随着需求的发生，库存将不断减少。

根据需求的时间特征，可以将需求分为连续性需求和间断性需求。其中，连续性需求是指需求随着时间的变化连续地发生，库存也随时间的变化连续地减少；间断性需求是指需求发生的时间很短，可以视为瞬间发生，与此相对应，库存的变化也呈跳跃式减少。

根据需求的数量特征，可以将需求分为确定性需求和随机性需求。在确定性需求中，需求发生的时间和数量是确定的，如按合同规定的数量发生的需求等。随机性需求中，需求发生的时间或数量是不确定的，如因突发事件或自然灾害产生的需求等。对于随机性需求，一般要了解需求发生时间和数量的统计规律。

(2) 补充(Replenishment)。补充是库存的输入。随着生产经营活动的进行，原有的库存不断减少，为保证生产经营活动不间断，库存必须得到及时补充。没有补充，或补充不足、不及时，将会导致库存消耗完毕，影响正常的生产活动。

补充可以是从企业外采购，也可以是企业内生产。如果是企业外采购，从订货到货物进入库存往往需要一定的时间，称为采购时间(Time To Purchase)。因此，由于订购时间的存在，为保证库存得到及时补充，必须提前订货，需要提前的时间称为订货提前期(Lead Time For Ordering)。

(3) 库存(Inventory)。企业的生产经营活动总要消耗一定资源，由于资源供给与需求在时间和空间上的矛盾，通常需要存储一定数量的资源。这种为满足后续生产经营的需要而存储的资源就称为库存。

需求、补充和库存是库存系统的三要素。它们构成如图 2.44 所示的动态循环系统。

图 2.44　库存系统的基本要素

(4) 费用(Cost)。在库存理论中，常以费用作为评价和衡量存储策略优劣的依据。一般地，库存系统发生的费用包括存储费用、采购费用、缺货费用以及生产费用等。

存储费用(Holding Cost)是指因储存资源占用资金利息、保险以及使用仓库、保管物资、保管人力资源成本、货物损坏贬值导致的支出的那部分费用。一般地，存储费用与物资的存储数量以及时间长度成正比。采购费用(Ordering Cost)也称订货费，它的构成包括订购费用(如手续费、电信费、差旅费)和物资进货成本(如货款、运费等)两部分。其中，订购费用与订货次数有关，与订货数量无关；物资进货成本与订货数量有关。缺货费用(Stockout Cost)是指当库存物资不能满足需求时所造成的损失，如机会损失、停工待料损失、延期交货的额外支出以及不能履行合同而缴纳的罚款等。生产费用(Production Cost)是指自行生产所需物资的费用，包括原材料和零部件成本、加工费用、装配费用以及生产组织费用等。

(5) 库存策略(Inventory Strategy)。库存策略是指决定在什么情况下对库存进行补充、什么时间补充以及每次补充多少等的规则或方法。常用的库存策略包括：

① $t$-循环策略。不论实际的库存状况如何，总是每隔一个固定的时间 $t$，就补充固定的库存量 $Q$。显然，该策略只用于需求恒定的情况。

② $(t, S)$策略。每隔一个固定的时间 $t$ 补充一次，补充数量以补充一个固定的最大库存量 $S$ 为标准。因此，每次补充的数量是不固定的，需要根据实际库存量而定。当库存余额为 $I$ 时，补充的数量为 $Q = S - I$。

③ $(s, S)$策略。设库存余额为 $I$，若 $I > s$，则不对库存进行补充；若 $I \leqslant s$，则对库存进行补充，补充的数量为 $Q = S - I$。补充后达到最大库存量 $S$。$s$ 称为订货点。

④ $(t, s, S)$策略。在不少情况下，需要通过盘点才能得知实际库存。若每隔一个固定的时间 $t$ 盘点一次，得知当时库存为 $I$，再根据 $I$ 是否超过订货点 $s$，决定是否订货、订货多少等。这种库存策略称为$(t, s, S)$策略。

库存系统中，库存量因需求而减少，随补充而增加。若以时间 $t$ 为横轴，以实际存储量 $Q$ 为纵轴，就可以绘制出库存量随时间的动态变化规律，称为库存状态图，如图 2.45 所示。

由图 2.45 可知，当已知单位时间内的物资需求、订货提前期 $T$(采购时间)、订货批量以及安全库存量(Safety Inventory)时，就可以计算出订货点。在订货点处下订单，当所采购的物资到达仓库时，就可以使物资回复到最大库存。显然，在订货提前期不变的前提下，如果物资的需求增加，为保证生产经营活动的正常进行，需要将订货点升高，即提前订货；反之，如果物资需求减少，则订货点可以降低。此外，根据图 2.45，还可以分析订货提前期、安全库存、采购批量或最大库存等参数对订货点的影响。

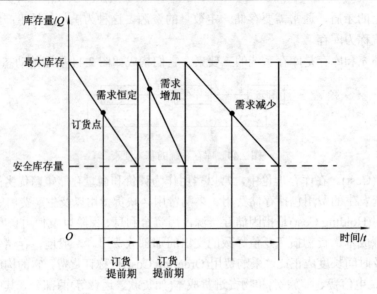

图 2.45　库存状态图

库存状态图是研究库存系统的重要工具。值得指出的是，即使是同一个库存问题，采用不同的存储策略，也会得到不同的库存状态图。

制定库存策略时既要考虑减少物资的存储量，以减少存储费用；又要尽量减少库存的补充次数，以减少采购费用。当物资的需要量一定时，存储量越少则补充次数就越多，而补充次数越少则意味着存储量越大。因此，两者之间经常是相互矛盾的。如何在两者之间寻求平衡与统一，是库存决策时需要解决的重要问题。实际上，平均费用最低或盈利的期望值最大是衡量库存策略优劣与否的最主要标准。

在确定库存策略时，一般先要把实际问题抽象为数学模型，对复杂的问题或条件进行简化，以便反映问题的本质特征；再用数学方法求解模型，得出数量型结论。总体上，可以将库存系统模型分为两大类：确定型模型，即模型中的数据均为确定的数值；随机型模型，即模型中含有随机变量。

## 2.6.2　确定型库存模型

### 1. 不允许缺货的经济采购批量模型

经济采购批量模型是一种常用的库存模型。该模型建立在下述假设基础上：

(1) 单一的存储资源。

(2) 不允许缺货，即缺货费用为无穷大。

(3) 采购时间近似为零，一旦缺货库存可立即得到补充。

(4) 每次采购费用为常数，不随采购数量的多少而改变。

(5) 需求是连续、均匀的，即需求速度 $R$ 为常数，$t$ 时间的需求量为 $R_t$。

(6) 单位资源在单位时间的存储费用为常数。

在上述假设下，库存状态变化如图 2.46 所示。

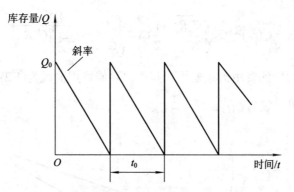

图 2.46　经济采购批量模型的库存状态图

假定每隔时间 $t$ 补充一次库存，则订货量必须满足 $t$ 时间的需求 $Rt$；设订货量为 $Q$，则 $Q = Rt$，一次订货费用为 $C_3$，货物单位为 $K$，则订货费用为 $C_3 + KRt$。$t$ 时间的平均订货费用为 $C_3/t + KR$，$t$ 时间内的平均库存量为

$$\frac{1}{t} \int_0^1 RT\mathrm{d}t \frac{1}{2} Rt \tag{2.8}$$

设单位时间的存储费用为 $C_1$，则 $t$ 时间内的平均存储费用为 $\frac{1}{2}RtC_1$。$t$ 时间内总库存费用的平均值为 $C(t)$：

$$C(t) = \frac{C_3}{t} + KR + \frac{1}{2}C_1Rt \tag{2.9}$$

余下的问题是 $t$ 取何值 $C(t)$ 最小？

对式(2.9)求导，另

$$\frac{\mathrm{d}C(t)}{\mathrm{d}t} = -\frac{C_3}{t_2} + \frac{1}{2}C_1R = 0$$

得

$$t_0 = \sqrt{\frac{2C_3}{C_1R}} \tag{2.10}$$

即每隔 $t_0$ 时间订一次货，可使 $C(t)$ 最小。

订货批量为

$$Q_0 = Rt_0 = \sqrt{\frac{2C_3R}{C_1}} \tag{2.11}$$

上述模型是库存研究中最基本的模型，式(2.11)就是库存论中著名的经济采购批量(Economic Ordering Quantity，EOQ)公式，也称经济批量(Economic Lot Size)公式。

由于 $Q_0$、$t_0$ 均与 $K$ 无关，因此可以在费用函数中略去 $KR$ 项，将式(2.9)改写为

$$C(t) = \frac{C_3}{t} + \frac{1}{2}C_1Rt \tag{2.12}$$

将 $t_0$ 带入式(2.12)，得出最小库存费用为

$$C_0 = C(t_0) = C_3\sqrt{\frac{C_1 R}{2C_3}} + \frac{1}{2}C_1 R\sqrt{\frac{2C_3}{C_1 R}} = \sqrt{2C_1 C_3 R} \tag{2.13}$$

图 2.47 所示为相应的费用关系曲线。其中，存储费用曲线为 $(1/2)C_1 R_1$，订货费用曲线为 $C_3/t + KR$，总费用曲线为 $C(t) = \dfrac{C_3}{t} + \dfrac{1}{2}C_1 Rt$。

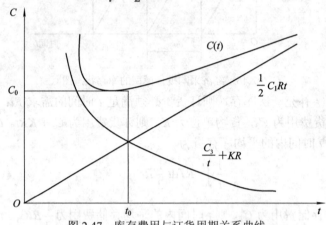

图 2.47　库存费用与订货周期关系曲线

因此，按照 $t$-循环策略，应当每隔时间 $t_0$ 补充库存 $Q_0$，使得总费用最低为 $C_0$。

**【例 2.2】**　某轧钢厂计划每月生产角钢 5000 t，每吨每月的存储费用为 4 元。每组织一批生产，需要 2500 元的固定费用。求如何安排生产批次，能使得费用最低。

**解**　若该厂每月生产角钢一批，批量为 5000 t，则全年的总费用为

$$12 \times \left(2500 + 4 \times \frac{5000}{2}\right) \text{元/年} = 150\,000 \text{ 元/年}$$

若按经济采购批量(EOQ)模型计算经济生产批量，则有最佳批量为

$$Q_0 = Rt_0 = \sqrt{\frac{2C_3 R}{C_1}} = \sqrt{\frac{2 \times 2500 \times 5000}{4}}t = 2500 \text{ t}$$

因此，每月生产的批数为

$$n = \frac{5000}{2500} \text{批} = 2 \text{ 批}$$

全年的总费用为

$$C_0 = 12 \times \sqrt{2 \times 2500 \times 5000 \times 4} \text{ 元/年} = 120\,000 \text{ 元/年}$$

二者比较，按经济采购批量模型组织生产，每月可节约 3 万元费用。

**2. 允许缺货的经济采购批量模型**

允许缺货的经济采购批量模型的假设与前述模型的假设基本相同，但是它允许缺货，并将缺货损失定量化。由于允许缺货，企业可以在库存降至零后，再等一段时间后订货，从而减少每次订货的固定费用，减少一些存储费用。一般地，当顾客遇到缺货时不受损失，

或损失较小，而且企业除支付少量的缺货费用也无其他损失，这时发生缺货现象可能对企业是有利的。

设单位存储费用为 $C_1$，每次订货费用为 $C_3$，单位缺货损失(缺货费)为 $C_2$，$R$ 为需求速度。求最佳存储策略，使得平均总费用最小。

设最初库存量为 $S$，可以满足 $t_1$ 时间的需求，$t_1$ 时间的平均存储量为 $0.5S$，在 $(t-t_1)$ 时间存储为零，平均缺货量为 $\dfrac{1}{2}R(t-t_1)$。由于 $S$ 只能满足 $t_1$ 时间的需求 $S=Rt_1$，有 $t_1=S/R$。

在 $t$ 时间内所需存储费用为

$$C_1 = \frac{1}{2}St_1 = \frac{1}{2}C_1\frac{S^2}{R}$$

在 $t$ 时间内的缺货费用为

$$C_2\frac{1}{2}R(t-t_1)^2 = \frac{1}{2}C_2\frac{(Rt-S)^2}{R}$$

订购费用为 $C_3$。

平均总费用为

$$C(t,\ S) = \frac{1}{t}\left[C_1\frac{S^2}{2R} + C_2\frac{(Rt-S)^2}{2R} + C_3\right]$$

利用对多元函数求极值的方法求 $C(t,\ S)$ 的最小值，可以得到

$$t_0 = \sqrt{\frac{2C_3(C_1+C_2)}{C_1RC_3}} \tag{2.14}$$

$$S_0 = \sqrt{\frac{2C_2C_3R}{C_1(C_1+C_2)}} \tag{2.15}$$

因此，$\min C(t,\ S) = C_0(t_0,\ S_0) = \sqrt{\dfrac{2C_1C_2C_3R}{C_1+C_2}}$ \hfill (2.16)

当 $C_2$ 很大(即不允许缺货)时，$C_2 \to \infty$ $\dfrac{C_2}{C_1+C_2} \to 1$，则有

$$t_0 \approx \sqrt{\frac{2C_3}{C_1R}},\ \ Q_0 \approx \sqrt{\frac{2C_3R}{C_1}},\ \ C_0 \approx \sqrt{2C_1C_3R}$$

在不允许缺货的情况下，为满足 $t_0$ 时间内的需求，订货量为 $Q_0=Rt_0$；而在允许缺货的情况下，存储量只要达到 $S_0$ 即可。显然 $Q_0 > S_0$，两者之间的差值为 $Q_0-S_0=\sqrt{\dfrac{2RC_1C_3}{C_2(C_1+C_2)}}$，表示在 $t_0$ 时间内的最大缺货量。

在允许缺货的条件下，最优存储策略为间隔 $t_0$ 时间订一次货，订货量为 $Q_0$，用 $Q_0$ 中

的一部分补足所缺货物，剩余部分 $S_0$ 进入库存。因此，在相同的时间内，允许缺货的订货次数比不允许缺货时的订货次数要少。

允许缺货的经济采购批量模型的图形如图 2.48 所示。它的图形部分地出现在水平线以下，负库存可以表示已经"出售"但还未"交付"的货物。

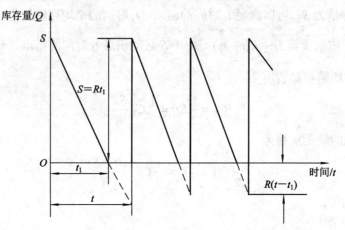

图 2.48　允许缺货的经济采购批量模型库存状态图

除上述模型外，还有在允许缺货和不允许缺货条件下补货时间较长的库存模型，以及考虑货物价格与订货批量之间关系的库存模型等。工程应用时，库存模型中是否需要时间，完全取决于实际问题。值得指出的是，绝对意义上的不允许缺货或补充不需要时间的假设并不存在，需要根据具体情况进行客观分析。

## 2.6.3　随机型库存模型

在市场经济条件下，库存模型中的参数大多不是固定不变的常量。例如，某产品的市场需求量、原材料的采购价格、采购周期以及生产费用等。它们的统计规律(如概率分布、参数等)可以通过对历史资料的统计分析来确定。

随机型库存模型就是指需求或补货时间等参数为随机型因素的库存模型。显然，对于随机型库存系统，有必要采用新的库存策略。常用的库存策略有以下几种：

(1) 定期订货法。订货的数量需要根据上一个周期末剩下货物的数量来进行决定。若剩下的数量少，就可以少订货；若剩下的货物数量较多，就可以少订或不订货。

(2) 定点订货法。当库存降低到某一规定的数量时即订货，不再考虑间隔的时间，每次订货的数量不变。上述规定的数量称为订货点。

(3) 混合订货法。将定期订货和定点订货法综合起来，隔一段时间检查一次库存，如果存储量高于数值 $s$，则不订货；若存储量低于 $s$，则订货补充库存，订货量要使得库存量达到 $S$。这种策略也可以简称为 $(s, S)$ 库存策略。

下面以"报童问题(Newsboy Problem)"为例，介绍随机型库存系统的特点和分析方法。报童每天销售的报纸数量是一个随机变量。订货量不足，会造成订货损失；订货量过大，若不能及时出售，又会造成过剩损失。因此，报童需要确定每天应订购多少份报纸，以便获得更高的收益。

设 $c$ 为一份报纸的采购价格，$s$ 为报纸的售出价格，则 $(s-c)$ 就表示售出一张报纸的利润。以 $v$ 表示单张报纸的残值，如果过剩的报纸完全报废则 $v$ 的值为零。对某些产品而言，$v$ 还可能取负值，如当过剩的货物需要支付处理费用时。$(c-v)$ 被称为单位过剩货物的损失。通常，在任何情况下都应满足 $c>v$ 的条件，否则就可以从过剩的货物中获得收益，并得到批量越大收益越高的结论。

以 $Q$ 表示采购批量，以 $a$ 表示每次采购的固定费用，以 $p$ 表示顾客有需求但没有被完全满足时的单位缺货损失，以 $D$ 表示不确定性需求，它的概率分布为 $P_D(x)$，$P_D(x)$ 表示需求为 $x$ 的概率。显然，需求 $x$ 与采购批量 $Q$ 之间存在以下两种关系：$x \leqslant Q$ 和 $x>Q$。下面就这两种情况分别进行讨论。

(1) 当 $x \leqslant Q$ 时，$x$ 单位的报纸能以 $s$ 的价格销售掉，剩余的 $Q-x$ 将以 $v$ 的价格处理掉。每次采购费用为 $a+cQ$，收益表达式为

$$P(Q|x) = sx + v(Q-x) - a - cQ \tag{2.17}$$

(2) 当 $x>Q$ 时，$Q$ 单位的报纸都能以 $s$ 的价格销售掉。此时，不存在报纸剩余，但存在缺货损失，收益表达式为

$$P(Q|x) = sQ + p(Q-x) - a - cQ \tag{2.18}$$

由式(2.17)和式(2.18)可以求得各种情况下报童的期望收益。报童的期望收益值为各种情况下的收益与其发生概率为权重的代数和，即

$$E[P(Q)] = \sum_{x=0}^{0}(sx + vQ - vx - a - cQ)P_D(x) + \sum_{x=Q+1}^{+\infty}(sQ - px + pQ - a - cQ)P_D(x)$$

经整理，得到

$$E[P(Q)] = \sum_{x=0}^{0}[(s-v)x + vQ]P_D(x) + \sum_{x=Q+1}^{+\infty}[(s+p)Q - px]P_D(x) - a - cQ \tag{2.19}$$

至此，余下的问题是寻找能够使 $E[P(Q)]$ 达到最大值的采购批量 $Q$。从逻辑上说，$x$ 和 $Q$ 都是整数。为便于问题的求解和表达，将它们作为连续变量处理，并以积分形式代替原来的求和形式，$P_D(x)$ 也以随机变量 $x$ 的概率密度函数 $f(x)$ 代替。经过转换后的表达式为

$$E[P(Q)] = \int_0^Q [(s-v)x + vQ]f(x)\mathrm{d}x + \int_Q^{+\infty}[(s+p)Q - px]f(x)\mathrm{d}x - a - cQ \tag{2.20}$$

$E[P(Q)]$ 是一个与 $Q$ 相关的连续函数，它的图形如图 2.49 所示。

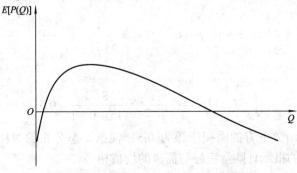

图 2.49　$E[P(Q)]$ 与 $Q$ 的关系示意图

显然，求 $E[P(Q)]$ 极大值设计 $Q$ 处于积分限上的积分项的微分问题，可以利用莱布尼兹(Leibniz)公式加以解决。莱布尼兹公式的基本表述为

若

$$g(u) = \int_{a(u)}^{b(u)} h(u, x) \mathrm{d}x$$

则有

$$\frac{\mathrm{d}g}{\mathrm{d}u} = \int_{a(u)}^{b(u)} \frac{\mathrm{d}h}{\mathrm{d}u} \mathrm{d}x + h[u, b(u)] \frac{\mathrm{d}b}{\mathrm{d}u} - h[u, a(u)] \frac{\mathrm{d}a}{\mathrm{d}u}$$

将莱布尼兹公式应用于式(2.20)，可得 $E[P(Q)]$ 的微分形式：

$$\frac{\mathrm{d}E[P(Q)]}{\mathrm{d}Q} = v \int_0^Q f(x) \mathrm{d}x + (s + p) \int_Q^{+\infty} f(x) \mathrm{d}x - c \tag{2.21}$$

其中，$f(x)$ 是一个密度函数，满足：

$$\int_0^Q f(x) \mathrm{d}x + \int_Q^{+\infty} f(x) \mathrm{d}x = 1$$

令 $\dfrac{\mathrm{d}E[P(Q)]}{\mathrm{d}Q} = 0$，经整理得

$$v \left[ 1 - \int_Q^{+\infty} f(x) \mathrm{d}x \right] + (s + p) \int_Q^{+\infty} f(x) \mathrm{d}x - c = 0$$

$$c - v = (s + p - v) \int_Q^{+\infty} f(x) \mathrm{d}x$$

$$\int_Q^{+\infty} f(x) \mathrm{d}x = \frac{c - v}{s + p - v} \tag{2.22}$$

式(2.22)就是关于批量 $Q$ 的表达式。其中，式左侧的积分可解释为需求超过采购批量 $Q$ 的概率，最佳订货批量的确定应保证报纸顺利售完的概率等于 $\dfrac{c - v}{s + p - v}$，这种订货策略也称为转折点比率策略。

【例2.3】 已知报童以每张 8 角的价格购进报纸，并以每张 1 元 5 角的价格出售。如果报纸过剩，报童可以以每张 1 角的价格将报纸退回给报社。但当报童进报量过少时，不会造成直接的缺货损失，即缺货损失为 0。通过统计得知，每日报纸需求量服从均值为 150、标准差为 25 的正态分布。试求该报童的最佳报纸订货量。

**解** 已知 $c = 8$，$s = 15$，$v = 1$，$p = 0$，$f(x) = \dfrac{1}{25\sqrt{2\pi}} \mathrm{e}^{-\frac{(x-150)^2}{2 \times 25^2}}$

由式(2.22)可得

$$\int_Q^{+\infty} f(x) \mathrm{d}x = \frac{c - v}{s + p - v} = \frac{8 - 1}{15 + 0 - 1} = 0.5$$

即在 $Q$ 的右侧密度函数下方的面积应该为 0.5。根据正态分布的对称性可知，采购批量 $Q = 150$ 份，即最优的报纸订购量正好与需求的均值相等。

又假设报童找到了一个回收剩余报纸的厂商，回收价格为 5 角/份，此时 $v$ 从 1 增至 5，

转折点比率变为

$$\int_{Q}^{+\infty} f(x)\mathrm{d}x = \frac{c-v}{s+p-v} = \frac{8-5}{15+0-5} = 0.3$$

即最优采购批量增至其右侧的密度函数下方的面积为 0.3。

查正态分布表可知，$Q = 150 + 0.52 \times 25 = 163$ 份。显然，由于降低了因过剩造成的损失风险，采购批量有所增加。

在上述分析中，采购的固定费用 $a$ 没有在转折点比率中出现，即 $a$ 不会影响 $Q$ 的取值。实际上，有时 $a$ 也会对 $Q$ 产生重要影响，例如当 $a$ 十分大以致最佳的收益期望值为负值时，说明此类生产或销售活动已不适宜开展。

# 思 考 与 练 习 题

1. 常用的离散系统建模方法有哪些，它们是如何分类的？
2. 结合具体产品的生产线系统，分析离散事件系统的基本特征。
3. 理解实体流图法的一般步骤，并结合具体的实例，理解简单加工系统实体流图的人工运行计算过程。
4. Petri 网理论中建模的元素有哪些？结合具体的制造系统或服务系统加以分析，并给出应用实例。
5. 以图 2.50 所示的并行加工中心系统为对象，建立 Petri 网模型。
6. 根据 Petri 网的运行规则，按照 $t_3$、$t_2$、$t_1$、$t_4$ 的顺序，重新分析图 2.19(a)所示 Petri 网模型的运行过程，并将分析结果同例 2.1 比较。
7. 结合实例，谈谈你对"面向对象"的理解和认识。

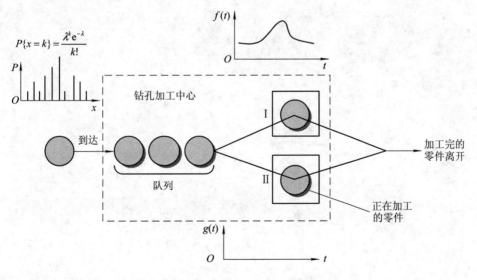

图 2.50　并行加工中心系统

8. 通过查阅相关资料，学习统一建模语言的基础知识，并了解其在生产系统建模中的应用。

9. 某工厂生产一种零件，年产量为 18 000 件，已知该厂每月可生产 3000 件，每生产一批的固定费为 5000 元，每个零件的年度存储费为 18 元，求每次生产的最佳批量。

10. 某种原材料的进价为 1000 元，售价为 1500 元，如果采购量过剩，可以以 300 元的价格返回给原材料厂家。假设需求服从正态分布，期望值为 200，标准方差为 250。试确定该材料的最优进货批量。

# 第3章  离散事件系统仿真方法

一般情况下，生产系统仿真就是根据生产系统的实际情况，在计算机中建立一个能够在一定程度上体现实际系统本质的描述模型，通过对该模型的实验，研究一个设计中的或者已经存在的生产系统的相关特性，为系统的分析、规划提供决策支持和科学依据。

生产系统仿真是离散事件系统的建模与仿真的重要应用领域之一，上一章介绍了离散事件系统的建模方法，本章在此基础上，介绍如何将这一类的系统模型转化为仿真模型，为后面生产系统的仿真提供理论基础和方法。离散事件系统中的重要概念是事件、活动、进程，离散系统的状态变化与这三者紧密关联。这三个概念分别对应三种离散事件系统仿真策略(即仿真方法)，即事件调度法、活动扫描法、进程交互法，这三种方法是最早出现也是最基础的仿真策略。仿真时钟记录仿真系统中事件发生的时间，仿真时钟的推进机制与仿真精度和仿真效率密切相关。消息驱动机制是近年来随着面向对象仿真的发展而出现的一种仿真策略，与上述三种传统的仿真策略相比，它使得复杂离散事件系统的仿真更易于实现。本章最后将介绍蒙特卡罗仿真方法及其应用。

## 3.1  离散事件系统仿真基本策略

### 3.1.1  事件调度法

事件调度(Event Scheduling)法最早出现于 1963 年兰德公司的 Markowitz 等人推出的 SIMSCRIPT 语言的早期版本中。前面已经提到，离散事件系统的一个基本概念是事件，事件的发生引起系统状态的变化。事件调度法以事件为分析系统的基本单元，通过定义事件及每个事件发生对系统状态的变化，按时间顺序确定并执行每个事件发生时有关的逻辑关系并策划新的事件来驱动模型的运行，这就是事件调度法的基本思想。

以事件调度法作为仿真策略建立仿真模型时，所有时间均放在事件表中。模型中设有一个时间控制模块，该模块从事件表中选择具有最早发生时间的事件，并将仿真时钟值作为该事件发生的时间，再调用与该事件对应的事件处理模块，更新系统状态，策划未来将要发生的事件，该事件处理完后返回事件控制模块。这样，事件的选择与处理不断地进行，直到仿真终止的条件产生。

事件调度法的仿真过程如下：

(1) 初始化。

① 置仿真的开始时间 $t_0$ 和结束时间 $t_f$；

② 置各实体的初始状态；

③ 事件表初始化。

(2) 置仿真时钟 TIME $= t_0$。

(3) 如果 TIME $\geqslant t_f$，转至(4)，否则，在操作事件表中取出发生时间最早的事件 $E$；将仿真事件推进到此事件的发生时间，即置 TIME $= t_E$。

    {

        CASE 根据事件 $E$ 的类型：

        $E \in E_1$：执行 $E_1$ 的事件处理模块；

        $E \in E_2$：执行 $E_2$ 的事件处理模块；

        …

        $E \in E_n$：执行 $E_n$ 的事件处理模块；

        END CASE

    };

更新系统状态，策划新的事件，修改事件表。

重复执行第(3)步。

(4) 仿真结束。

事件调度法第(3)步体现出仿真时钟的推进机制，即将仿真时钟推进到下一最早事件的发生时刻，即前面提到的下次事件推进机制。在算法中，还应规定具有相同发生时间的事情的先后处理顺序。

确定了仿真策略之后，仅仅是明确了仿真模型的算法，在进行仿真程序设计之前还需完成对仿真模型的详细设计，这是在仿真策略的指导之下进行的。在进行仿真模型设计时，还需要考虑计算机实现的可行性和可移植性。

不管采用哪一种仿真策略，仿真模型都可分为以下三个层次进行设计：

第一层——总控程序；

第二层——基本模型单元的处理程序；

第三层——公共子程序(如随机数发生器)。

仿真模型的最高层是它的总控程序(或称执行机制)。仿真模型的总控程序负责安排下一事件的发生时间，并确定在下一事件发生的时候完成正确的操作，也就是说第一层对第二层实施控制。采用某些仿真平台编程实现仿真模型时，总控程序已隐含在仿真语言的执行机制中；但是，如果仿真程序设计语言采用 C/C++等计算机通用语言，用户就要自己编写一段仿真模型的总程序。

仿真模型的第二层是基本模型单元，描述了事件与实体状态之间的影响关系及实体间的相互作用关系，是建模者所关心的主要内容。采用不同的仿真策略时，仿真模型的第二层具有不同的构造，也就是说组成仿真模型的基本单元各不相同。在事件调度法中，仿真模型的基本模型单元是事件处理例程，因此其第二层由一系列事件处理例程组成。进行仿真程序设计时，事件处理例程被设计成相对独立的程序段，它们的执行受总控程序控制，并且这些程序段之间的交互也是由总控程序控制的。

仿真模型的第三层是一组供第一层和第二层使用的公共子程序，用于生成随机变量、产生仿真结果报告、收集统计数据等。

根据事件调度法建立的仿真模型称为面向事件的仿真模型。对于面向事件的仿真模型，总控程序必须完成以下三项工作。

(1) 时间扫描：确定下一事件发生时间并将仿真时钟推进到该时刻。

(2) 事件辨识：正确地辨识当前要发生的事件。

(3) 事件执行：正确地执行当前发生的事件。

面向事件仿真模型的总控程序使用事件表(Event List)来完成上述任务。事件表可以想象为一个记录将来事件的"笔记"，在仿真运行中，事件的记录不断被列入或移出事件表。例如，在单服务台排队服务系统中，顾客的到达可能会导致一个服务开始事件的记录被列入事件表。每一事件记录至少应由两部分组成，第一是事件的发生时间，第二是事件的标识(Event Identifier)。有时，事件记录中还会有参与事件的实体名称等信息。

面向事件仿真模型总控程序的算法结构如下：

(1) 时间扫描。

① 扫描事件表，确定下一事件发生的时间；

② 推进仿真时钟至下一事件发生时间；

③ 从时间表中产生当前事件表(Current Event List，CEL)。CEL 中包含了所有当前发生事件的事件记录。

(2) 事件执行。依序安排 CEL 中的各个事件的发生，调用相应的事件例程。某一事件一旦发生，将其事件记录从当前事件表中移出。

上述两个步骤反复进行，直到仿真结束。

显然，如果仿真模型很复杂，那么事件表中可能会存放很多事件，因此，总控程序的设计人员需要表处理技术来减少事件表扫描和操作所占用的时间，包括检索、存取等操作时间，常用的事件表处理技术有顺序分配法和链表分配法。

面向事件仿真模型的第二层由事件例程组成。所谓事件例程，是描述事件发生后所要完成的一组操作的处理程序，其中包括对将来事件的安排。如果某一事件例程中安排了将来事件，就要将该事件的记录添加到事件表中。

## 3.1.2　活动扫描法

从上一节的讨论可以看出，事件调度法仿真时钟的推进仅仅依据"下一个最早发生事件"的准则，而该事件发生的任何条件的测试则必须在该事件处理程序内部去处理。如果条件满足，则该事件发生，而如果条件不满足，则推迟或取消该事件发生。因此，从本质上来说，事件调度法是一种预定事件发生时间的策略。这样，仿真模型中必须预定系统中最先发生的事件，以便启动仿真进程。在每一类事件处理子程序中，除了要修改系统的有关状态外，还要预定本类事件的下一事件将要发生的时间。这种策略对于活动持续时间的确定性较强的系统是比较方便的，但当事件的发生不仅与时间有关，而且还与其他条件有关，即事件只有满足某些条件时才会发生的情况下，采用事件调度法策略将会显示出这种策略的弱点。原因在于这类系统的活动持续时间是不确定的，因而无法预定活动的开始或终止时间。

活动扫描(Activity Scanning)法最早出现于 1962 年 Buxton 和 Laski 发布的 CSL 语言中。活动扫描法与活动循环图模型有较好的对应关系，以活动为分析系统的基本单元，认为仿真系统在运行的每一个时刻都由若干活动构成。每一活动对应一个活动处理模块，处理与活动相关的事件。活动与实体有关，主动实体可以主动产生活动，如排队服务系统中的顾客，他的到达产生排队活动或服务活动；被动实体本身不能产生活动，只有在主动实体的作用下才产生状态变化，如排队服务系统中的服务员。

活动的激发与终止都是由事件引起的，活动循环图中的任一活动都可以由开始和结束两个事件表示，每一事件都由相应的活动处理。处理中的操作能否进行取决于一定的测试条件，该条件一般与时间和系统的状态有关，而且时间条件须优先考虑。确定事件的发生时间事先可以确定，因此其活动处理的测试条件只与时间有关；条件事件的处理测试条件与系统状态有关。一个实体可以有几个活动处理；协同活动的活动处理只归属于参与的一个实体(一般为永久实体)。在活动扫描法中，除了设计系统仿真全局时钟外，每一个实体都带有标志自身时钟值的时间元(Time-Cell)。时间元的取值由所属实体的下一确定时间刷新。

每一个进入系统的主动实体都处于某种活动的状态。活动扫描法在每个事件发生时，扫描系统，检验哪些活动可以激发，哪些活动继续保持，哪些活动可以终止。活动的激发与终止都会策划新的事件。活动的发生必须满足一定的条件，其中活动发生的时间是优先级最高的条件，即首先应判断该活动的发生时间是否满足，然后再判断其他条件。

活动扫描法的基本思想是：用各实体时间元的最小值推进仿真时钟；将仿真时钟推进到一个新的时刻点，按优先顺序执行可激活实体的活动处理，使测试通过的事件得以发生并改变系统的状态和安排相关确定事件的发生时间。因此与事件调度法中的事件处理模块相当，活动处理是活动扫描法的基本处理单元。

活动扫描法的仿真过程如下：

(1) 初始化。

① 置仿真的开始时间 $t_0$ 和结束时间 $t_f$；

② 置各实体的初始状态；

③ 置各实体时间元 time-cell[$i$] 的初值($i = 1$，2，3，…，$m$)，$m$ 是实体个数。

(2) 置仿真时钟 TIME = $t_0$。

(3) 如果 TIME ≥ $t_f$，转至(4)，否则执行活动处理扫描(假设当前有 $n$ 个活动处理)。

    FOR $j = 1$   to   $n$ (优先顺序从高到低)

      处理模块 $A_f$ 隶属于实体 $E_n$；

      IF(time-cell[$i$] ≤ TIME) Then

        执行活动处理 $A_j$；

        若 $A_j$ 中安排了 $E_n$ 的下一事件，刷新 time-cell[$i$]；

      END IF

      若处理模块 $A_j$ 的测试条件 D[$j$]=true，则退出当前循环，重新扫描；

    END FOR

    推进仿真时钟 TIME = min{time-cell[i] > TIME}；

重复执行第(3)步。

(4) 仿真结束。

从上面的仿真算法可知，活动扫描法要求在某一仿真时刻点对所有当前(time-cell[$i$]=TIME)可能发生的和过去(time-cell[$i$]<TIME)应该发生的事件反复进行扫描，直到确认已没有可能发生的事件时才推进仿真时钟。

根据活动扫描法建立的仿真模型称为面向活动的仿真模型。在面向活动的仿真模型中，处于仿真模型第二层的每个活动处理例程都由两部分构成。

(1) 探测头：测试是否执行活动例程中操作的判断条件。

(2) 动作序列：即活动例程所要完成的具体操作，只有测试条件通过后才被执行。

总控程序的主要任务是进行时间扫描，以确定仿真时钟的下一时刻。根据活动扫描仿真策略，下一时刻是由下一最早发生的确定事件决定的。在面向事件的仿真模型中，时间扫描是通过事件表完成的。而在面向活动的仿真模型中，时间扫描是通过时间元完成的。所谓时间元，即各个实体的局部时钟，而系统仿真时钟是全局时钟。时间元的取值方法有如下两种。

(1) 绝对时间法：将时间元的时钟值设定为相应实体的确定事件发生时刻。此时，时间扫描算法为：

```
FOR i = 1 to m
    IF(time-cell[i]>TIME) THEN
        IF(time-cell[i]<MIN) THEN
            MIN= time-cell[i]
        END IF
    END IF
END FOR
TIME= MIN
```

(2) 相对时间法：将时间元的时钟值设定为相应实体确定事件发生的时间间隔。此时，时间扫描算法为：

```
FOR i = 1 to m
    IF (time-cell[i]>0) THEN
        IF (time-cell[i]<MIN ) THEN
            MIN = time-cell[i]
        END IF
    END IF
END FOR
TIME = TIME + MIN
FOR   i = 1 to m
    time-cell[i] = time-cell[i] – MIN
END FOR
```

本小节前面给出的活动扫描法的仿真过程中采用的是绝对时间法。

与面向事件仿真模型不同，面向活动仿真模型在进行时间扫描时虽然也可采用表的方法，但表处理的结果仅仅是求出最小的时间值，而不需确定当前要发生的事件。因此，时间元表中只要存放时间值即可，与事件表相比，其结构及处理过程要简单得多。

面向活动仿真模型总控程序的算法结构包括：

(1) 时间扫描。

(2) 活动例程扫描。

考虑到事件对状态的影响，活动例程扫描要反复进行。虽然对于简单系统这种不断跳出循环从头搜索的过程是多余的，但这是处理条件事件的需要。时间元中最新时间值的计算在活动例程中完成。

### 3.1.3 三段扫描法

由于活动扫描法将确定事件和条件事件的活动同等对待，都要通过反复扫描来执行，因此效率较低。1963 年，Tocher 借鉴事件调度法的某些思想，对活动扫描法进行了改进，提出了三段扫描(Three Phase，TP)法。该方法兼有活动扫描法简单和事件调度法高效的优点，因此被广泛采用，并逐步取代了最初的活动扫描法。

同活动扫描法一样，三段扫描法的基本模型单元也是活动处理，但是在三段扫描法中，活动被分为两类：

B 类活动——描述确定事件的活动处理，在某一排定时刻必然会被执行，因此也称确定活动处理。"B"源于英文 Bound，表示可明确预知活动的起始时间，该活动将在界定的时间范围内发生。

C 类活动——描述条件事件的活动处理，在协同活动开始(满足状态条件)或满足其他特定条件时被执行，因此也称条件活动处理或合作活动处理。"C"源于英文 Condition，表示该类活动的发生和结束是有条件的，其发生时间是不可预知的。

实现上述算法的一个简单办法是，给每个实体都分配一个含有三项内容的记录，第一项是实体的时间元，标明实体发生状态变化的确切时间；第二项是该时间所要执行的一个 B 类活动例程或等待测试的一个 C 类活动例程的标号，C 类例程带有特殊标志；第三项给出实体上次所完成的活动例程标志；同样，C 类例程也带有特殊标志。

时间扫描时，总控程序检查实体记录格式中的第二项内容是否为 B 类，若是则比较其时间元的值，从中找到一个最小值作为仿真时钟的未来值。然后，产生一个时间元值等于仿真时钟未来值的实体名表，表中的实体在下一事件发生时必定要改变状态。在将仿真时钟推进到其未来值时，总控程序将实体名表与实体记录相匹配，调用当前时刻执行的 B 类活动例程。B 阶段调用完成后，再对 C 类活动例程进行扫描。基于这种思想，三段扫描法的仿真过程如下：

(1) 初始化。

① 置仿真开始时间 $t_0$ 和结束时间 $t_f$；

② 置实体的初始状态；

③　置初始 B 类活动例程及其调用时间 $t_s$。

(2)　置仿真时钟 TIME = $t_s$；

(3)　确定在当前时钟 TIME 下调用的 B 类活动例程 $A_i$，$i$ = 1，2，…，$n$。

(4)　B 类例程调用。

如果 TIME$\leqslant t_f$，按优先顺序执行。

  {

   CASE　$A_i$　of

   $A_i$：执行活动例程 $A_i$；

   …

   $A_n$：执行活动例程 $A_n$；

   END CASE

  }

否则，转(7)。

(5)　C 类例程扫描。

  FOR $j$ = 1 to $m$(优先顺序从高到低)

  执行活动例程 $A_j$；

  若 $A_j$ 的测试 D[$j$]=True，则

  {退出当前循环，重新开始扫描}；

  END FOR

(6)　推进仿真时钟 TIME 到下一个最早 B 类例程调用时刻；转(3)。

(7)　仿真结束。

## 3.1.4　进程交互法

  事件调度法和活动扫描法的基本模型单元是事件处理和活动处理，这些处理都是针对事件而建立的；而且在事件调度法和活动扫描法策略中，各个处理都是独立存在的。进程交互(Process Interaction)法的基本模型单元是进程，进程与处理的概念有着本质的区别，它是针对某类实体的生命周期而建立的，因此一个进程中要处理实体流动中发生的所有事件(包括确定事件和条件事件)。为了说明进程交互法的基本思想，我们以单服务台排队服务系统为例。

  顾客的生命周期可用下述进程描述：

   顾客到达；

   排队等待，直到位于队首；

   进入服务通道；

   停留于服务通道之中，直到接受服务完毕离去。

这一进程可用图 3.1 表示，图中符号"＊"或"＋"标定的是进程的复活点。

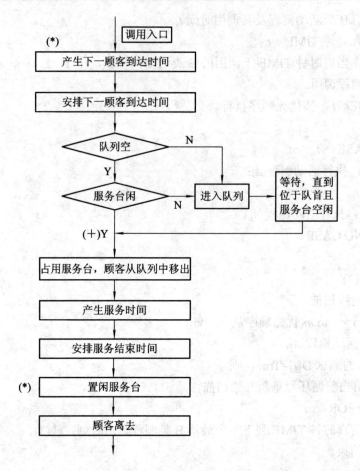

图 3.1　单服务台排队系统中的顾客进程

进程交互法的设计特点是为每一个实体建立一个进程，该进程反映某一个动态实体从产生到结束的全部活动。这里为之建立进程的实体一般是指临时实体(如顾客)，当然为之建立的进程中还要包含与这个临时实体有交互的其他实体(如服务员，但是服务员的实体不会仅包含在一个进程中，它为多个进程所共享)，图 3.2 给出了顾客排队这一进程运行的事件，这里设有两个服务员而排队线只有一条的情形，由于顾客的到达时间和服务员对事物处理的事件均有随机性，在运行中可能出现多个进程并存的情形。图中，符号"△"表示一个顾客产生的时刻，也是相应进程 i 开始运行的时刻；符号"□"表示某顾客离去的时刻，也是相应进程 i 撤销的时刻；符号"×"表示排队顾客开始接受服务的时刻(若顾客从产生的时刻起立即开始接受服务，这类时刻用符号"△"表示)；虚线表示进程的排队时间；波浪线表示顾客得到服务的时间。

进程交互法中实体的进程需要不断推进，直到某些延迟发生后才会暂时锁住。一般需要考虑两种延迟的作用。

(1) 无条件延迟。在无条件延迟期，实体停留在进程中的某一点而不再向前移动，直到预先确定的延迟期满。例如，顾客停留在服务通道中直到服务完成。

(2) 条件延迟。条件延迟期的长短与系统的状态有关，事先无法确定。条件延迟发生

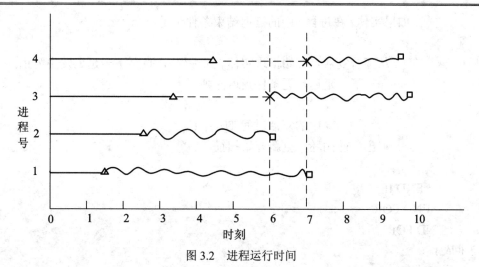

图 3.2　进程运行时间

后，实体停留在进程中的某一点，直到某些条件得以满足后才能继续向前移动。例如，队列中的顾客一直在排队，等到服务台空闲而且自己处于队首时才能离开队列接受服务。

进程中的复活点表示延迟结束后实体所到达的位置，即进程继续推进的起点。在单服务台排队系统中，顾客进程的复活点与事件存在对应关系。

在使用进程交互仿真策略时，不一定对所有各类实体都进行进程描述。例如，单服务台排队系统的例子中，只需给出顾客(临时实体)的进程就可以描述所有事件的处理流程。这体现了进程交互法的一种建模观点，即将系统的演进过程归结为临时实体产生、等待和被永久实体处理的过程。发布于 1961 年的 GPSS 语言，是由 IBM 公司的 Gordon 等人研制的一种采用进程交互法的仿真语言，它就采用了上述建模观点。也有一些进程交互型仿真语言，如挪威的 Dahl 等人提出的 SIMULA 语言，临时实体和永久实体都可建立进程。

进程交互法的基本思想是，通过所有进程中时间值最小的无条件延迟复活点来推进仿真时钟；当时钟推进到一个新的时刻后，如果某一实体在进程中解锁，就将该实体从当前复活点一直推进到下一次延迟发生为止。这种仿真策略的过程如下：

(1) 初始化。

① 置仿真的开始时间 $t_0$ 和结束时间 $t_f$；

② 置各进程中每一实体的初始复活点及相应的时间值 $T[i, j]$ $(i = 1，2，\cdots，m；j = 1，2，\cdots，n[i])$，其中 $m$ 为进程数，$n[i]$ 是第 $i$ 个进程中的实体个数。

(2) 推进仿真时钟 $TIME = \min\{T[i, j] \,|\, j$ 处于无条件延迟$\}$。

(3) 如果 $TIME \geqslant t_f$，则转至(4)，否则执行如下过程：

　　FOR $i =1$ to $m$ (优先序从高到低)

　　　　FOR $j =1$ to $n[i]$

　　　　IF $(T[i, j] = TIME)$ THEN

　　　　　　从当前复活点开始推进实体 $j$ 的进程 $i$，直至下一次延迟发生为止；

　　　　　　如果下一延迟是无条件延迟，则设置实体 $j$ 在进程 $i$ 中的复活时间 $T[i,j]$

　　　　END IF

　　　　IF $( T[i, j] <TIME)$ THEN

如果实体 $j$ 在进程 $i$ 中的延迟结束条件满足，则

{

　　从当前复活点开始推进实体 $j$ 的进程 $i$，直至下一延迟发生为止；

　　如果下一延迟是无条件延迟，则

　　{

　　　设置 $j$ 在 $i$ 中的复活时间 $T[i,j]$};

　　　退出当前循环，重新开始扫描

　　};

　　END IF

　END FOR

END FOR

返回(2)。

(4) 仿真结束。

进程交互法仿真策略中，在初始化过程的第②步，初始状态处于条件延迟的实体的复活时间置为 $t_0$。

进程交互法兼有事件调度法和活动扫描法的特点，但其算法比两者更为复杂。根据进程交互法建立的仿真模型称为面向进程的仿真模型。面向进程仿真模型总控程序设计的最简单方法是采用两个事件表：未来事件表(Future Event List，FEL)和当前事件表(Current Event List，CEL)。

FEL 中的实体需要满足两个条件：

(1) 实体的进程被锁住。

(2) 被锁实体的复活时间是已知的。

为了方便，FEL 中除存放实体名外，还存放实体的复活时间及复活点位置。

CEL 含有以下两类实体的记录：

(1) 进程被锁而复活时间等于当前仿真时钟值的实体。

(2) 进程被锁且只有当某些条件满足时方能解锁的实体。

从另一方面理解，FEL 存放的是处于无条件延迟的实体记录；CEL 存放的或者是当前可以解锁的无条件延迟的实体记录，或者是处于条件延迟的实体记录。

面向进程仿真模型的总控程序包含三个步骤：

(1) 将来事件表扫描。从 FEL 的实体记录中检出复活时间最小的实体，并将仿真时钟推进到该实体的复活时间。

(2) 移动记录。将 FEL 中当前时间复活的实体记录移至 CEL 中。

(3) 当前事件表扫描。如果可能的话，将 CEL 中的实体进程从其复活点开始尽量向前推进，直到进程被锁住。如果锁住进程的是一个无条件延迟，则在 FEL 中为对应的实体建立一个新的记录，记录中应含有复活点及其时间值；否则，在 CEL 中为该实体建立一个含有复活点的新记录。在上述两种情况下，都要将进程得以推进的实体的原有记录从 CEL 中删除。如果某一时刻实体已完成其全部进程，则将其记录全部删除。对 CEL 的扫描要重复进行，直到任一实体的进程均无法推进为止。

不论是事件调度法、活动扫描法还是进程交互法，系统状态发生变化的时间都是事件

发生的时间。事件调度法中要搜索下一最早发生的事件的时间；活动扫描法中实体的时间元也指向该实体下一事件发生的时间；进程交互法的复活点也对应于事件发生的时间。因此，搞清楚在仿真系统中事件与仿真时钟的关系，以及仿真时钟的推进机制对事件产生的影响非常重要。

## 3.2　仿真时钟推进机制

对任何动态系统进行仿真时，都需要知道仿真过程中仿真时间的当前值。因此，必须有一种随着仿真的进程将仿真时间从一个时刻推进到另一个时刻的机制，即时间推进机制(Time Advance Mechanism)。对某一系统进行仿真时所采用的时间推进机制的种类以及仿真时间单位所代表的实际时间的长短，不仅直接影响到计算机仿真的效率，甚至影响到仿真结果的有效性。

离散事件仿真有两种基本的时间推进机制：固定步长时间推进机制(Fixed Increment Time Advance Mechanism)和下次事件时间推进机制(Next Event Advance Mechanism)。

所谓固定步长时间推进机制，就是在仿真过程中仿真时钟每次递增一个固定的步长。这个步长在仿真开始之前，根据模型特点确定，在整个仿真过程中维持不变。每次推进都需要扫描所有的活动，以检查在此时间区间内是否有事件发生，若有事件发生则记录此事件区间，从而可以得到有关事件的时间参数。这种推进方式要求每次推进都要扫描所有正在执行的活动。设 $T$ 为仿真时钟，$\Delta t$ 为步长，则固定步长时间推进机制的原理可用图 3.3 表示。

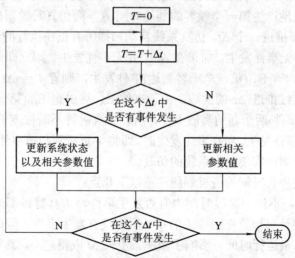

图 3.3　固定步长时间推进机制原理框图

下面以简单排队系统为例说明固定步长时间推进机制的特点。假设某单服务台排队系统中，顾客按泊松流到达，其到达间隔时间分别为 $A_1$，$A_2$，$A_3$，…，每个顾客的服务时间服从负指数分布，相应的服务时间分别为 $S_1$，$S_2$，$S_3$，…。$A_i$ 和 $S_i$ 都是在仿真过程中按照它们的概率分布而随机地产生出来的。在这种排队系统中只有两类随机离散事件，即顾客到达事件($E_A$)和顾客服务结束离开系统事件($E_D$)，这些事件的发生过程如图 3.4(a)所示。

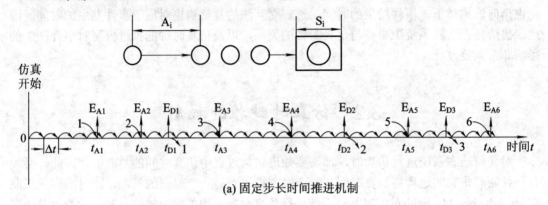

(a) 固定步长时间推进机制

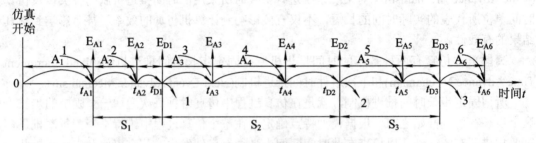

(b) 下次事件时间推进机制

图 3.4  排队系统事件发生与时间推进的关系

令 $T$ 为仿真时钟所指示仿真时间的当前值。对于固定步长时间推进方式，仿真开始时，首先按到达过程随机地产生第一个顾客的到达时间 $t_A$，而仿真时钟则按事先设定的固定步长 $\Delta t$ 不断地推进，每推进一个 $\Delta t$，仿真系统自动扫描所有正在执行的活动，如到达活动和服务活动等，观察有无事件发生，如果在 $\Delta t$ 中并无事件发生，则立即再次推进 $\Delta t$。如果在第 $n$ 个 $\Delta t$ 时间间隔内有 $E_{A1}$(第一个顾客到达)事件发生，则置 $T = n\Delta t \approx t_{A1}$，其中，$n$ 为首次发生离散事件时连续推进 $\Delta t$ 的次数。由于事件 $E_{A1}$ 将引起 $E_{D1}$(第一个顾客离开事件)和 $E_A$(第二个顾客到达事件)两个新的离散事件，所以仿真时钟不断按步长 $\Delta t$ 向前推进并不断扫描每一 $\Delta t$ 中有无事件发生，当有事件发生时，即将 $T$ 更新到与该事件发生的相应时刻上。以上过程持续进行，即可实现动态系统的仿真。

可以看出，固定步长时间推进机制应注意以下几点：

(1) 步长确定后，不论在某段时间内有否发生事件，仿真时钟都只能一个步长一个步长地推进，并同时要计算检查在刚推进的步长里有没有发生事件。因而很多计算和判断是多余的，占用了计算机运行时间，影响了效率。步长 $\Delta t$ 取得越小，这种情况就越严重；$\Delta t$ 取得越大则仿真效率越高(多余的计算和判断减少)。

(2) 固定步长时间推进机制把发生在同一步长内的事件都看做发生在该步长的末尾，并且把这些事件看做同时事件(实际上可能并不同时)，这势必产生误差，影响仿真的精度。步长 $\Delta t$ 取得越大，则产生的误差越大，精度越低，一旦误差超出某个范围，仿真结果将失去意义。

上述两点说明，为了提高仿真的精度，希望将步长 $\Delta t$ 取得越小越好，而要提高仿真效率又要求步长取得越大越好，效率和精度是一对难以调和的矛盾。实际应用表明：只有对事件发生的平均时间间隔短，且事件发生的概率在时间轴上呈均匀分布的系统进行仿真时，采用固定步长时间推进机制才能在保证一定精度的同时，获得较高的效率。然而有一点我们必须注意，采用固定步长时间推进机制时，仿真效率可以通过改变步长来调节。与此同时，也反方向地调节了仿真的精度。

下次事件时间推进机制的仿真时钟不是连续推进的，而是按照下一个事件预计将要发生的时刻，以不等距的时间间隔向前推进的，即仿真时钟每次都跳跃性地推进到下一时间发生的时刻上。因此，仿真时钟的增量可长可短，完全取决于被仿真的系统。为此，必须将各事件按发生时间的先后次序进行排列，时钟时间则按事件顺序发生的时刻推进。每当某一事件发生时，需要立即计算出下一事件发生的时刻，以便推进仿真时钟。这个过程不断重复，直到仿真运行满足规定的终止条件为止，如某一特定事件发生或达到规定的仿真时间等。通过这种时间推进方式，可对有关事件的发生时间进行计算和统计。设 $T$ 为仿真时钟，每次计算得到的下次事件发生时间用变量 $\min t$ 表示，则下次事件时间推进机制的原理可用图 3.5 表示。

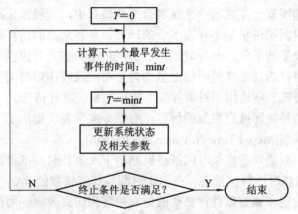

图 3.5　简化的下次事件时间推进机制原理框图

仍然以简单排队系统为例说明下次事件时间推进机制的特点。对于下次事件的时间推进方式，令 $T$ 为仿真时钟所指示仿真时间的当前值，$W_i$ 为第 $i$ 个顾客的排队等待时间。仿真开始时，仿真时钟的当前值 $T = 0$，服务台处于空闲状态。第一个顾客的到达时间可根据到达过程的概率分布随机地产生，如事件 $E_{A1}$ 的发生时刻为 $t_{A1}$，这时可得 $T = t_{A1}$，即仿真时钟由 0 推进到 $t_{A1}$。第一个顾客到达以后立即可以得到服务，故 $W_1 = 0$，服务台也由闲态转为忙态。第一个顾客的服务时间为 $S_1$，可由服务时间的概率分布随机地产生，故事件 $E_{D1}$ 的发生时刻为 $t_{D1} = T + S_1$。另一方面，在第一个顾客到达以后，即可产生第二个顾客的到达时间，若其到达间隔时间为 $A_2$，则事件 $E_{A2}$ 的发生时刻为 $t_{A2} = T + A_2$。由上可见，第一个顾客的到达可以引起两个新的事件 $E_{D1}$ 和 $E_{A2}$，在这种情况下，仿真时钟将推进到下一个紧接发生事件的时刻上，即 $T = \min\{t_{D1}, t_{A2}\}$。如果 $t_{D1} < t_{A2}$，即第一个顾客的服务工作在第二个顾客到达之前完成，则 $T = t_{D1}$，即仿真时钟由 $t_{A2}$ 推进到 $t_{D1}$。如果 $t_{D1} > t_{A2}$，即第二个顾客在第一个顾客服务完成之前到达，则 $T = t_{A2}$，仿真时钟由 $t_{A1}$ 推进到 $t_{A2}$，如图 3.4(b)

所示。由 $E_{A1}$ 事件的发生将引起 $E_{D2}$ 和 $E_{A3}$ 的发生，又由于在 $T = t_{A2}$ 时，事件 $E_{D1}$ 尚未发生，因此仿真时钟将推进到事件 $E_{D1}$、$E_{D2}$、$E_{A3}$ 中最早发生的时刻，即 $T = \min\{E_{D1}, E_{D2}, E_{D3}\}$。在图 3.4(b)的情况下将有 $T = t_{D1}$。依此步骤不断更新仿真时间的当前值，就可以使仿真时钟按照该排队系统中随机离散事件发生时刻的先后次序，跳跃地向前推进，从而实现离散事件动态仿真的时间推进机制。

下次事件时间推进机制能在事件发生的时刻捕捉到发生的事件，也不会导致虚假的同时事件，因而能达到最高的精度。同时，下次事件时间推进机制还能跳过大段没有事件发生的时间，这样也就消除了不必要的计算和判断，有利于提高仿真的效率。但是还可以看到，采用下次事件时间推进机制时，仿真的效率完全取决于发生的事件数，也即完全取决于被仿真的系统，用户无法控制调整。事件数越多，事件发生得越频繁、越密集，仿真效率就越低。当在一定的仿真时间内发生大量的事件时，采用下次事件时间推进机制的仿真效率甚至比固定步长时间推进机制的仿真效率还要低。只有对在很长的时间里发生少量事件的系统进行仿真，采用下次事件时间推进机制才能获得高效率。

综上所述，固定步长时间推进机制和下次事件时间推进机制各有其优缺点。固定步长时间推进机制能通过调整步长来调整仿真的效率和精确度，但存在着影响效率的多余计算和影响仿真精确度的因素，在离散—连续混合系统仿真中，一般都采用固定步长的时间推进机制。下次事件时间推进机制不存在多余的计算，具有最高的仿真精确度，但没有调整仿真效率和仿真精确度的手段。两种时间推进机制适用的仿真对象也不同，固定步长时间推进机制适用于对事件的发生在时间轴上呈均匀分布的系统在短时间里的行为进行仿真；而下次事件时间推进机制则适用于对事件发生数小的系统进行仿真。

为了兼具上述两种时间推进机制的优点，有些专家学者又提出了一种新的时间推进机制：混合时间推进机制(Mixed Time Advance Mechanism)。

混合时间推进机制是固定步长时间推进机制和下次事件时间推进机制的揉合。在混合时间推进机制中，仿真时钟每次推进一个固定时间步长的整数倍($n\Delta t$, $n \geqslant 1$)。步长 $\Delta t$ 可以在仿真前确定，并能逐步调整以获得必要的仿真精度和仿真效率。而仿真时钟每次究竟增加几个步长(即 $n$ 等于多少)则取决于系统中下次事件的发生时间，也即取决于仿真系统或者所建立的仿真模型。这样，混合时间推进机制也能像下次事件时间推进机制那样，跳过大段没有事件发生的时间，避免多余的计算和判断。

混合时间推进机制的原理是，仿真时钟的值先被初始化，然后计算出在仿真系统当前状态下所有未来事件的发生时间与仿真时钟当前值的差，并取其为步长 $\Delta t$ 的整数倍。具体取法如下：若某一未来事件的发生时间与仿真时钟当前值的差为 $T_i$(如前面例子中的 $A_i$ 和 $S_i$)，步长为 $\Delta t$，则取事件的发生时间与仿真时钟当前值的差为步长的 $\lceil T_i / \Delta t \rceil$ 倍，即为 $\lceil T_i / \Delta t \rceil \Delta t$。其中，$\lceil T_i / \Delta t \rceil$ 表示不小于 $T_i / \Delta t$ 的最小整数，如 $\lceil 4.2 \rceil = 5$，$\lceil 4.6 \rceil = 5$，$\lceil 5 \rceil = 5$。由于 $T_i$ 不可能为零，所以按这种取法求得倍数至少是 1。取经过上述处理的最小间隔时间(设为 $m\Delta t$)作为下次事件发生时间与仿真时钟当前值的差，将仿真时钟推进 $m\Delta t$，然后根据 $m\Delta t$ 和与之相对应的下次事件更新系统的状态和有关参数，再进入新的一轮循环，直至满足结束仿真的条件。

混合时间推进机制下的时间推进方式如图 3.6 所示。

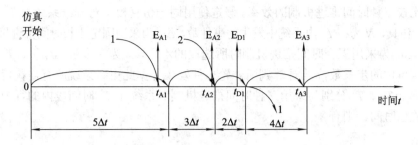

图 3.6　混合时间推进机制下的时间推进方式

使用混合时间推进机制的具体步骤如下：

(1) 初始化。设置仿真时钟的初值、系统的初始状态及有关参数的初值，给定结束仿真的条件，确定步长 $\Delta t$。

(2) 根据系统的当前状态和有关参数计算所有可预测发生的未来事件及其发生时间与仿真时钟当前值的差，并按前述方法取为步长 $\Delta t$ 的整数倍。

(3) 取其中一个最小的(设为 $m\Delta t$)作为下次事件发生时间与仿真时钟当前值的差。将所有发生时间与仿真时钟当前值的差等于 $m\Delta t$ 的事件作为"下次事件集"。显然，下次事件集中的事件的发生时间包含在区间 $[T+(m-1)\Delta t, T+m\Delta t]$ 中，其中，$T$ 表示仿真时钟的当前值。

(4) 仿真时钟递增 $m\Delta t$。

(5) 根据所采用的仿真策略，更新系统的当前状态及有关参数。

(6) 判断是否满足结束条件。若不满足，转至第(2)步；若满足，则终止仿真，输出仿真结果。

仿真的效率是指对同一系统在同样一段时间的行为进行一次仿真时，所耗费计算机时间的多少。费时少则效率高，费时多则效率低。而仿真精度则是指仿真结果与实际系统行为结果的接近程度。仿真结果与实际结果越接近，仿真精度越高。显然，仿真效率和仿真精度都越高越好。对同一系统进行仿真时，仿真效率除了取决于仿真算法的复杂度外，一个重要因素就是所采用的时间推进机制。仿真的精度也跟所采用的时间推进机制和所建立的仿真模型的合理性、精确性有直接关系。一般的，我们不要求也不可能使仿真达到百分之百的精度，而只是要求达到一个可以接受的精度，低于这个要求的精度则仿真结果无效。

采用上述三种时间推进机制进行仿真时，若仿真模型一样，所要仿真的时间长度一样，则显然采用下次事件时间推进机制的精度最高。因为它能准确地捕捉到事件发生的时刻，没有虚假的同时事件，并以此为基础改变系统模型的状态。而采用其他两种时间推进机制时，事件的发生时刻是不准确的(误差在步长 $\Delta t$ 之内)且可能存在由此而引发的同时事件。因此，以这种不准确的事件发生时间为根据来改变系统模型的状态必然产生误差。步长 $\Delta t$ 越长，这种误差越大，仿真的精度越低。若固定步长时间推进机制的步长与混合时间推进机制的步长相等，则采用这两种时间推进机制的仿真精度应该一致。设 $\varepsilon(\Delta t)$ 为由于步长为 $\Delta t$ 而引起的仿真误差函数，则显然有

$$\lim_{\Delta t \to 0} \varepsilon(\Delta t) = 0 \tag{3.1}$$

下面比较三种时间推进机制的效率。假定使用同一仿真模型对同一系统在 $T^*$ 时间段内的行为进行仿真，$N$ 为在 $T^*$ 内系统中发生的事件数，$\Delta t_固$ 为采用固定步长时间推进机制时所选取的步长，$\Delta t_混$ 为采用混合时间推进机制时所选取的步长，$x$ 为在步长 $\Delta t_混$ 下、$T^*$ 时间内没有发生任何事件的步长数，$t$ 为计算判断一轮事件发生并据此更新系统所有需花费的平均计算时间，$T_固$、$T_下$、$T_混$ 分别为采用三种时间推进机制对系统在 $T^*$ 时间段内的行为进行仿真所需花费的总时间，则有

$$T_固 = \frac{T^*}{\Delta t_固} t \tag{3.2}$$

$$T_下 = N \cdot t \tag{3.3}$$

$$T_混 = \left( \frac{T^*}{\Delta t_混} - x \right) t \tag{3.4}$$

由式(3.2)可知，对固定步长时间推进机制而言，效率完全取决于步长，步长越长则效率越高，步长越短则效率越低，且有

$$\lim_{\Delta t \to 0} T_固 = \infty \tag{3.5}$$

即若想完全消除因步长造成的仿真误差而采用固定步长时间推进机制，要花费无限大的机时，这是不可能的。

由式(3.3)可知，下次事件时间推进机制的效率完全取决于在 $T^*$ 内发生的事件数(非同时事件)，用户无法改变其效率。

由式(3.4)可知，混合时间推进机制的效率不仅与步长 $\Delta t$ 有关，而且与事件的时间分布有关。步长越长，事件在时间轴上的分布越不均匀，效率就越高，反之越低，且有

$$\lim_{\Delta t \to 0} T_混 = N \cdot t = T_下 \tag{3.6}$$

即在理论上，只要把步长取得无限小，采用混合时间推进机制能够完全消除因步长而造成的仿真误差。而这时的仿真效率与采用下次事件时间推进机制的仿真效率一样，即式(3.6)成立。

比较式(3.3)和式(3.4)，式(3.2)和式(3.4)，可以得到如下两点结论：

(1) 对同一实际系统进行仿真时，采用混合时间推进机制的效率不低于采用下次事件时间推进机制的效率。

(2) 在同样的仿真精度下，采用混合时间推进机制的效率不低于采用固定步长时间推进机制的效率。

这就是说，当在 $T^*$ 内发生的事件数少于固定步长时间推进机制为获得某一必要精度而取的步长数时，采用混合时间推进机制可以达到这一精度并同时取得三者中较高的仿真效率。

## 3.3　消息驱动的仿真机制

消息驱动(Message-Driving)的离散事件仿真方法是将面向对象的程序设计方法、分布式

仿真和并行算法的概念结合起来的一种更加灵活而直观的模型仿真的方法。这一方法扩展了程序执行过程中原消息的概念,将其发展成为事件调度中主要的控制机制。消息驱动的离散事件仿真方法与传统的仿真方法在表达能力上相差并不很大,但它为类似分布式的仿真提供了一个更加自然的开发环境,更真实地反映了现实世界中的对象。以传统仿真语言如 GPSS 编制的程序本质上是顺序的结构,而消息驱动的仿真机制看起来就像是为分布式仿真而设计的,即使在单机上,也能够通过多线程(进程)等技术实现分布式的效果。在基于消息驱动的离散事件仿真中,物理系统被仿真成一个处理的集合,它们之间通过消息来进行通信,系统中的事件可视为实体之间的消息的传递,即发送一个消息就表明一个事件的发生。

资源(Resources)和处理(Processes)是仿真程序的两个基本组成模块。资源是被动的对象,可以用简单的变量或复杂的数据结构来表示,而处理是独立、动态的实体,它们之间相互作用,使用资源以获得特定的目标。一个仿真程序也就是模拟资源和处理的动态行为以及它们之间的相互作用。资源和处理的概念是相对的而不是绝对的,从不同的角度看,一个对象既可视为资源也可视为处理。基于这一思想,在本文中,我们就以一个名为实体(Entity)的程序模块来同时仿真资源和处理。这种实体可以创建其他实体,可以终止自己,可以向其他实体发送消息,还可以等待一段时间以接收消息。

在物理系统中,不同的处理执行不同的任务,每一个处理需要一段时间。在仿真中,这种情况表现为处理初始化一项任务,然后停顿一段任务完成所需的时间以表示任务完成的过程(由仿真时钟来度量)。仿真语言提供的调度语法被处理用于在仿真时间内调度它的各项操作。Wait_until 语法是一种可以适用于多种情况的调度语法,最初用来表示处理处于等待状态直到某一条件得到满足,其形式为 Wait_until(condition),其中,condition 是一个任意复杂的判断表达式。

在基于消息的仿真中,实体有两种形式,即活动的和等待的。实体如果当前正在执行动作,则它是活动的;否则,它的状态是等待的。一个活动的实体是通过执行 Wait 短语而转变为等待状态的,每一个等待状态都有一个等待时间和一个与其等待状态相关的被称之为等待条件的布尔谓词。等待时间表示实体保持等待状态的最大时间。只有当一个实体接收到一个消息而满足了等待条件或它的等待期满时,它才能由等待状态转换到活动状态。这里我们定义了一个特殊的消息,称之为超时消息,它是当实体等待期满时由仿真监控器发送给等待实体的。Wait 短语除了作为调度语法外,还可以用于消息通信中的接收语法。这里采用的通信规则是基于缓冲的消息发送:执行 Invoke 短语将一个消息存放在接收实体的消息队列里。下面详细地介绍一下 Wait 短语。假设实体在当前仿真时钟到达 $T$ 时刻,执行 Wait 短语,其形式为

     Wait T′ for (message_type = M)

其中,$T'$ 表示大于等于 $T$ 的一个时间。该短语的含义如下:

(1) 如果实体在 t 时刻($T' \geqslant t \geqslant T$)接收到一个 M 类型的消息,实体将停止等待。特别是当 $T$ 时刻有多个 M 类型的消息已经存在于消息队列里时,实体则从队列内提取第一个 M 类型的消息,并在 $T$ 时刻停止等待。

(2) 如果在($T$,$T'$)时期内,实体没有接收到 M 类型的消息,则实体将在 $T$ 时刻收到一个超时的消息并停止等待。

在基于消息的仿真中，消息的通信花费零单位的仿真时间。而对于在物理系统中传输的非零延迟，可以通过让发送(接收)消息的处理在消息发送(接收)前(后)，等待一个与消息传输延迟相对应的时间段即可，或者，还可以将传输介质视为带有传输延迟的独立的处理单元。

在上面的介绍中，我们已经介绍了消息驱动的仿真结构中的一些组成部分，下面将它们系统地描述出来。

1) 实体(Entity)

一个实体类型用于表示一种给定的对象类型，这里的实体与前几节介绍的实体概念相比有其特殊的地方，它的定义包括实体头、变量声明部分、消息声明部分和实体自处理部分。实体头类似于过程头的声明，包含有实体名和实体类型的基本参数(一个实体类型只拥有输入参数)。变量声明部分声明实体内部存储的局部变量，entity_identifier 变量是其中重要的一个变量，下面会有关于它的作用的说明。变量声明部分类似于前面几节中提到的实体属性。消息声明部分用于声明该实体类型的所有实例可能接收到的各种消息的类型。实体自处理部分包含了实体自身内部运算处理的方法。对实体的操作主要有四种短语：Create 短语、Free 短语、Sendmessage 短语和 Wait 短语。

2) 消息体

一个消息的声明的形式是字符串"message"后面跟随消息名和消息变量表。使用消息体的一个明显好处就是使各个实体类之间不必有直接的连接，这样就使系统模型的复杂程度大为降低，尤其是对实体类型数目多而且有很多实体类之间都需要消息交换的系统，更能体现出该方法的优点。

3) Create 短语

我们给每个仿真中的实体类型定义了一个变量类型，名为 entity_identifier。它存储了唯一标识该实体类型的 ID 号，任何算术操作符均不能对其进行计算。执行 Create 短语将产生一个新的实体，其形式如下：

    Create e be entity_type_name (actual_parameter_list)

其中，e 是给定类型 entity_type_name 的一个新的实体，它产生的同时生成一个唯一的 ID 号存储在变量 e 中的 entity_identifier 变量中，并在仿真系统中全局地建立该 ID 号与该实体名 e 之间唯一的映射关系。为了实现快速查找，可以考虑在仿真系统中建立全局 Hash 表。实体相应的参数变量紧随 Create 短语之后，建立了唯一标识符与实体名 e 之间全局唯一对应关系，这是实现给实体发送消息的前提条件。

4) Free 短语

Free 短语的执行将导致实体的终结，其形式如下：

Free e

一个实体只能由自己执行 Free 来进行终结。任何试图访问并不存在的实体的行为都是错误的，但是如果实体存在，只是没有被初始化，调用 Free 并不会发生错误。

5) Sendmessage 短语

用于在实体之间发送消息的短语是 Sendmessage 短语(即前述的 Invoke 短语)，其形式如下：

Sendmessage e with message_type (actual_parameter_list)

其中，e 是消息发送目标的标识符；message_type 是消息体的类型；actual_parameter_list 是消息体的参数。上述函数的执行结果是将一个类型为"message"的消息发送给实体 e，不过下列条件必须满足，否则将导致错误：

① 实体 e 已存在；

② 消息的类型 message_type 必须在实体 e 的实体类型说明中的消息声明部分有声明；

③ actual_parameter_list 中必须保证与消息类型 message_type 的定义相匹配。

与 Sendmessage 用法相似的另外一个短语是 Postmessage。Postmessage 与 Sendmessage 的不同之处在于：Sendmessage 是同步方式的，它把消息发送给 e 后，必须等待 e 将消息处理完毕才能返回；而 Postmessage 是异步方式的，它将消息发送给 e 后立刻返回，无需等待。

6) Wait 短语

Wait 短语用于实体等待一段仿真时间或等待接收消息，其形式如下：

Wait T′ for condition

其中，T′ 是一个表示时间的整型变量；condition 是任意复杂的布尔表达式。这一短语在上面部分已经进行了详细的介绍，这里举一些经常使用的例子。

如果条件 condition 是布尔常量 false，那么，若执行下列短语：

Wait T′ for false

则将会使实体一直等待，直到仿真时钟到达 T′ 时刻。在此期间，所有到达的消息均存在该实体的消息队列内。

另一方面，条件 condition 也可以是布尔常量 true，如短语

Wait T′ for true

如果上述短语执行时消息队列是非空的，则选取一条消息传给实体使它停止等待；但如果消息队列是空的，实体将等待消息，若直到仿真时钟到达 T′ 时刻还没有消息到来，则超时消息将使实体停止等待。

Wait 函数的时间部分可以省略。在这种情况下，与实体相关的等待时间假设为无穷大的(用一个任意大的正整数表示)。例如，在一个超市里，如果没有顾客到柜台来要求结账，柜台服务员将一直等待，直到顾客到来(假设在仿真期间内服务员不休息)。那么，服务员实体的 Wait 函数形式为

Wait for (message_type=request)

上面介绍了消息驱动仿真结构中的几个基本要素，实现它们有很多种方法。消息驱动的仿真结构更加适宜于用面向对象的方法实现，基于 Agent 的仿真系统设计方法也是一种很好的实现途径。

正如前面提到的，实体之间的通信可分为同步和异步两种，从而相应的消息类型也可分为同步通信消息(Sync_msg)和异步通信消息(Async_msg)两种。

在同步通信模式(即阻塞式发送)下，消息发送实体发送完同步消息后阻塞住自己，直到获取到接收实体的应答后才采取进一步的行动。在具体实现中，控制权通过消息从发送实体传送给接收实体；接收实体接收到消息后，其进程被激活，在发送完应答后，进程结

束；发送者重新获取控制权后继续执行其相应的进程。譬如，在超市中，顾客到达结账柜台处后，不是马上付款并离开柜台(实际上，这时候他甚至还不知道该付多少钱)，而是等待服务员结算他在超市所购物品的应付钱款，交付钱款后才离开柜台，继而离开超市。这种情况就可以用同步通信模式来描述：顾客实体发送到达消息给服务员，自己进入等待状态，服务员服务进程启动，计算完应付金额后，发送消息给顾客，通知顾客应付多少金额……直到顾客离开柜台，如果后面没有顾客等待付款，服务员的服务进程结束。

在异步通信模式(即非阻塞式发送)下，消息发送实体在发送完消息后仍继续执行其进程，因而并不存在控制权在发送实体和接收实体之间转移的问题。譬如，一处交通观测站，通过"电眼"观测交通流量，车辆进入电眼观测范围后，并不会等待"电眼"的应答而继续行驶，这时"电眼"收到车辆进入观测范围的消息(若多辆车同时进入观测范围，则同时收到多个消息)，并自动把消息放在自己的消息队列中，按队列中消息的顺序依次进行处理，统计各类车辆的通过数量。

在传统的离散事件仿真环境下，事件按事先规定好的时间和顺序执行。然而，这种限制不符合现实世界的情况。例如，一个学生计划 10 时上课，并不意味着这一事件必须按时，一个突发性的事件可能改变在学生订下计划的时间到 10 时之间的事件的优先权，从而需要重新组织事件队列，而这种事件的重新组织在计算机实现中是非常难的。然而，在基于消息驱动的离散事件仿真中，这个事件可以看做一个异步消息，学生可以在最后一分钟根据他/她所获得的信息对上课的问题进行决策，从而不用重新安排消息队列中事件的物理顺序。

传统的事件调度算法存在的另一个问题是只保留了一个事件表，而事件的调度全都依赖于它，从而使仿真过程中的实体必须依从事件调度表的安排。在基于消息的离散事件仿真中，过程控制随着 Sync_msg 而转移，实体有自己的消息队列。采用这种方法使得各个实体对事件调度有着平等的贡献，从而使模型可以在事件并发的环境下执行。这种机制与人类的观念类似，为仿真设计者提供了更大的灵活性。

消息接收实体在收到消息后，把消息放入自己的消息队列，可以在消息队列中排在前面的所有消息处理完后处理该消息。如果新收到的消息优先级高一些，那么可以在当前进程结束后马上处理这个新消息，而不必把新消息排在消息队列的最后面，甚至可以中止当前进程直接启动处理新消息的进程。在基于消息的离散事件仿真中，事件选择机制的基本原则是：实体根据特定的目标，通过搜索自己的消息队列来选择事件。这种调度策略允许实体在消息出列的时候确定事件的优先级，而这种方法类似于决策过程中决策者为了达到其特定的目标，考虑接收的信息和所有可能采取行动的影响而选择行动的过程。这类过程在单优先级的系统中是很难实现的。

为了在单处理机环境下实现分布式过程调用，需要采用阻塞和等待(Block And Wait)机制。在基于消息的离散事件仿真中，是通过在函数调用中送 Sync_msg 来实现的。为了防止回退(Rollback)，在消息发送之前，必须考虑所有对结果有影响的消息，而且在控制权回到消息发送实体之前，发送的消息产生的所有影响必须全部实现。只要出现处理控制权的转移，就要使用 Sync_msg。当使用 Sync_msg 以获得对象之间的同步时，时间戳必须作为消息的一部分。但如果 Sync_msg 是用于从其他实体中查询信息的，只要能保证信息是当前的，时间戳就不再重要了。

在异步通信过程中不存在控制权的转移。实体在发送完异步消息后，进程仍将继续执行。Async_msg 中的一个假设是异步消息必须发送给接收实体的将来时间，否则，将会出现回退，因此，每个异步消息必须加上时间戳。

有了上面的假设和说明，现在以洗车模型为例来说明基于消息的仿真系统中消息的发送过程。洗车系统中有三个实体，即两个洗车机器(CW1 和 CW2)和一个服务员(ATT)。洗车模型的消息和事件序列见表 3.1。这里可以不设全局时钟，事件以一种准并行的方式执行，每个实体的物理时间按顺序排列，这种方法类似于分布式仿真系统中逻辑处理单元 LP 的特点。

表 3.1　洗车模型仿真消息处理过程

| 消息条 | 消息和时间 | 时　钟 | | |
|---|---|---|---|---|
| | | ATT | CW1 | CW2 |
| | 仿真开始时两个洗车机器均是空闲的,服务员在等待汽车的到来 | | | |
| 1 | Async_msg(ATT ATT ("Carl"3)0) | 0 | 0 | 0 |
| 2 | Sync_msg(CW1 ("Car1")3)<br>洗完第一辆车 | 3 | 3 | 0 |
| 3 | Async_msg(CW1 ATT ("IDEL") 11)<br>服务员等待汽车到来 | 3 | 11 | 0 |
| 4 | Async_msg(ATT ATT ("Car2"8)3) | 3 | 11 | 0 |
| 5 | Sync_msg(CW2 ("Car2")8)<br>洗完第二辆车 | 8 | 11 | 18 |
| 6 | Async_msg(CW2 ATT ("IDLE") 18) | 8 | 11 | 8 |
| 7 | Async_msg(ATT ATT ("Car3"9)8) | 8 | 11 | 18 |
| 8 | Sync_msg(CW1 ("Car3") 11)<br>洗完第三辆车 | 11 | 11 | 18 |
| 9 | Async_msg(CW1 ATT ("IDEL") 19) | 11 | 19 | 18 |
| 10 | Async_msg(ATT ATT ("Car4"14) ("Car5"16)18) | 18 | 19 | 18 |
| 11 | Sync_msg( CW2("Car4")18) | 18 | 19 | 18 |
| 12 | Async_msg(CW2 ATT ("IDEL") 28) | 18 | 19 | 18 |
| 13 | Sync_msg( CW1("Car5")19) | 19 | 19 | 28 |
| 14 | Async_msg(CW1 ATT ("IDEL") 27) | 19 | 27 | 28 |
| 15 | Async_msg(ATT ATT ("Car6"22)27) | 27 | 27 | 28 |
| 16 | Sync_msg( CW1("Car6")27) | 27 | 27 | 28 |
| 17 | Async_msg(CW1 ATT ("IDEL") 35) | 27 | 35 | 28 |

洗车模型的例子说明了基于消息的离散事件仿真中 Sync_msg 和 Async_msg 两种消息的用法。表 3.1 的第一条消息通过产生第一个汽车到达的事件来初始化系统。第二条消息由第一条消息产生并附带有服务员实体的信息，它同步了服务员和洗车机器 1 的时钟。随着第二条消息，服务员阻塞住自己，控制权转移到洗车机器 1。洗车机器 1 完成洗车工作后将它的时钟推进到时钟 11，并发送带有时间戳 11 的应答消息给服务员(值得注意的是，这里的应答消息是采用 Async_msg 的形式)。当服务员重新获得控制权后，他的时钟仍保持在发送第二条消息的时刻。按这种操作顺序，第二条消息带来的任何影响均可在服务员重

新获得控制权之前知道，从而避免了回退。这里，Async_msg 实际上是用于在实体之间传递信息，例如，洗车机器 1 发送的第三条消息就是通知服务员：洗车机器 1 在服务员的时钟到达 11 的时候将空闲。

洗车模型采用的算法有一定的局限性，它适用的场合应具有类似于洗车模型的结构，是一个服务调度者和多个同构的服务机构之间协同工作的仿真算法。由于这种结构在现实世界的许多领域中应用广泛，所以这一算法也具有相当广泛的实用领域。

上述洗车模型中采用的基于消息的离散事件仿真方法提供了一个仿真环境，将一个单处理器环境下的模型运行在虚拟的并发环境下。将来会出现更多的分布式系统，虽然分布式仿真为仿真复杂的模型提供了一个有效的方式，但是单处理器环境，如微机，仍是程序设计的一个非常实用而有效的方式。现在这两种不同的仿真环境(分布式仿真和单处理器仿真)的发展是脱节的。为了充分利用两种环境的优点，就需要设计一种仿真模型，可以在分布式仿真和单处理器仿真两种环境下运行而不需要大幅度的改动。基于消息的离散事件仿真用于分布式仿真自然而有效，所以采用这种方式无论在单处理器环境下或是在分布式环境下均能从容地运行，而且它灵活的事件调度方法也为模型的发展提供了一个新的视角。

# 3.4　蒙特卡罗方法

## 3.4.1　蒙特卡罗方法的基本思想

蒙特卡罗(Monte Carlo)方法也称为随机抽样(Random Sampling)方法或统计测试(Statistical Testing)方法，是一种与一般数值计算方法有本质区别的计算方法，属于实验数学的一个分支。蒙特卡罗方法源于美国在第二次世界大战中研制原子弹的"曼哈顿计划"中，数学家冯·诺依曼(Von Neumann)所主持的一项秘密工作。其最早的提出，可追溯到 19 世纪后半叶的蒲丰(C. Buffon)投针实验，两者在方法和思想上有着高度的相似之处。

蒙特卡罗方法的基本思想是：当实验次数充分多时，某一事件出现的频率近似等于该事件发生的概率。即当 $N$ 充分大时，有

$$\frac{n}{N} \approx p \tag{3.7}$$

式中，$p$ 为某一事件发生的概率；$N$ 为实验次数；$n$ 为在 $N$ 次实验中该事件出现的次数。

当所求解的问题是某种事件发生的概率或某一随机变量的数学期望，或者其他数学字特征时，通过实验方法可以得到该事件发生的样本频率或样本均值等；当实验次数足够多时，通过统计推断，就可以获得样本参数代表总体参数的置信度或置信区间等。

对于具有随机性质的复杂系统，往往很难建立精确的数学模型，或者很难用解析方法求得模型的精确数值解，或者为了简化模型而需要作过多的假设，从而可能会影响模型对系统的代表性。这时，采用蒙特卡罗方法，通过对系统进行必要的实验来求得系统的近似解或者一定置信度下的解，不失为一种可行的途径。因此，人们有时也称该方法为一种"绝处逢生"的方法。

蒙特卡罗方法已经在工程领域的研究中发挥了极其重要的作用，并正在日益广泛地应用于经济和金融等方面。由于蒙特卡罗方法的计算复杂性不再依赖于问题的维数(即变量的

个数)，因此能够很好地用来应对"维数的灾难"。并且，人们还提出了许多所谓的"方差缩减"技巧，来提高该方法的效率。

下面以应用蒙特卡罗方法计算单位圆形面积为例，来说明蒙特卡罗方法的价值和意义。

**【例 3.1】**　单位圆形面积的计算。

求解圆形的面积，自古以来就是一个非常吸引人的问题。现在人们知道，只要有了圆半径参数 r，根据公式 Sc = πr2 就可以通过计算得出圆形的面积。显然，这里的圆周率 π 是计算圆形面积的关键。由于 π 的无理数性质，因此从本质上说，人们是无法得到圆形面积的精确值的。

而如果应用蒙特卡罗方法，就可以巧妙地避开如何计算 π 的问题。例如，给定如图 3.7 所示的半径为 1 的单位圆形，并且选取圆心为坐标系的原点，利用蒙特卡罗方法求解圆形面积的基本思路可概括如下：

① 对要计算的圆形构造一个外接正方形。该正方形的面积可以很容易地得到，即

$$S_s = (2r)^2 = 4$$

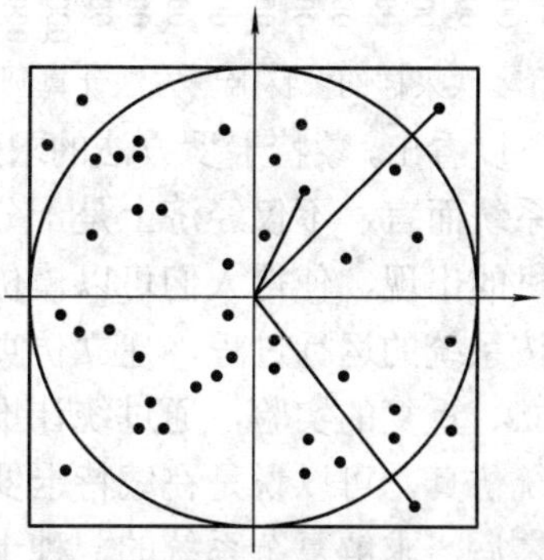

图 3.7　运用蒙特卡罗方法随机采样来求解圆面积

② 在该正方形区域中随机采样 $N_s$ 个点，则显然有些点落在圆形内，有些点落在了圆形的外面。记某一个点的坐标为$(x, y)$，则可以通过下面的不等式来判断该点是否落在圆形内：

$$x^2 + y^2 \leq 1$$

如果采样点的个数 $N_s$ 非常大，能够密密麻麻地覆盖整个正方形区域，则就可以认为落在圆形内的点的个数 $N_c$ 与采样点的总数 $N_s$ 的比值应该非常接近于圆形面积 $S_c$ 与正方形面积 $S_s$ 的比值，并且采样点的个数越多，这两个比值就越接近。由此可以得到近似的表达式：

$$\frac{S_c}{S_s} \approx \frac{N_c}{N_s}$$

③ 根据上式即可得到圆形面积的计算表达式：

$$S_c \approx S_s \times \frac{N_c}{N_s}$$

上述就是应用蒙特卡罗方法计算圆形面积的一般过程。对这一过程进行仿真实验，图 3.8 给出了当采样点的个数从 100 增加到 20 000 时，所对应计算出的单位圆形面积的值。可以看到，虽然随着采样点个数 $N_s$ 的增加，$S_c$ 计算结果不断变化，但是很明显，波动的幅度呈逐渐下降的趋势，并收敛于理论值 π 的附近。

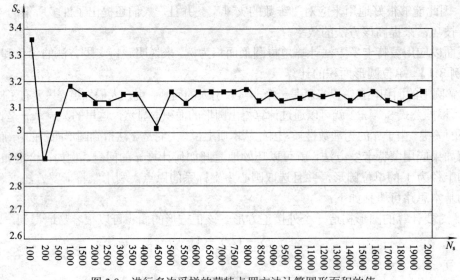

图 3.8　进行多次采样的蒙特卡罗方法计算圆形面积的值

从上例的计算过程及结果可以看出，蒙特卡罗方法的求解过程通常需要做大量的独立、重复实验。这对于大型的复杂系统而言，不仅经济上是十分昂贵的，而且在时间上也往往是不可行的。但由于电子计算机的出现，使得人们可以模仿复杂随机系统的行为，在不作假设或作很少假设的情况下，按系统的运行过程，建立仿真模型，应用蒙特卡罗方法对仿真模型在计算机上进行大量独立、重复的实验，通过统计推断得到系统参数的解。因此，系统仿真，尤其是离散事件系统仿真，可以说是在蒙特卡罗方法支持下的实验思考的方法论，是继理论分析和实物实验之后，求解复杂系统的一种十分重要的途径。鉴于此，系统仿真可以看做在计算机支持下对蒙特卡罗方法的应用和发展。

## 3.4.2　蒙特卡罗方法的应用

应用蒙特卡罗方法进行仿真分析的原理是，利用各种不同分布随机变量的抽样序列来仿真实际系统的概率模型，给出问题数值解的渐近统计估计值。其要点如下：

首先，对问题建立一个简单且便于实现的概率统计模型，使要求的解恰好是所建模型的概率分布或数学期望。

其次，根据概率统计模型的特点和实际计算的需要，对模型进行改进，以便减小仿真结果的方差，降低成本，提高效率。

再次，建立随机变量的抽样方法，其中包括产生伪随机数及各种分布随机变量抽样序列的方法。

最后，给出问题解的统计估计值及其方差或标准差。

具体来说，蒙特卡罗方法的应用或实施过程，主要包括如下三个步骤：

(1) 构造或描述概率过程。对于本身就具有一定随机性质的问题，如某种产品订单的到达，主要是正确描述和模拟这个概率过程；而对于一些本来不具有随机性质的确定性问题，如例 3.2 中单位圆形面积的计算，就必须事先构造出一个人为的概率过程，使得它的某些参量正好是所求问题的解。也就是说，要将不具有随机性质的问题转化为具有随机性质的问题。

(2) 以已知概率分布进行抽样。在构造了概率模型之后，由于各种概率模型都可以看做由一些概率分布构成的，因此产生已知概率分布的随机数或随机变量就成为实现蒙特卡罗方法仿真实验的基本手段。这也正是蒙特卡罗方法被称为随机抽样方法的原因。有关随机数及随机变量的生成方法，将在第 4 章中详细介绍。

(3) 建立各种估计量。一般来说，构造了概率模型并且能够从中进行抽样生成已知概率分布的随机数或随机变量，即实现了仿真实验后，就需要确定出一个随机变量来作为所求问题的解。这类随机变量称为无偏估计量。建立各种估计量，也就相当于对仿真实验的结果进行考察和记录，并从中得到所求问题的解。

# 3.5   离散事件系统仿真的一般步骤

离散事件系统仿真的一般步骤如下：

## 1. 阐明问题与设定目标

不论是针对已有的系统还是待建系统，在建模与仿真开始之前都要求必须预先对所研究的对象有一个直观和明确的理解。只有对该系统有了深入的了解，明确了需要解决的问题以及应实现的目标，并且在这些问题上同决策者取得了一致性的意见，才能为仿真建模与仿真运行提供可靠的前提与基础。

因此，在问题阐述阶段，需要首先对应用仿真方法是否能够得到所研究问题的答案和实现预期的目标等作出判断。在切实可行的情况下，通常还需要制定一种非仿真建模的方案，以便于对不同方法所得到的结果进行比较，验证仿真模型的正确性、有效性和经济性。

在确定了一致认可的目标之后，还需选择对这些目标进行描述的主要环节和状态变量，并对所研究问题的范围和边界进行明确的定义。此外，还要求给出仿真所需的初始条件，并充分估计这些初始条件对系统主要性能的影响。

## 2. 仿真建模

仿真模型是对所研究的实际系统运行过程的一种抽象描述，并能反映实际系统的本质属性。仿真建模通常是面向问题和运行过程的一种建模方式，有着其自身所固有的一些特点。在离散事件系统仿真的建模过程中，主要应根据随机发生的一系列离散事件、代表实际系统中所描述主要对象的实体流和仿真时间的推进方式等，按照系统实际运行的进程来建立相应的模型。

然而需要说明的是，仿真建模，尤其是对于离散事件系统的仿真建模来说，即便是针对同一实际系统的同一个问题，由于仿真建模人员知识背景和偏好的不同，不同人员对问题描述的逻辑、繁简程度以及模型结构等都可能有差异，最后所得到的模型往往不是唯一的。但是，这些各不相同的模型，它们的运行结果却有可能比较相近，均能够满足仿真目标的基本要求。因此，仿真建模在不同程度上可以被认为是一种"艺术"，而并不是单纯的技术。从本质上来说，仿真过程仍是一种科学的实验过程。为了保证仿真建模的正确性和有效性，仿真模型必须能够经受得起理论和实践的检验。这就是仿真模型的校核和验证问题。

### 3. 数据采集

在仿真模型建立之后，还需要输入正确的数据，才能够调动模型内部的逻辑关系和属性关系，进行相应的运算和统计，得到准确的仿真输出结果。缺乏正确的输入数据，只能使仿真误导决策。随着系统随机性与复杂性的增强，数据采集工作在建模与仿真过程中所占的份额也越来越大。从确定仿真目标开始应该进行数据采集的工作，并使其贯穿于整个系统建模与仿真的全过程。为了将所采集到的数据输入仿真模型，实施仿真运行，通常需要对输入数据进行必要的分布拟合、参数估计以及假设检验等步骤，并确定随机变量的概率密度函数或经验分布函数。除此之外，往往还要求必须采集与仿真初始条件及系统内部变量有关的一些数据。这些数据往往是某种概率分布的随机变量的抽样结果，因此需要大量系统运行的历史数据，或对类似现实系统进行大量实验才能够获得。

### 4. 仿真模型的验证

在仿真建模过程中，所建立的仿真模型能否代表所研究的实际系统，是决定仿真成败的关键。按照特定的统一标准对仿真模型及其代表性进行衡量，这就是模型的验证。目前常用的是由内勒(T.H.Naylor)和芬格(J.M.Finger)于1967年提出的仿真模型验证"三步法"。本书将在后面的章节中对此作详细介绍。

这里需要指出的是，仿真模型的验证是一个不断反复的过程，并且其理论和方法在当前都尚未达到完善的程度，仍是今后的重要研究课题之一。

### 5. 程序的编制与校核

仿真模型只是所考察的实际系统的一种抽象和运行框架。要通过计算机进行必要的仿真实验，还必须将仿真模型转化成计算机能够识别和执行的程序代码。早期的仿真往往采用通用的程序语言编程，如FORTRAN语言、BASIC语言和ALGOL语言等。由于仿真器本身的复杂性和用户仿真输入/输出数据的苛刻要求，使用通用程序设计语言进行编程的工作量一般都非常巨大，只有少数的程序设计专家可以使用，而广大的管理人员、科技人员和决策人员被排除在外。

近年来，随着仿真技术的应用和发展，一大批适用于不同需要的仿真语言被开发出来，如面向事件的SIGMA、GASP等仿真语言，面向过程的GPSS/H、SIMSCRIPT/Ⅱ.5、SLAM/Ⅱ、SIMAN/V等，面向对象的SIMPLE++、SIMULINK等。这些仿真语言的问世，极大地方便了用户的编程工作。特别是许多以图片/图标输入方式建模和仿真程序自动生成技术为主流的仿真软件，如AutoMod、ProModel、Taylor/Ⅱ和Arena等，它们都能够提供友好的图形用户界面，并能根据用户输入的图形流程自动生成无错误的仿真程序，从而可免去烦琐的程序编制和调试工作，为非仿真专业人员有效地应用仿真技术提供了方便。

然而，仿真程序的编制过程完全依靠编程人员对仿真模型的理解，并将这种理解转变为相应的仿真程序，如果这个转变过程发生偏差或者错误，则所编制的仿真程序就不能代表仿真模型，因此也将使仿真结果失去意义。这就要求必须对仿真程序进行校核，即对仿真程序的逻辑和数学关系以及输入/输出响应与仿真模型的一致性进行测试和检验，以保证仿真程序的正确性和有效性。

### 6. 仿真模型的运行

在仿真模型已得到验证，仿真程序也经过校核之后，就可以正式运行仿真模型了。由于仿真模型中往往包含多种随机变量,每次仿真运行仅是对系统运行的一次抽样,因此需要用相同的初始条件和输入数据(包括输入随机变量)作多次独立的重复仿真运行,才能得到仿真输出的统计规律。这种独立的重复仿真运行应采用相互独立的随机数流,以便模拟一种独立的随机抽样过程。在这种情况下才能应用经典统计方法,由仿真输出结果对系统的总体性能作出正确的推断。

此外,在仿真运行中往往需要根据仿真的目的来确定主要的决策变量,从大量不同决策变量取值的组合中,找出一种满意的方案,作为决策的参考。由于这种变量组合的数目往往随变量数和变量取值范围的增大而呈现指数级的增大关系,为了用最少的仿真运行次数取得合适的仿真输出数据,在仿真运行之前还应做好仿真的实验设计,以便对决策变量的取值组合进行设计和安排,提高仿真运行的效率。

### 7. 仿真输出结果的统计分析

对仿真模型进行多次独立的重复运行后,可以得到一系列仿真输出响应和系统性能测度的均值、标准差、最大和最小数值、变异系数和观察数等。但是,这些参数也仅是对所研究系统所做仿真实验的一个样本,要估计系统的总体参数及其分布特征,还需要在仿真输出样本的基础上,进行必要的统计分析和统计判断,根据仿真输出数据的统计分析结果,对系统方案进行评价,并形成正式的仿真分析报告,以供上级领导部门进行决策时参考。

以上所述就是离散事件系统仿真过程中一般应当经历的主要步骤,它们的执行顺序和关系可用图 3.9 来表示。

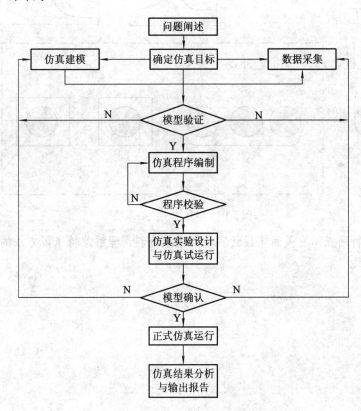

图 3.9　离散事件系统仿真的一般步骤

# 思考与练习题

1. 离散事件系统仿真中常用的基本概念有哪些? 简述它们的含义, 并结合某一具体的生产线系统, 谈谈你对这些基本概念的理解和认识。

2. 简述离散事件仿真的三个基本方法(即三类基本策略)及各自的含义。

3. 试述随机离散事件的基本概念。

4. 根据不同的功能, 仿真模型(程序)可以分为哪三个层次? 分析三个层次之间的关系。

5. 什么叫仿真时钟? 它在系统仿真中有什么作用? 什么叫仿真时钟推进机制? 常用的仿真时钟推进机制有哪些? 它们的主要特点是什么, 分别适合于怎样的系统?

6. 什么叫仿真效率? 什么叫仿真精度? 分析影响仿真效率和仿真精度的因素以及它们之间的关系。

7. 现假定在图 2.1 的简单加工系统中, 零件毛坯到达系统并在钻床设备上完成加工后, 尚需要经过一台检验设备对加工质量进行检验后才能离开系统, 则由该检验设备与钻床设备构成了一个串行随机服务系统, 如图 3.10 所示。试结合仿真时钟推进机制分析, 说明该串行加工中心系统中的离散事件及系统状态的变化情况。

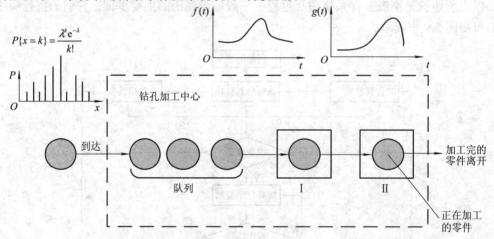

图 3.10 串行加工中心系统

8. 通过因特网查阅有关蒲丰投针实验的文献资料, 理解蒙特卡罗方法的基本思想及其应用的一般步骤。

# 第4章 随机数与随机变量的生成

仿真模型的运行，离不开随机数与随机变量的驱动。那么，在仿真模型运行的过程中，对随机数与随机变量都有什么样的要求呢？随机数与随机变量是怎样产生的？又如何来保证生成的这些随机数与随机变量都能够满足仿真运行的要求呢？本章将围绕这些问题来展开，主要内容包括随机数的基本性质、几种常用随机数发生器的基本思想和原理，以及随机变量的生成方法，最后作为特例介绍 Witness 随机分布函数及其生成。

## 4.1  随机数的生成及其性质

对于包括生产系统在内的几乎所有离散事件系统来说，其仿真程序或模型都要求必须具备比较完善的能够产生指定分布的随机变量生成模块或子程序。在仿真程序或模型运行过程中，当用户赋予某一随机变量以确定参数的分布时，仿真系统就可以通过调用这些模块或子程序来生成相应的随机变量，以便在仿真运行的过程中复现系统的随机特征。而各种分布类型的随机变量，都可以通过采用某种方法对[0，1]区间上的均匀分布 $U(0,1)$ 随机数进行相应的转换来得到。在不引起混淆的前提下，本书后面所提到的随机数，均是特指在[0，1]区间上的均匀分布 $U(0,1)$ 随机数；而把其他各种分布的随机数称为随机变量。因此，可以说随机数是包括生产系统在内的所有离散事件系统仿真中一个必不可少的基本元素，是整个仿真过程得以运行的基础。

对随机数生成方法的研究已经有很长的历史。目前，在用计算机生成随机数的方法中，一类使用最广泛、发展也比较快的方法是数学方法，也就是按照某一特定的算法(递推公式)来生成随机数列(也称为随机数流)的方法。用户只需任意给定一个初始值(或称为种子值)，当调用该算法时，就可以按照确定的关系计算出下一个随机数。最后，以这个新生成的随机数作为第二个种子值，再计算出下一个新的随机数。多次调用该算法就可以生成一个随机数的序列。这种根据算法来生成随机数的方法，只要给定了初始的种子值，则接下来所生成的随机数从本质上来说都并不具有真正的随机性，而只是一些确定的数值，因此通常也称之为伪随机数。相应地，称这种用数学方法生成随机数所依赖的算法和程序为(伪)随机数发生器。

通过对算法的精心设计，可以使所生成的伪随机数具有和真正的随机数相同的一些统计性质。通常，只要所生成的伪随机数能通过一系列统计检验(如独立性、均匀性等)，就可以把它们作为真正的随机数来使用。

到目前为止，人们已经开发设计出了各种各样的随机数发生器，供仿真建模时选择使用。一个品质优良的随机数的随机数发生器通常应当具备以下几个主要特征：

(1) 生成的随机数序列要尽可能地逼近理想的均匀总体随机样本所具有的随机性、均匀性和独立性等统计性质。

(2) 生成的随机数序列必须有足够长的周期，以满足仿真计算的需要。这里的周期(又称循环长度)指的是随机数序列以先前的顺序再次出现之前的序列的长度。也就是说，如果需要生成 2000 个随机数，那么就要求相应随机数发生器所生成随机数序列的周期必须为 2000 的若干倍。

(3) 生成随机数序列的速度必须快，以控制整个仿真运行的成本。

(4) 所生成的随机数序列必须是完全可重复的。也就是说，对于给定的起始点(或者初始条件)，应当能够生成相同的随机数序列，而且与被仿真的系统或仿真所使用的编程语言等其他因素完全无关。

近年来，许多学者致力于研究性能完善的随机数发生器，产生了大量的理论和相关文献。然而，要发明真正能够生成具有独立性且均匀分布的随机数序列的方法，却是十分困难的。现有的大多数常用随机数发生器往往很难同时具备上述的各种特征，因此也很难达到满意的结果。目前，关于这一课题还有待进一步的理论研究和应用研究，以适应系统仿真的现实需要。

## 4.2  几种常见的随机数发生器

### 4.2.1  平方取中发生器

最早的随机数发生器是由冯·诺依曼于 20 世纪 40 年代提出的著名的平方取中发生器。其基本思路是：

(1) 任取一个 $2k$ 位的正整数作为种子值，即随机数发生器的初始值。

(2) 将该数值自乘(平方)以后，一般会得到一个 $4k$ 位的乘积(若不是 $4k$ 位，则在前面补0)，将此乘积去头截尾，取其中 $2k$ 位，则得到第一个随机数。

(3) 再把第一个随机数自乘，将其乘积去头截尾，取其中间 $2k$ 位，得到第二个随机数。

(4) 以此类推，就可以得到一系列随机数，形成随机数序列。

其递推公式为

$$\begin{cases} x_n = \left[\dfrac{x_{n-1}^2}{10^k}\right] \bmod (10^{2k}) \\ u_n = \dfrac{x_n}{10^{2k}} \end{cases} \quad (n=1, 2, \cdots) \tag{4.1}$$

式中，种子值 $x_0$ 为 $2k$ 位的非负整数；$[x]$ 表示 $x$ 的整数部分；$N \bmod M$ 表示对 $N$ 进行模为 $M$ 的求余运算，即

$$N \bmod M = N - \left[\frac{N}{M}\right] \times M \tag{4.2}$$

【例 4.1】 取 $k=1$，$x_0=77$(种子值)，则由平方取中法(式(4.1))可得到数列 $x_n$ 和 $u_n$，如表 4.1 所示。

**表 4.1　平方取中法得到的随机数序列**

| $N$ | $x_{n-1}^2$ | $x_n$ | $u_n$ |
|---|---|---|---|
| 1 | 5929 | 92 | 0.92 |
| 2 | 8464 | 46 | 0.46 |
| 3 | 2116 | 11 | 0.11 |
| 4 | 0121 | 12 | 0.12 |
| 5 | 0144 | 14 | 0.14 |
| 6 | 0196 | 19 | 0.19 |
| 7 | 0361 | 36 | 0.36 |
| 8 | 1296 | 29 | 0.29 |
| 9 | 0841 | 84 | 0.84 |
| 10 | 7056 | 05 | 0.05 |
| 11 | 0025 | 02 | 0.02 |
| 12 | 0004 | 00 | 0 |
| 13 | 0000 | 00 | 0 |
| ⋮ | ⋮ | ⋮ | ⋮ |

　　在例 4.1 中，由于所选取的 $k$ 值较小，因而很快进入了退化(当 $n \geqslant 12$ 时，$u_n = 0$)状态。当 $k$ 取值较大时，将会使这种退化现象向后推迟。但是，这种算法最终还是会进入退化状态，并且所得到的随机数序列同均匀分布的差异显著，所以目前该方法已经很少被采用。

　　除平方取中法以外，早期比较有代表性的随机数发生器还有乘积取中法、常数乘子法以及基于斐波那契(Fibonacci)序列的 Fibonacci 法等。

## 4.2.2　线性同余发生器

　　线性同余发生器由莱默尔(D.H.Lehmer)于 1948 年提出，线性同余发生器是目前在离散事件系统仿真中应用最为广泛的随机数发生器之一。其递推公式为

$$\begin{cases} x_n = (ax_{n-1} + c) \bmod m \\ u_n = \dfrac{x_n}{m} \end{cases} \quad (n = 1, 2, \cdots) \tag{4.3}$$

式中，参数 $m$ 为模数，$a$ 为乘子(乘数)，$c$ 为增量(加数)，并且 $m$、$a$ 和 $c$ 均为非负整数。设 $x_0$ 为给定的种子值，为非负数。

　　这里，如果 $c \neq 0$，则通常称该方法为混合线性同余法；如果 $c = 0$，则称为乘同余法。

　　显然，根据式(4.3)可知，由该线性同余法得到的随机数 $x_n$ 满足 $0 \leqslant x_n < m$。因此，$x_n$ 至多能取 $m$ 个不同整数，则称所得到的数列 $x_n(n = 1, 2, \cdots)$ 重复的最短长度(循环长度)为该随机数的周期，记为 $T$。若 $T = m$，则称之为满周期。可以验证，乘同余法(即当 $c = 0$ 时)是不可能取到满周期的。

　　【例 4.2】　令 $m = 16$，$a = 5$，$c = 3$，并取种子值 $x_0 = 5$，则由线性同余法(式(4.3))可得到数列 $x_n$ 和 $u_n$，如表 4.2 所示。

表 4.2　线性同余法得到的随机数序列

| $n$ | $5x_n + 3$ | $x_n$ | $u_n$ |
|---|---|---|---|
| 1 | 28 | 12 | 0.750 |
| 2 | 63 | 15 | 0.938 |
| 3 | 78 | 14 | 0.875 |
| 4 | 73 | 9 | 0.563 |
| 5 | 48 | 0 | 0.000 |
| 6 | 3 | 3 | 0.188 |
| 7 | 18 | 2 | 0.125 |
| 8 | 13 | 13 | 0.813 |
| 9 | 68 | 4 | 0.250 |
| 10 | 23 | 7 | 0.438 |
| 11 | 38 | 6 | 0.375 |
| 12 | 33 | 1 | 0.063 |
| 13 | 8 | 8 | 0.500 |
| 14 | 43 | 11 | 0.688 |
| 15 | 58 | 10 | 0.625 |
| 16 | 53 | 5 | 0.313 |
| 17 | 28 | 12 | 0.750 |
| 18 | 63 | 15 | 0.938 |
| 19 | 78 | 14 | 0.875 |
| ⋮ | ⋮ | ⋮ | ⋮ |

由表 4.2 可以看出，在本例中所得到的第一个数 $x_1$ 与第 17 个数 $x_{17}$ 是相同的，并且从 $n = 17$ 开始，$x_n$ 循环取 $x_1$ 到 $x_{16}$ 的值，$u_n$ 循环取到 $u_1$ 到 $u_{16}$ 的值，该数列的周期 $T = 16 = m$，故为满周期。

下面举一个不能取到满周期的例子。

【例 4.3】　令 $m = 8$，$a = 3$，$c = 1$，并取初始值 $x_0 = 7$，则由线性同余法(式(4.3))可得到数列 $x_n$ 和 $u_n$，如表 4.3 所示。

表 4.3　线性同余法得到的随机数序列

| $n$ | $3x_n + 1$ | $x_n$ | $u_n$ |
|---|---|---|---|
| 1 | 22 | 6 | 0.750 |
| 2 | 19 | 3 | 0.375 |
| 3 | 10 | 2 | 0.250 |
| 4 | 7 | 7 | 0.875 |
| 5 | 22 | 6 | 0.750 |
| 6 | 19 | 3 | 0.375 |
| 7 | 10 | 2 | 0.250 |
| 8 | 7 | 7 | 0.875 |
| 9 | 22 | 6 | 0.750 |
| ⋮ | ⋮ | ⋮ | ⋮ |

由表 4.3 可以看出，在本例中所得到的第一个数 $x_1$ 与第 5 个数 $x_5$ 是相同的，并且从 $n = 5$ 开始，$x_n$ 循环取 $x_1$ 到 $x_4$ 的值，$u_n$ 循环取 $u_1$ 到 $u_4$ 的值，故该数列的周期 $T = 4 < m$。

下面再举一个乘同余法的例子。

【例 4.4】　种子值 $x_0$ 分别取为 1、3、4、8，则由线性同余法(式(4.3))可得到相应的数列 $x_n$，如表 4.4 所示。

表 4.4　线性同余法得到的随机数序列

| $n$ | $x_{1n}$ | $x_{2n}$ | $x_{3n}$ | $x_{4n}$ |
|---|---|---|---|---|
| 1 | 13 | 39 | 52 | 14 |
| 2 | 41 | 59 | 36 | 54 |
| 3 | 21 | 63 | 20 | 62 |
| 4 | 17 | 51 | 4 | 38 |
| 5 | 29 | 23 | 52 | 46 |
| 6 | 57 | 43 | 36 | 22 |
| 7 | 37 | 47 | 20 | 30 |
| 8 | 33 | 35 | 4 | 6 |
| 9 | 45 | 7 | 52 | 14 |
| 10 | 9 | 27 | 36 | 54 |
| 11 | 53 | 31 | 20 | 62 |
| 12 | 49 | 19 | 4 | 38 |
| 13 | 61 | 55 | 52 | 46 |
| 14 | 25 | 11 | 36 | 22 |
| 15 | 5 | 15 | 20 | 30 |
| 16 | 1 | 3 | 4 | 6 |
| 17 | 13 | 39 | 52 | 14 |
| ⋮ | ⋮ | ⋮ | ⋮ | ⋮ |

根据表 4.4 的计算结果可知，当种子值 $x_0$ 取值为 1 或 3 时，所得数列的周期为 16；而当种子值 $x_0$ 取值为 4 或 6 时，所得数列的周期分别为 4 和 8。

从上面的这几个例子可以看出，用线性同余法生成随机数序列，参数 $c$、$m$、$a$ 和种子值 $x_0$ 的选取是十分关键的。它们的不同取值对于所生成的随机数序列的系统性质和周期有着很大的影响。

在实际应用中，通常希望所得到的随机数序列是均匀分布的，并且具有最大可能的周期。这可以通过选取适当的 $c$、$m$、$a$ 和种子值 $x_0$ 来实现。综上所述，可以得到如下结论：

(1) 如果 $m = 2^b$($b$ 为计算机的字长)，并且 $c \neq 0$，当 $c$ 是相对于 $m$ 的素数(即 $c$ 与 $m$ 的最大公约数为 1)，且 $a = 1 + 4k$($k$ 为整数)时，所得随机数序列的最大可能周期为 $T = m = 2^b$。

(2) 如果 $m = 2^b$，并且 $c = 0$，当种子值 $x_0$ 为奇数，且 $a$ 满足 $a = 3 + 8k$ 或者 $a = 5 + 8k$ ($k = 0，1，2，\cdots$)时，所得随机数序列的最大可能周期为 $T = m/4 = 2^{b-2}$。

(3) 如果 $m$ 为素数，并且 $c = 0$，在 $a$ 具有如下性质，即 $a^k - 1$ 能被 $m$ 整除的最小 $k$ 为 $k = m - 1$ 时，所得随机数序列的最大可能周期为 $T = m - 1$。

### 4.2.3 组合发生器

组合发生器是把两个或者更多个独立的随机数发生器(通常是两个不同的线性同余发生器)以某种方式组合起来，使得新组合的随机数发生器具有更长的周期和良好的统计性质。

迄今为止，已有多种将两个或多个随机数发生器组合起来的方法。其中，最著名的是由麦克拉伦(M.D.Maclaren)和马尔萨莉亚(G.Marsaglia)于 1965 年提出的组合同余法，它由两个线性同余发生器 LCG1 和 LCG2 构成。其具体步骤如下：

(1) 采用第一个线性同余发生器 LCG1 生成 $k$ 个随机数，一般 $k = 128$，把这 $k$ 个数按顺序依次存放在某一向量 $T$ 中，$T = (t_1, t_2, \cdots, t_k)$；并置 $n = 1$。

(2) 采用第二个线性同余发生器 LCG2 生成一个随机的整数 $j$，满足 $1 \leqslant j \leqslant k$。

(3) 令 $x_n = t_j$，然后再采用第一个发生器 LCG1 生成一个新的随机数 $y$ 来代替 $t_j$，亦即令 $t_j = y$；并置 $n = n + 1$。

(4) 重复(2)~(3)，得到随机数序列 $\{x_n\}$，此即组合同余发生器生成的数列。若第一个发生器 LCG1 的模为 $m$，令 $u_n = x_n / m$，则 $\{u_n\}$ 即由该组合发生器生成的均匀随机数序列。

# 4.3 随机变量的生成

前文介绍了均匀分布 $U(0, 1)$随机数的生成方法，但在实际的系统建模与仿真分析中涉及的随机现象的分布规律往往是多种多样的，这就要求在得到具有良好统计性质的均匀分布 $U(0, 1)$随机数后，还必须研究如何利用均匀随机数来生成非均匀分布的其他随机数的方法，即随机变量的生成方法(也称为抽样方法)。

在设计随机变量的生成方法时，需要考虑以下几个因素：

(1) 精确性。由算法生成的随机变量要能够准确地表达所期望的分布，满足一定的精度要求。

(2) 效率。这包括存储占用的空间和执行运算所消耗的时间两个方面。人们总是希望算法占用更小的存储空间，并具有较高的运算速度，以提高仿真运行的效率。但有时往往无法二者兼顾，这就需要在它们之间进行平衡。

(3) 复杂性。这即算法设计与实现的复杂程度。

生成随机变量的方法有许多种，具体采用哪种方法往往取决于所针对的分布函数。本节主要介绍几种比较常用的、有效的随机变量生成方法。

### 4.3.1 反变换法

反变换法是最常用且最为直观的一种随机变量生成方法。它基于概率积分变换定理，通过对分布函数进行反变换来实现，因此称为反变换法。

设随机变量 $X$ 的分布函数为 $F(x)$，则 $F(x)$ 的取值范围为[0，1]。为了得到随机变量的抽样值，可以先产生在[0, 1]区间上均匀分布的独立随机变量 $U$，根据分布函数的性质，可知其分布函数的反函数 $F^{-1}(U)$ 必然满足：

$$P\{F^{-1}(x) \leqslant x\} = F(x) \qquad (4.4)$$

因此，由 $F^{-1}(U)$ 得到的值即所需的随机变量：

$$X = F^{-1}(U) \qquad (4.5)$$

其原理如图 4.1 所示。

反变换法可用于均匀分布、指数分布、三角分布、威布尔分布以及经验分布中的取样，

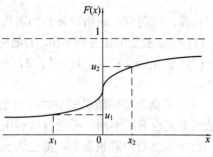

图 4.1　反变换法的原理

同样也是很多离散分布产生样本的基本方法。下面结合具体例子来说明生成均匀分布、指数分布和离散均匀分布等几种随机变量的方法和步骤。其他几种分布类型的随机变量的生成，留给读者作为练习。

【例 4.5】　均匀分布随机变量 $X$ 的生成。

设随机变量 $X$ 是 $[a, b]$ 上均匀分布的随机变量，即概率密度函数

$$f(x) = \begin{cases} \dfrac{1}{b-a}, & a \leqslant x \leqslant b \\ 0, & \text{其他} \end{cases} \qquad (4.6)$$

则由 $f(x)$ 可得到 $x$ 的分布函数：

$$F(x) = \begin{cases} 0 & x < a \\ \dfrac{x-a}{b-a} & a \leqslant x \leqslant b \\ 1 & x > b \end{cases} \qquad (4.7)$$

根据其反函数 $F^{-1}(u)$，即有抽样公式

$$x = F^{-1}(u) = (b-a)u + a \qquad (4.8)$$

因此，可得采用反变换法生成均匀分布 $U(a, b)$ 的随机变量的一般步骤，具体如下：

(1) 生成独立的均匀分布 $U(0, 1)$ 随机数序列 $\{u_n\}$。

(2) 令 $x_i = (b-a)u_i + a\,(i = 1, 2, \cdots, n)$，则数列 $\{x_n\}$ 即所求的均匀分布 $U(a, b)$ 的随机变量序列。

【例 4.6】　指数分布随机变量 $X$ 的生成。

设 $X$ 的分布函数为

$$F(x) = f(x) = \begin{cases} 1 - \mathrm{e}^{-x/\beta}, & x \leqslant 0 \\ 0, & \text{其他} \end{cases} \qquad (4.9)$$

令 $u = F(x) = 1 - \mathrm{e}^{-x/\beta}$，可得其反函数

$$x = F^{-1}(x) = -\beta \ln(1 - u) \qquad (4.10)$$

由于 $u \sim U(0, 1)$，则 $1 - u \sim U(0, 1)$，即随机变量 $u$ 与 $1 - u$ 的分布是相同的，所以式 (4.10) 可以写为

$$x = -\beta \ln u \qquad (4.11)$$

由此，可得到生成指数分布的随机变量的一般步骤如下：

(1) 生成独立的均分布 $U(0，1)$随机数序列$\{u_n\}$。

(2) 令 $x_i = -\beta \ln u_i$ $(i = 1，2，\cdots，n)$，则数列$\{x_n\}$即所求的指数分布的随机变量序列。

当 $X$ 是离散型的随机变量时，由于离散型随机变量的分布函数也是离散的，因此反变换法的形式也有所不同，不能直接利用反函数来获得 $X$ 的抽样值。

设 $X$ 是离散型随机变量，取值为 $x_1，x_2，\cdots，x_n$，并记其概率密度函数为

$$p(x_i) = P\{X = x_i\}，\text{且} \sum_{i=1}^{n} p(x_i) = 1 \qquad (4.12)$$

相应的分布函数为

$$F(X) = P\{X \leqslant x\} = \sum_{i=1} p(x_i) \qquad (4.13)$$

为了应用反变换法得到离散随机变量 $X$，先将$[0，1]$区间按 $p(x_1)，p(x_2)，\cdots，p(x_n)$的值分成 $n$ 个子区间：

$$(0，p(x_1)]，(p(x_2)，p(x_1)+p(x_2)]，\cdots，\left(\sum_{j=1}^{n-1} p(x_i), \sum_{i=1}^{n} p(x_i)\right]$$

并依次编号为 $1，2，\cdots，n$。若 $U$ 是$[0，1]$区间上的均匀分布随机变量，则某个 $u_1$ 的值落在哪个子区间上，相对应的 $x_i$ 就是所需要的输出量，如图 4.2 所示。

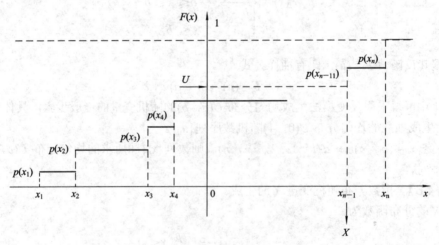

图 4.2 反变换法生成的离散型随机变量

【例 4.7】 离散均匀分布问题。

考察$\{1，2，\cdots，n\}$上的离散均匀分布，其概率密度函数为

$$p(x) = \frac{1}{n} \qquad (x = 1，2，\cdots，n) \qquad (4.14)$$

相应的分布函数为

$$F(x) = \begin{cases} 0, & x < 1 \\ \dfrac{1}{n}, & 1 \leqslant x < 2 \\ \dfrac{2}{n}, & 2 \leqslant x \leqslant 3 \\ \vdots & \vdots \\ \dfrac{n-1}{n}, & n-1 \leqslant x < n \\ n, & n \leqslant x \end{cases} \tag{4.15}$$

令 $x_i = i$，$F(x_i) = p(1) + p(2) + \cdots + p(x_i) = i/n$，如果均匀分布 $U(0,1)$ 的随机函数 $u_i$ 满足

$$\frac{i-1}{n} < u_i \leqslant \frac{i}{n} \tag{4.16}$$

则可以通过取 $X = i$ 来生成随机变量 $X$。

由式(4.16)可求解得 $i = \lceil u_i n \rceil$，即取 $i$ 的值为大于或等于 $u_i n$ 的最小整数。因此，生成离散型均匀分布的随机变量的一般步骤如下：

(1) 生成独立的均匀分布 $U(0,1)$ 随机数序列 $\{u_n\}$。

(2) 令 $x_i = i = \lceil u_i n \rceil$（$i = 1, 2, \cdots, n$），则数列 $\{x_n\}$ 即所求的离散型均匀分布的随机变量序列。

## 4.3.2　卷积法

若随机变量 $X$ 可表示为若干个独立同分布的随机变量 $Y_1, Y_2, \cdots, Y_m$ 之和，即
$$X = Y_1 + Y_2 + \cdots + Y_m \tag{4.17}$$
则 $X$ 的分布函数与 $\sum_{i=1}^{m} Y_i$ 的分布函数相同，此时称 $X$ 的分布为 $Y_i$ 分布的 $m$ 重卷积。为生成随机变量 $X$，可先独立地从相应分布函数生成随机变量 $Y_1, Y_2, \cdots, Y_m$，然后利用式(4.17)也就得到了 $X$，这就是卷积法的基本思想。

【例 4.8】　爱尔朗分布。

设 $X$ 的概率密度函数为

$$f(x) = \frac{\lambda(\lambda x)^{n-1}}{(n-1)!} e^{-\lambda x} \quad (x > 0, \ \lambda > 0) \tag{4.18}$$

若 $Y_1, Y_2, \cdots, Y_m$ 独立且同服从指数分布 $E(\lambda)$，令 $X = Y_1 + Y_2 + \cdots + Y_m$，则 $X$ 服从 $n$ 阶爱尔朗分布。所以可得到生成爱尔朗分布的随机变量的步骤如下：

(1) 生成独立的均匀分布 $U(0,1)$ 随机数 $u_1, u_2, \cdots, u_m$。

(2) 计算 $u = u_1 u_2 \cdots u_m$。

(3) 令 $x = -(1/\lambda)\ln(u)$，则 $x$ 即服从 $n$ 阶爱尔朗分布的随机变量。

显然，这种方法要比直接用爱尔朗分布的分布函数来生成相应的随机变量方便得多。

### 4.3.3  组合法

当某一分布函数可以表示成若干个其他分布函数的凸组合时，即

$$F(x) = \sum_j p_j F_j(x) \qquad (其中, \ p_j \geqslant 0, \ \sum_j p_j = 1) \tag{4.19}$$

或者其密度函数写成

$$f(x) = \sum_j p_j f_i(x) \tag{4.20}$$

这里，$p_j$ 的定义与式(4.19)中相同，$f_i(x)$ 是某种类型的概率密度函数，与之相应的分布函数为 $F_j(x)$。那么，当每个 $F_j(x)$ 的随机变量都比较易于抽样时，常采用组合法，通过 $F_j(x)$ 的随机变量来生成 $F(x)$ 的随机变量。其具体步骤如下：

(1) 随机地生成一个正整数 $J$，使得

$$P\{J = j\} = p_i \quad (j = 1, \ 2, \ \cdots)$$

(2) 生成一个满足分布函数 $F_j(x)$ 的随机变量 $x$，则 $x$ 就是 $F(x)$ 的随机数。

重复(1)、(2)，就可以得到所求的分布函数为 $F(x)$ 的随机变量数列。

【例4.9】 双指数分布。

设随机变量 $X$ 的概率密度函数为

$$f(x) = 0.5\mathrm{e}^{-|x|}(-\infty < x < +\infty) \tag{4.21}$$

如图4.3所示。

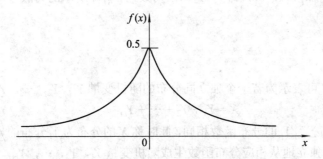

图4.3  双指数分布的概率密度函数

可以将函数 $f(x)$ 看做由一个正指数函数和一个负指数函数分段组成的，则有

$$f(x) = 0.5\mathrm{e}^{x} I_{(-\infty,0)}(x) + 0.5\mathrm{e}^{-x} I_{(0,+\infty)}(x) = 0.5 f_1(x) + 0.5 f_2(x) \tag{4.22}$$

这里 $I_A(x)$ 为集合 $A$ 的指示函数，定义为

$$I_A(x) = \begin{cases} 1, & x \in A \\ 0, & 其他 \end{cases}$$

因此可用两个密度函数 $f_1(x)$ 和 $f_2(x)$ 的组合来生成服从密度函数 $f(x)$ 的随机变量 $X$。

其步骤如下：

(1) 产生均匀分布 $U(0, 1)$ 的随机数 $u_1$ 及 $u_2$。

(2) 如果 $u_1 < 0.5$，则生成服从与密度函数 $f_1(x)$ 相应的分布函数的随机变量，根据反变

换法，可得 $X = \ln u_2$。

(3) 如果 $u_1 \geqslant 0.5$，则生成服从与密度函数 $f_2(x)$ 相应的分布函数的随机变量，同样，有 $X = \ln u_2$。

从上述分析易知，采用组合法生成分布函数 $F(x)$ 的随机变量，至少需要两个均匀分布 $U(0,1)$ 的随机数。但该方法在某些情况下可以避免反变换法中对一些复杂分布函数的处理。因此，在实际中究竟采用哪种方法，还要视具体分布函数的性质来确定。

## 4.3.4　舍选法

前面介绍的三种方法都有一个共同的特点，即以反变换法为基础，直接面向分布函数，因而又称为直接法。然而，当反变换法难于使用(利用随机变量的分布函数不存在封闭形式等)或者效率不高时，有时就需要使用非直接的方法。舍选法就是其中最主要的一种。该方法由于具有计算简单、抽样灵活和使用方便等特点而得到了比较广泛的应用。

设 $f(x)$ 为所求随机变量的概率密度函数，舍选法要求选定一个覆盖函数 $t(x)$，满足

$$f(x) \leqslant t(x), \text{ 且 } C = \int_{-\infty}^{+\infty} t(x) \mathrm{d}x < +\infty \tag{4.23}$$

令 $r(x) = t(x)/C$，则有 $C = \int_{-\infty}^{+\infty} r(x) \mathrm{d}x = 1$，故 $r(x)$ 是一个概率密度函数。

如果 $X \sim r(x)$，$U \sim U(0,1)$，并且 $X$ 与 $U$ 相互独立，当 $u \leqslant f(x)/t(x)$ 时，令 $X^* = X$，则 $X^*$ 即所求的随机变量：$X^* \sim F(x)$。

这一方面的基本思路是：从以覆盖函数 $t(x)$ 为顶的曲边梯形中随机地抽取一点 $P(x_0, Ut(x_0))$，若该点 $P$ 落在以 $f(x)$ 为顶的曲边梯形内，则选取该点，该点的横坐标即所求；否则就舍弃该点。相关情况如图 4.4 所示。

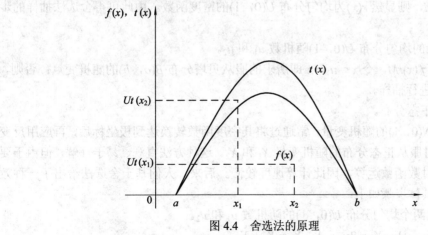

图 4.4　舍选法的原理

显然易知，在舍选法中，不被舍弃的点的概率为

$$p = \frac{\int_a^b f(x)\mathrm{d}x}{\int_a^b f(x)\mathrm{d}x} = \frac{1}{C} \tag{4.24}$$

称 $p$ 为抽样概率。为了提高算法的效率，希望抽样概率 $p$ 尽可能大。故应选取适当的覆盖函数 $t(x)$，以使得 $C$ 值尽可能小，同时希望与密度函数 $r(x) = t(x)/C$ 相应分布的随机变量 $X$ 容易生成。一般地，对有限区间 $[a, b]$ 上的概率密度函数 $f(x)$，常取

$$t(x) = M = \sup_{a \leqslant x \leqslant b} f(x) \tag{4.25}$$

此时，$r(x)$ 就是 $[a, b]$ 区间上均匀分布的密度函数。

综上所述，采用舍选法生成分布函数为 $F(x)$ 的随机变量的步骤如下：

(1) 生成密度函数 $r(x)$ 对应分布的随机变量 $x$。

(2) 生成均匀分布 $U(0, 1)$ 随机数 $u$，且 $u$ 和 $x$ 独立。

(3) 若 $u \leqslant f(x)/t(x)$，则令 $x^* = x$；否则返回步骤(1)，重新进行抽样。

(4) 最后得到的 $X^*$ 就是所求的分布函数为 $F(x)$ 的随机变量。

【例 4.10】 贝塔分布。

设随机变量 $X$ 的概率密度函数为

$$f(x) = \frac{1}{B(a,b)} x^{a-1} (1-x)^{b-1} \quad (0 < x < 1；\ a > 0,\ b < 0) \tag{4.26}$$

其中，$B(a, b)$ 为贝塔函数

$$B(a,\ b) = \int_0^1 x^{a-1} (1-x)^{b-1} \mathrm{d}x \tag{4.27}$$

计算可知，当 $x = (a-1)/(a+b-2)$ 时，$f(x)$ 取得最大值：

$$M = \frac{1}{B(a,b)} \left( \frac{a-1}{a+b-2} \right)^{a-1} \left( \frac{b-1}{a+b-2} \right)^{b-1}$$

若取 $t(x) = M$，则显然 $r(x)$ 为均匀分布 $U(0, 1)$ 的密度函数。由此可得舍选法抽样的步骤如下：

(1) 生成独立的均匀分布 $U(0, 1)$ 随机数 $u_1$ 和 $u_2$。

(2) 如果 $u_2 \leqslant f(x)/M$，令 $x = u_1$，$x$ 即所求的服从贝塔分布 $B(a, b)$ 的随机变量；否则，返回步骤(1)重新进行抽样。

【例 4.11】 正态分布。

对正态分布 $N(0, 1)$ 的随机变量，常通过将其密度函数转换达到极坐标后，再应用反变换法，可生成一对服从正态分布的随机变量 $X_1$ 和 $X_2$。这种方法直观、易于理解，但由于要进行三角函数及对数函数运算，因此计算速度较慢。后来，人们基于舍选法给出了一种效率较高的方法，具体步骤如下：

(1) 独立生成两个均匀分布 $U(0, 1)$ 的随机数 $u_1$ 和 $u_2$。

(2) 令 $Y_1 = 2u_1 - 1$，$Y_2 = 2u_2 - 1$，$Y_3 = Y_1 + Y_2$。

(3) 若 $Y_3 > 1$，返回步骤(1)重新进行抽样；否则，令

$$\begin{cases} x_1 = Y_1 [-2 \ln Y_3 / Y_3]^{1/2} \\ x_2 = Y_2 [-2 \ln Y_3 / Y_3]^{1/2} \end{cases}$$

则 $x_1$ 和 $x_2$ 即两个服从正态分布 $N(0, 1)$ 的随机变量。

可以证明，这种方法的舍弃概率为 $1 - \pi/4 \approx 0.2146$。

# 4.4　Witness 随机分布函数

为了方便用户构建随机仿真模型，Witness 仿真软件提供了 14 种整型或实数型的标准随机分布函数，它们能返回一系列理论分布的随机样本值。Witness 选择这些分布是因为这些理论分布已经在相当长时间内广泛地研究过了，而且也在仿真中被认为是十分有效的。

## 4.4.1　伪随机数流 PRNS

Witness 不是储存了大量的预先定义的随机数，而是储备了 1000 个不同的数列或者叫伪随机数流。我们在使用一个标准分布时，必须输入一个伪随机数流和相关的分布函数。

例如，一台机器组装零部件的时间服从泊松分布，均值为 5 min，我们将伪随机数流 PRN 1 用到这个分布中，即 POISSON(5，1)，则在仿真过程中，系统将使用它储备的 1000 个伪随机数流中的第一个数列作为种子数，依次生成服从均值为 5 的泊松分布随机数流。这样通过调用不同的伪随机数流，在同一次仿真过程中机器每次组装零部件的时间是随机的，而在不同的仿真运行中 Witness 产生的组装时间随机数流则是相同的。

由于伪随机数流的存在，我们可以改变模型当中的一个参数值，保持其他参数不变，重新运行模型，比较仿真运行的结果，从而了解该因素对仿真系统的影响。

Witness 提供了如下 14 种标准随机分布函数：
- BETA——$\beta$ 分布。
- NORMAL——正态分布。
- BINOMIAL——二项分布。
- POISSON——泊松分布。
- ERLANG——爱尔朗分布。
- RANDOM——0-1 均匀分布。
- GAMMA——$\gamma$ 分布。
- TNORMAL——截断正态分布。
- IUNIFORM——整数均匀分布。
- TRIANGLE——三角分布。
- LOGNORML——对数正态分布。
- UNIFORM——均匀分布。
- NEGEXP——负指数分布。
- WEIBULL——韦布尔分布。

下面将从如下五方面来介绍以上的随机分布函数：
(1) 函数名称与函数简介。
(2) 函数语法结构及其参数；所有函数的最后一个参数都是伪随机数流。
(3) 分布曲线(曲线图中，横轴表示函数的返回值，纵轴表示对应返回值的发生概率)。
(4) 随机分布函数调用示例。

(5) 适用情况。

## 4.4.2 随机分布函数

### 1. BETA(β 分布)

该函数提供服从 β 分布的随机样本值，返回值为实数，通常用于实际系统的数据有限、数据变化范围大的情况。

语法结构：

    BETA(Shape，Scale，Prns)

参数说明：

Shape——形状参数，实数。

Scale——比例参数，实数。

Prns——伪随机数流，整数。

当 Shape = 1.5，Scale = 5 时，分布曲线如图 4.5 所示。图 4.5 中横轴表示可能的取值，纵轴表示对应取值的概率。

当 Shape = 5，Scale = 1.5 时，分布曲线如图 4.6 所示。

函数调用示例：

    X = BETA(1.5，5.0，1)

    X = BETA(5.0，1.5，2)

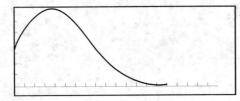 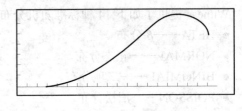

    (Shape = 1.5，Scale = 5)        (Shape = 5，Scale = 1.5)

    图 4.5  BETA 分布曲线        图 4.6  BETA 分布曲线

适用情况：产品的次品率、工作的完成时间等。

### 2. NORMAL(正态分布)

该函数提供服从正态分布的样本值，返回值为实数。该函数是应用最为广泛的一种分布，分布曲线关于均值对称，经常运用于工作时间围绕均值波动的随机情况。

语法结构：

    NORMAL(Mean，Sd，Prns)

参数说明：

Mean——分布均值，实数。

Sd——标准差，实数。

Prns——随机数流，整数。

其分布曲线如图 4.7 所示。

函数调用示例：

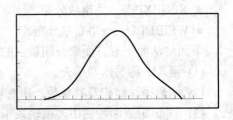

图 4.7  正态分布曲线

$$X = NORMAL（10.0，3.0，1）$$

$$X = NORMAL（5.0，2，2）$$

适用情况：机器加工时间等。

**注**：如果标准差的数值越小，则数据对均值的波动性就越小。正态分布可能会产生负值，所以在用它作为时间间隔的随机变量时，要特别谨慎。

### 3. BINOMIAL(二项分布)

该函数提供服从二项分布的样本值，返回值为整数。在给定的成功概率和试验次数条件下，该函数返回成功的次数。例如，特定供应商提供的发动机次品率为 10%，可以使用二项分布来获得批量为 5 的 n 批发动机中每批的次品数，有时是 1 个，有时是 2 个，…

语法结构：

BINOMIAL(Prob，Trials，Prns)

参数说明：

Prob——概率，[0，1]之间的实数。

Trials——试验次数或批量，整数。

Prns——伪随机数流，整数。

当 Prob = 0.1，Trials = 5 时，分布曲线如图 4.8 所示。

当 Prob = 0.5，Trials = 5 时，分布曲线如图 4.9 所示。

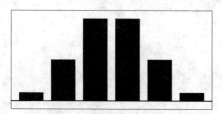
(Prob = 0.1，Trials = 5)

图 4.8　二项分布曲线

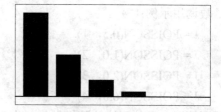
(Prob = 0.5，Trials = 5)

图 4.9　二项分布曲线

函数调用示例：

J = BINOMIAL(0.1，5，1)

J = BINOMIAL(0.1，10，1)

J = BINOMIAL(0.5，5，1)

J = BINOMIAL(0.5，10，1)

适用情况：指定尺寸的一批货物中的次品数目，仓库中需要的货物的品种数量。

### 4. POISSON(泊松分布)

该函数提供服从泊松分布的样本值，返回值为整数。通常情况下，使用该函数来生成在给定的时间段内顾客或部件的到达数量，可以使它为负指数分布的一种补充。

语法结构：

POISSON(Mean，Prns)

参数说明：

Mean——均值，实数。

Prns——伪随机数流，整数。

当 Mean = 0.5 及 Mean=1 时，分布曲线如图 4.10 所示。

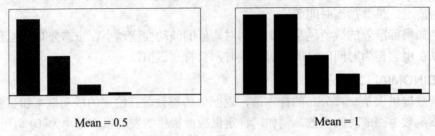

图 4.10　泊松分布曲线

当 Mean = 2 及 Mean = 6 时，分布曲线如图 4.11 所示。

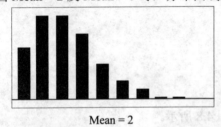

图 4.11　泊松分布曲线

函数调用示例：

　　J = POISSON(0.5，1)

　　J = POISSON(1.0，2)

　　J = POISSON(2.0，3)

　　J = POISSON(6.0，4)

适用情况：零件到达的随机批量，生产机器的单位时间产出数量。

## 5. ERLANG(爱尔朗分布)

该函数提供服从 $k$ 阶爱尔朗分布的样本值，返回值为实数。爱尔朗分布是一个分布函数族，其分布曲线随着 $k$ 值的不同而不同。

当 $k = 1$ 时，爱尔朗分布就是负指数分布，因为爱尔朗分布是 $k$ 个具有相同均值的负指数分布的样本值之和。

当 $k = 2$ 时，爱尔朗分布曲线的形状像钟形，极度向左倾斜，与正态分布的分布曲线相似。

当 $k$ 取大于 2 的值时，爱尔朗分布又与正态分布相似。但是，与对数正态分布和正态分布又有所不同，爱尔朗分布仅与均值有关，而与标准差无关。

可以通过改变爱尔朗分布中的 $k$ 值来进行灵敏度分析。例如，检测物料缺货的影响。

语法结构：

　　ERLANG(M，K，Prns)

参数说明：

M——$m$ 均值，实数。

K——$k$ 值，整数。

Prns——伪随机数流，整数。

当均值 $m=1$，而 $k$ 值分别为 1、2、3 时，函数的分布曲线如图 4.12 所示。

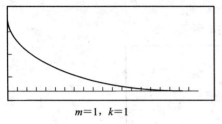

$m=1$，$k=1$

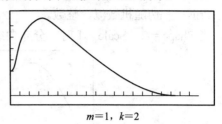

$m=1$，$k=2$

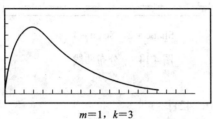

$m=1$，$k=3$

图 4.12　爱尔朗分布曲线

函数调用示例：

　　　R = ERLANG(1.0，1，1)

　　　R = ERLANG(1.0，2，2)

　　　R = ERLANG(1.0，3，3)

适用情况：完成一项服务所需的时间。例如，完成一名顾客的服务时间或修理好一台机器的时间。

### 6. RANDOM(0-1 均匀分布)

该函数提供服从 0-1 均匀分布的样本值，返回值为 [0，1] 之间的实数，返回 0 与 1 之间任意小数的概率是相同的。

语法结构：

　　　RANDOM(Prns)

参数说明：

Prns——伪随机数流，整数。

其分布曲线如图 4.13 所示。

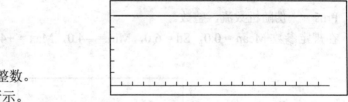

图 4.13　0-1 均匀分布曲线

函数调用示例：

　　　R = RANDOM(1)

适用情况：使用此函数作为自定义的随机分布函数中的随机种子数。

### 7. GAMMA(γ 分布)

该函数提供服从 $\gamma$ 分布的样本值，返回值为实数。

语法结构：

　　　GAMMA(Shape，Scale，Prns)

参数说明：

Shape——形状参数，实数。

Scale——比例参数，实数。

Prns——伪随机数流，整数。

当 Shape = 2，Scale = 1 时，分布曲线如图 4.14 所示。

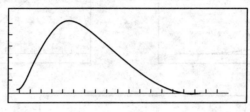

Shape = 2，Scale = 1

图 4.14 γ 分布曲线

函数调用示例：

　　R = GAMMA(2.0，1.0，42)

适用情况：机器出故障的时间间隔。

### 8. TNORMAL(截断正态分布)

该函数提供服从截断正态分布的样本值，返回值为实数。它与正态分布极为相似，不同之处在于它指定了样本值的最大值和最小值，而正态分布的最大值和最小值为无穷大。

语法结构：

　　TNORMAL(Mean，Sd，Min，Max，Prns)

参数说明：

Mean——均值，实数。

Sd——标准差，实数。

Min——最小值，实数。

Max——最大值，实数。

Prns——伪随机数流，整数。

在规定参数 Mean = 0.0，Sd = 6.0，Min = −4.0，Max = +4.0 时，其分布曲线如图 4.15 所示。

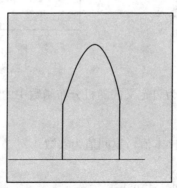

Mean = 0.0，Sd=6.0，Min = −4.0，Max = +4.0

图 4.15 截断正态分布曲线

函数调用示例：

　　R = TNORMAL(0.0，6.0，4.0，4.0，43)

适用情况：一些服从正态分布的随机变量，但它不会取值为无穷大或无穷小，如服务时间不能为负值，等待时间不能为无穷大等。

### 9. IUNIFORM(整数均匀分布)

该函数提供服从整数均匀分布的样本值，返回值为实数，可以用来表示在指定范围内等概率获取整数的情况。

语法结构：

　　IUNIFORM(Min，Max，Prns)

参数说明：

Min——最小值，整数。

Max——最大值，整数。

Prns——伪随机数流，整数。

当 Min = 0，Max = 10 时，分布曲线如图 4.16 所示。

图 4.16　整数均匀分布曲线

函数调用示例：

　　R = IUNIFORM(1，4，3)

适用情况：当仅知道某一变量在两个整数之间取值，而对其他情况一无所知时，首选的分布就是整数均匀分布函数。

### 10. TRIANGLE(三角分布)

该函数提供服从三角分布的样本值，返回值为实数。

语法结构：

　　TRIANGLE(Min，Mode，Max，Prns)

参数说明：

Min——最小值，实数。

Mode——最可能发生值，实数。

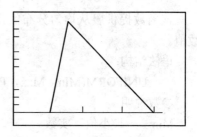

Max——最大值，实数。

Prns——伪随机数流，整数。

该函数的分布曲线呈三角形，如图 4.17 所示。

函数调用示例：

图 4.17　三角分布曲线

　　R=TRIANGLE(1.0，1.8，4.0，1)

适用情况：当采用统计方法不能够对数据拟合成特定的概率密度函数，而其取值范围和取值密集点能够确定时，可采用三角分布函数。

### 11. LOGNORML(对数正态分布)

该函数提供服从对数正态分布的样本值，返回值为实数。如果某一变量的样本数据的对数服从正态分布，那么该变量就服从对数正态分布。

语法结构：

　　LOGNORMAL(Mean，Sd，Prns)

参数说明：

Mean——分布均值，实数。

Sd——标准差，实数。

Prns——伪随机数流，整数。

当 Mean = 1.65，Sd = 2.16 时，分布曲线如图 4.18 所示。

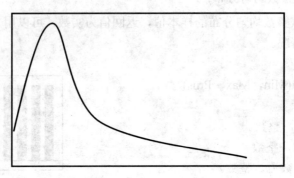

图 4.18　对数正态分布曲线

函数调用示例：

　　R= LOGNORMAL(1.65，2.16，1)

适用情况：完成一项服务所需的时间。例如，对一名顾客完成服务的时间或修理好一台机器的时间。

注：该函数不会产生负值，其均值也不可能等于零。

在 Witness 中，对数正态分布函数的参数与某种子函数正态分布的参数无关，只与样本值有关。

### 12. UNIFORM(均匀分布)

该函数提供服从均匀分布的样本值，返回值为实数。用于等概率获得指定范围内的数值。

语法结构：

　　UNIFORM(Min，Max，Prns)

参数说明：

Min——最小值，实数。

Max——最大值，实数。

Prns——伪随机数流，整数。

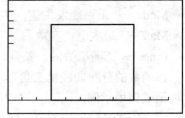

图 4.19　均匀分布曲线

其分布曲线如图 4.19 所示。

函数调用示例：

　　R = UNIFORM(3.0，8.0，1)

适用情况：对某一变量的数据知之甚少，并且希望获得特定范围内的实数值时，就采用该函数。

### 13. NEGEXP(负指数分布)

该函数提供服从负指数分布的样本值，返回值为实数，可以认为它是泊松分布的补集。

语法结构：

NEGEXP(Mean，Prns)

参数说明：

Mean——均值，实数。

Prns——伪随机数流，整数。

当 Mean = 1 时，分布曲线如图 4.20 所示。

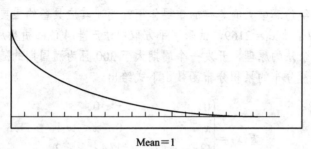

Mean＝1

图 4.20 负指数分布曲线

函数调用示例：

R=NEGEXP(1.0，1)

适用情况：相邻事件发生的时间间隔，例如，顾客到达时间间隔，故障时间间隔等。

### 14. WEIBULL(韦布尔分布)

该函数提供服从韦布尔分布的样本值，返回值为实数。根据指定的形状和比例参数返回随机样本值。

语法结构：

WEIBULL(Shape，Scale，Prns)

参数说明：

Shape——形状参数，实数。

Scale——比例参数，实数。

Prns——伪随机数流，整数。

当 Shape = 2，Scale = 1 时，分布曲线如图 4.21 所示。

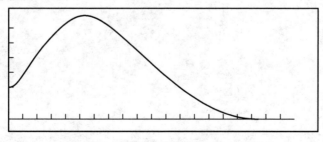

Shape＝2，Scale＝1

图 4.21 韦布尔分布曲线

函数调用示例：

R=WEIBULL(2.0，1.0，43)

适用情况：可靠性建模。

# 思考与练习题

1. 随机数在系统仿真中具有怎样的重要作用？简述其应具备的主要特征。

2. 取 $k=2$，种子值 $x_0=2169$，试采用平方取中法产生 4 位随机数序列。

3. 根据线性同余法的原理，开发一个周期大于 300 且为满周期的随机数发生器。

4. 设某随机变量分布的累积分布函数由下式给出：

$$F(x)=\begin{cases} 0 & x<0 \\ x & 0\leqslant x<1/4 \\ (3x+1)/7 & 1/4\leqslant x<2 \\ 1 & x>2 \end{cases}$$

试确定产生此随机变量的方法，并将其算法用伪代码表示。

# 第5章 Witness 仿真基础

生产系统的仿真模型，最终要通过仿真软件来实现。那么，在生产系统建模与仿真中，常用的仿真软件有哪些？它们各有怎样的优缺点？分别适用于什么样的场合？如何借助于仿真软件来建立仿真模型并执行仿真运行？本章将围绕这些问题，介绍生产系统建模与仿真中比较常用的(如 Witness、Arena、Flexsim 和 AutoMod 等)几种仿真软件的主要特点及适用范围，并结合 Witness 软件，介绍其基本的建模分析过程与应用案例。

## 5.1 常用生产系统仿真软件介绍

目前，市场上已有大量面向生产系统的商业化仿真软件。其中应用较为广泛的主要有英国 Lanner 公司开发的 Witness、美国 Systems Modeling 公司开发的 Arena、美国 Flexsim Software Products 公司开发的 Flexsim、美国 Brooks Automation 公司开发的 AutoMod、美国 Imagine That 公司开发的 Extend、美国 ProModel 公司开发的 ProModel、以色列 Tecnomatix 公司开发的 eM-Plant 等。本节将对这几种常用仿真软件作一概要性的介绍。后面的章节将重点围绕 Witness 软件，详细论述其在生产系统建模与仿真中的具体应用。

### 1. Witness

Witness 是由英国 Lanner 公司开发的一款功能强大的仿真软件系统，既可以应用于离散事件系统仿真，又可以应用于连续流体(如液压、化工和水力等)系统的仿真，应用领域包括汽车工业、食品、化学工业、造纸、电子、银行、财务、航空、运输业及政府部门等。

Witness 软件的主要特点如下：

(1) 面向对象的交互式建模机制。Witness 提供了大量的模型元素和逻辑控制元素。前者如加工中心、传送设备和缓冲存储装置等；后者如流程的倒班机制以及事件发生的时间序列等。用户可以很方便地通过使用这些模型元素和逻辑控制元素建立起工业系统运行的逻辑描述。在整个建模与仿真过程中，用户可以根据不同阶段的仿真结果随时对仿真模型进行修改，如添加和删除必要的模型元素。并且，在修改完毕后，仿真模型将继续运行，而不需要重新返回到仿真的初始时刻。

(2) 直观、可视化的现实仿真和仿真结果输出。Witness 提供了非常直观的动画展示，在仿真模型运行的过程中，可以实时地用动画显示出仿真系统的运行过程，并以报表、曲线图和直方图等形式将仿真结果实时地输出，以辅助建模和系统分析。

(3) 灵活的输入/输出方式。Witness 提供了与其他系统相集成的功能，如直接读写 Excel

表、与 ODBC 数据库驱动相连接以及输入描述建模元素外观的 CAD 图形文件等，可方便地实现与其他软件系统的数据共享。

(4) 强大的建模功能和灵活的执行策略。Witness 提供了 30 多种系统建模元素以及丰富的模型运行规则和属性描述函数库，允许用户定制自己领域中的一些独特的建模元素，并能够通过交互界面定义各种系统执行的策略，如排队优先级和物料发送规则等。

目前，Witness 代表了最新一代仿真软件的水平。

### 2. Arena

Arena 是由美国 Systems Modeling 公司于 1993 年研制开发并推出的基于仿真语言 SIMAN 及可视化环境 CINEMA 的可视化及交互集成式的商业化仿真软件，目前属于美国 Rockwell Software 公司的产品。Arena 在仿真领域具有较高的声誉，其应用范围十分广泛，覆盖了包括生产制造过程、物流系统及服务系统等在内的几乎所有领域。

Arena 软件的主要特点：

(1) 可视化柔性建模。Arena 将仿真编程语言和仿真器的优点有机地整合起来，采用面向对象技术，并具有完整的层次化体系结构，保证了其易于使用和建模灵活的特点。在 Arena 中，对象是构成仿真模型的最基本元素。由于对象具有封装和继承的特点，使得仿真模型具有模块化特征和层次化的结构。

(2) 输入/输出分析器技术。Arena 提供了专门的输入/输出分析器来辅助用户进行数据输入处理和输出数据预加工，有助于保证仿真研究的质量和效果。输入分析器能够根据输入数据来拟合概率分布函数，进行参数估计，并评估拟合的优度，以便从中选择最为合适的分布函数。输出分析器提供了方便易用的用户界面，以帮助用户简便、快捷地查看和分析输出数据。

(3) 定制与集成。Arena 与 Windows 系统完全兼容。通过采用对象连接与嵌入(OLE)技术，Arena 可以使用 Windows 系统下的相关应用程序的文件和函数。例如，将 Word 文档或 AutoCAD 图形文件加载到 Arena 模型中，对 Arena 对象进行标记以便作为 Visual Basic for Application(VBA)中的标志等。此外，Arena 还提供了与通用编程语言的接口，用户可以使用 C++、Visual Basic 或 Java 等编程语言，或者通过 Arena 内嵌的 VBA 编写代码，来灵活地定制个性化的仿真环境。

### 3. Flexsim

Flexsim 是由美国 Flexsim Software Products 公司推出的一款主要应用于对生产制造、物料处理、物流、交通和管理等离散事件系统进行仿真的软件产品。该软件提供了输入数据拟合与建模、图形化的模型构建、虚拟现实显示、仿真结果优化以及生成 3D 动画影像文件等功能，并提供了与其他工具软件的接口。

Flexsim 软件采用面向对象编程和 Open GL 技术，具有如下几个突出的特点：

(1) 使用对象来构建真实世界的仿真模型。Flexsim 提供了多种对象类型的模板库，用户利用鼠标的拖放操作就能够确定对象在模型窗口中的位置，根据模型的逻辑关系进行连接，然后设定不同对象的属性。同时，用户还可以根据自己行业和领域特点对系统提供的对象进行扩展，来构建自己的对象库。

(2) 突出自己的 3D 图形显示功能。用户可以在 Flexsim 中直接导入 3D Studio、VRML、

DXF 以及 STL 等图形类型，并根据内置的虚拟现实浏览窗口来添加光源、雾以及虚拟现实立体技术等。借助于 Open GL 技术，Flexsim 还提供了对 ADS、WRL、DXF 和 STL 等文件格式的支持，帮助用户建立逼真的仿真模型，从而有助于仿真模型直观上的认识和仿真模型的验证。此外，Flexsim 还提供有 AVI 录制器，用来快速生成 AVI 文件。

(3) 开放性好、扩张性强。Flexsim 提供了与外部软件的接口，用户可以通过 ODBC 与外部数据库相连，通过 Socket 接口与外部硬件设备相连等，并且可以与 Microsoft Excel 和 Visio 等软件配合使用。除此之外，用户还可以通过建立定制对象，利用 C++语言创建、定制和修改对象，控制对象的行为活动，甚至可以完全将其当做一个 C++语言的开发平台来开发特定的仿真应用程序。

### 4. AutoMod

AutoMod 是由美国 Brooks Automation 公司推出的一款主要应用于离散事件系统 3D 仿真的比较成熟的软件，它由仿真包 AutoMod、用于实验和分析的 AutoStat 模块、用于制作内置 3D 动画的 AutoView 模块以及一些辅助模块组成。AutoMod 适用于大规模复杂系统的计划、决策及其控制实验，主要面向各类制造和物料储运系统的建模与仿真，并可借助于其 Tanks 和 Pipes 等模块，提供对液体和散装材料流等连续系统建模与仿真的支持。

AutoMod 软件的主要特点如下：

(1) 采用内置的模板技术。AutoMod 提供了物流及制造系统中常用的多种建模元素，如各类运载工具、传送带、堆垛机、仓库和自动化仓储系统(AS/RS)等，用来快速地构建各类生产系统的仿真模型。

(2) 具有强大的统计分析工具。在用户定义测量和实验标准的基础上，AutoStat 模块能够自动对 AutoMod 仿真模型进行统计分析，得到诸如生产成本和设备利用率等各类数据及相关的图表。

(3) 提供了灵活的动态场景显示方式。用户通过 AutoView 模块可以实现对场景的定义和摄影机的移动，产生高质量的 AVI 格式动画文件，并且还可以对视图进行缩放或者平移等操作，或使用摄影机对某一个物体(如叉车或托盘)的移动进行跟踪等。

### 5. 其他仿真软件

#### 1) Extend

Extend 是由美国 Imagine That 公司开发的一款通用仿真平台。它基于 Windows 操作系统，采用 C 语言开发，可用于对离散事件系统和连续系统的仿真，主要的应用领域包括半导体电子行业、计算机和通信行业、工业系统、汽车和航空运输、零售业、石油化工和医药、咨询业以及学校和科研机构等。Extend 集成了当代仿真软件的一般特点，如可重复使用的建模模块、终端用户界面开发工具、灵活的自定义报告图表生成机制以及同其他应用系统集成的方法等。

#### 2) ProModel

ProModel 是由美国 ProModel 公司开发的一款用于离散事件系统仿真的软件，也是在美国和欧洲使用最为广泛的系统仿真软件之一。其主要应用领域包括制造系统资源利用率评估、车间生产能力规划、库存控制、系统瓶颈分析、车间布局规划和产品生产周期分析等。ProModel 基于 Windows 操作系统，为用户提供了图形化交互界面，并采用基于规则的决策逻辑，能够准确地建立系统配置及运行过程模型，对系统的动态及随机特性等进行分析。

3) Em-Plant

Em-Plant 是以色列 Tecnomatix 公司开发的一款大型的商业化制造系统建模与仿真软件。它基于面向对象的思想，提供了与生产系统相关的大量模型库和丰富的仿真控制策略。在 Em-Plant 环境下，用户可以实现对生产系统的各项性能指标的分析和优化，如生产率、在制品水平、设备利用率、工人负荷情况和物流顺畅程度等。

除上述产品之外，在生产系统中常用的其他仿真软件还有 Simul 8、Quest 以及 Matlab/Simulink 等。在实际的应用中，需要结合建模与仿真分析的目的、仿真运行的环境要求、供应商支持和产品文档等具体情况，并考虑各类仿真软件的自身特点与功能，来进行合适的选择。

# 5.2　Witness 的工作环境

Witness 的用户界面如图 5.1 所示。

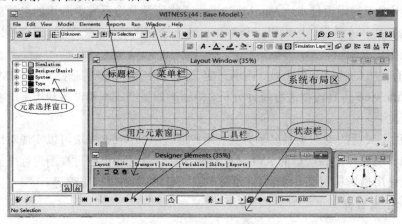

图 5.1　Witness 的用户界面

## 1. 元素选择窗口

元素选择窗口中有五项内容，即 Simulation、Designer、System、Type、System Functions，名项内容的功用如下：

- Simulation——保存当前建立的模型中的所有元素列表。
- Designer——保存当前 Designer Elements 中的所有元素列表。
- System——保存系统默认的特殊地点。
- Type——保存 Witness 系统中可以定义的所有元素类型。
- System Function——保存 Witness 系统中可以定义的所有函数类型。

该窗口的显示和隐藏可以使用菜单命令"View"/"Element Selector"，或者使用 Element 工具栏中的图标按钮 ▤ 。

### 2．状态栏

状态栏位于屏幕的最底部，用于显示某一时刻的工作状态或者鼠标光标位置的工具栏按钮的作用。

### 3．用户元素窗口

系统提供的默认用户元素(Designer Elements)窗口中提供了各种元素的可视化效果的定义，但是在建模过程中，当这些缺省设置并不能很好地表示实际系统时，用户可以在该窗口定义自己的相关元素的名称、可视化效果等，保存后便于日后的使用。定义方法是，鼠标右击页框标题，出现弹出式菜单，利用其中的菜单项"Add New Designer Group"、"Rename Designer Group"、"Delete Designer Group"、"Load Designer Group"可以进行添加新页框、重命名本页框、删除本页框、加载原有设计元素组等操作。向页框中添加自定义元素的步骤一般也分为 Define、Display、Detail 三步。页框的背景色设置可参考系统布局窗口背景色的设置。

### 4．系统布局区

系统布局区也叫系统布局窗口，在布局窗口，设置实际系统构成元素的可视化效果以及它们的二维相对位置，可以清楚地显示实际系统的平面布局图。Witness 共提供了八个窗口，通过这些窗口，仿真项目可以以不同的角度显示其可视化效果。对系统布局窗口的设置主要有三项内容：添加元素、设置窗口名称以及窗口背景色。如何添加元素将在本章最后一部分介绍。窗口名称以及窗口背景色的设置可以通过菜单项"Window"／"Control…"进行，弹出的窗口如图 5.2 所示。

Witness 用户界面(功能实例)如图 5.3 所示。

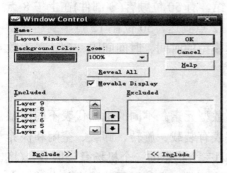

图 5.2　系统布局窗口

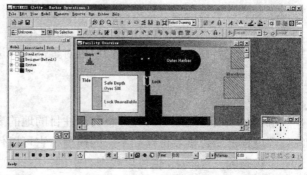

图 5.3　Witness 用户界面(功能实例)

## 5.3　Witness 仿真基础

### 5.3.1　Witness 元素

现实的商务或事物系统总是由一系列相互关联的部分组成的，比如制造系统中的原材料、机器设备、仓库、运输工具、人员、加工路线或运输路线等，服务系统中的顾客、服务台、服务路线等。Witness 软件使用与现实系统相同的事物组成相应的模型，通过运行一定的时间来模拟系统的绩效。模型中的每个部件被称为"元素(Element)"。该仿真软件主要通过如下五类元素来构建现实系统的仿真模型：离散型元素、连续型元素、运输逻辑型元素、逻辑型元素、图形元素。

## 1. 离散型元素

离散型元素是为了表示所要研究的现实系统中可以看得见的、可以计量个数的物体，一般用来构建制造系统和服务系统等，主要包括零部件或实体(Part or Entitie)，机器(Machine)，输送链(Conveyor)，缓冲区或仓库(Buffer)，车辆(Vehicle)，轨道(Track)，劳动者(Labor)，路径(Path)，模块(Module)。

### 1) 零部件

零部件是一种最基本的离散型元素，它可以代表在其他离散型元素间移动的任何事物，如产品、大公司全程处理的项目、电话交流中的一个请求、微型电子元件、超市中川流不息的人、医院中的病人、机场上的行李等等。

在模型中，零部件的使用方法有很多种，可以单独使用零部件，可以将多个零部件组装成一个零部件，也可以将一个零部件分成许多个零部件。零部件可以被同批处理，可在同一时间被批量或单个创建，在模型的处理过程中还可以转变为另一些零部件。

零部件进入模型主要有两种方式。第一种方式是被动式的，只要有需要，零部件可以无限量进入模型。如在生产性企业中，一些零部件堆放在仓库中，当生产需要时，可以随时把它取出来供应生产。第二种方式是主动式的，零部件可以间隔固定的一段时间(如每隔10 min)进入模型；可以按照一定的随机分布进入模型，如顾客到达商店的时间间隔服从均匀分布；也可以以不规则的、独特的时间间隔(如10 min、20 min、30 min)进入模型；还可以以重复的、不规则的方式进入模型，例如，一个餐馆，有50位顾客(零部件)在上午8点到达，10位在上午8:01至11:59到达，50位在中午12点到达，50位在12点半到达等，每星期都如此。在该方式中，我们可以对零部件到达模型的时间、时间间隔、到达最大数量等选项进行设置。

### 2) 机器

机器是获取、处理零部件并将其送往目的地的离散型元素。不同的机器代表不同类型的处理过程。一台机器可建立不同的模型，它可以代表有装载、旋转、卸载、空闲和保养这五个状态的一台车床，也可以代表有空闲、工作、关闭三个状态的一个机场登记服务台(将旅客与他们的行李分开，并发放登记卡)，还可以代表有焊接、空闲和保养三个状态的一个机器人焊接工，等等。

Witness 提供了七类机器来建立不同类型处理过程的模型：① 单处理机(Single)。单处理机一次只能处理一个部件，单输入单输出。② 批处理机(Batch)。批处理机一次能处理多个部件，n 个部件输入，n 个部件输出。③ 装配机(Assembly)。装配机可将输入的多个部件组装成一个组件输出，n 个部件输入 1 个部件输出。④ 生产机(Production)。1 个原部件输入到生产机中能输出许多部件。1 个部件输入，n 个部件输出。例如，单片钢板的切割会得到一些成品和边角料。要注意的是，生产机不仅输出原部件，而且输出带有规定生产数目的部件，如相片的加洗，在复制的最后，得到了需要数目的复制品加原件。⑤ 通用机(General)。在通用机器中输入一批部件，输出的是相同数目或不同数目的一批部件，这个处理过程可能存在单个循环或多重循环。⑥ 多周期处理机(Multiple Cycle)。多周期处理机是一台特殊的通用机器,它模拟机器实行的是经过许多独立的处理周期来完成的一次操作。可以为每个周期指定不同的输入、加工时间和输出数量。⑦ 多工作站机(Multiple Station)。一台多工作站机工作起来就像许多台连接在一起的机器。它有多个不同的部件加工位置,每个部件将依次通过每一个工作站,完成一系列的工序。

3) 输送链

输送链是一种可以实现带传送和滚轴传送的离散型元素。如机场里运送行李的传送带,将卡车车体沿生产线移动的传送装置,将空纸盒送往包装操作环节的滚轴传送装置等等都可以称为输送链。

Witness 提供了两种输送链:① 固定式(Fixed)。这是一种保持部件间距不变的输送链。假如该输送链停了,它上面的部件间的距离仍保持不变。② 队列式(Queuing)。这种输送链允许部件的累积。假如该输送链上的部件被阻塞,部件仍不断地滑向一起,直到这个输送链被塞满。

输送链通常把部件从一个固定点移到另一个固定点,部件从输送链后段进入,并向前移动。我们能确定部件在输送链上的特定位置,并可以将部件装载或卸载到特定的位置。不管是固定式输送链还是队列式输送链都可能发生故障,需要工人来修理。在设计输送链时,可以对它的长度、最大容量、部件移动每单位长度所需的时间等项进行设定。

4) 缓冲区

缓冲区是存放部件的离散型元素。例如,存放即将循环焊接的电路板、即将用于旅行的真空包装食品的储藏区、位于加工区的盛放产品部件的漏斗形容器等等物体都称为缓冲区。

缓冲区是一种被动型元素,既不能像机器元素一样主动获取部件,也不能主动将自身存放的部件运送给其他元素;它的部件存取依靠系统中其他元素主动的推或拉。可利用缓冲区规则,使用另一个元素把部件送进缓冲区或者从缓冲区中取出来。部件在缓冲区内按一定的顺序整齐排列(例如,先进先出,后进先出)。

可以将缓冲区直接与机器相结合,在一台机器中,设置一个输入缓冲区和一个输出缓冲区,这种缓冲区称为专用缓冲区。专用缓冲区不是一种独立的元素,可以在设置机器元素的输入和输出规则时,设置它的输入缓冲区和输出缓冲区。

5) 车辆

车辆是一种离散型元素,用它来建立的装置模型可以将一个或多个部件从一个地点运载到另一个地点。例如,卡车、起重机、铲车。车辆沿着轨道(Track)运动,虽然车辆实际上自身在移动,但却是轨道定义了物理布置图,并包含了使系统运行所需的逻辑理论。

在 Witness 里建立运输系统应按照如下两个步骤进行:

(1) 设计轨道布置图和运载路线。这需要创建所需的轨道和车辆,并且详细说明车辆在轨道之间移动的细节。在这一步不需考虑部件怎样装上车辆或怎样从上面卸载下来。只有将这一步设计好了,才可以进行下一步的工作。

(2) 详细说明所定义的车辆应怎样来满足运输的需要。它有两种方式,可能是被动式的,也可能是主动式的。

6) 轨道

轨道是一种代表车辆运输部件时所遵循的路径的离散型元素。它们也定义了车辆装载、卸载或停靠的地点。

车辆所走的路径是由一系列轨道组成的。每条轨道都是单向的；假如需要一条双向的轨道，只需定义两条线路相同但方向相反的轨道就可以了。车辆在"尾部"(Rear)进入轨道并向"前部"(Front)运动。一旦到达前部，该车辆可以进行装载、卸载或其他的操作。然后它将移动到下一条路线的尾部并开始向那条路线的前面运动。

根据一个车辆的类型来规定它的路径是可行的，所用的方法与根据部件类型来规定它们在元素间的路径是一样的。在仿真运行的开始，所有的车辆沿一条特定轨道进入，这与部件的初次进入类似。

7) 劳动者

劳动者是代表资源(如工具或操作工人)的离散型元素，它一般负责对其他元素进行处理、装配、修理或清洁。如从事精密工作的机器人、一台选矿机或一个固定装置等都是劳动者。

我们通过对特定的劳动者的属性设置来建立同一劳动单位在不同技术水平下的模型。我们可以对各种类型的劳动者设置不同的班次，可以在模型中加入班次的构成，并且用不同的工作方式、休息和加班时期来进行试验。假如另外一个元素要完成更重要的任务，我们可以从元素中撤离劳动者到该元素中。这就是劳动者使用的优先权。

8) 路径

路径是设定部件和劳动者从一个元素到达另一个元素移动路程的离散型元素。在模型中可以用它来代表现实系统中行程的长度和实际路线。

不论何时，当运动时间对于两项操作非常重要时，路径对于提高模型的精确性是特别有用的。在一个制造单元的模型里，一个操作者要控制数台机器的操作，在各台机器之间的走动时间是完成整个任务总时间的重要组成部分。此时，路径就起到了作用。路径还有许多其他的用途，例如，选定仓库储存的应用模型，详细的零售规划的模型，机场或医院的规划等等。

只有在必要时我们才使用路径。假如模型中的元素有很长的周期时间而且它们之间的行程很短，那就不必去增加模型的复杂性了。路径的使用应基于建模对象(如在某些情况下用轨道或车辆代替可能会更合适)。

9) 模块

模块是表示其他一些元素集合的离散型元素。有了模块，在模型内部，就可以建立具有自处理功能的模型。例如，一家工厂的油漆店可能由许多 Witness 的元素构成。我们可以定义一个包括所有这些元素的"PSHOP"模块，然后对这家油漆店以外的其他元素定义一些规则，比如说推入"PSHOP"。

模块的使用有如下几种方式：

(1) 详述模块里的一个处理过程并且重点检查在这个特殊处理过程中的各个元素。

(2) 详述模块里的一个处理过程，但随后将这个模块拆毁，以便于能着重顶层模型的设计。元素从模型到达模块的一个输入点(或元素)，经过模块内适当的元素，然后经由这个模块的一个输出点(或元素)返回模型。

(3) 为模块输入一个近似的周期时间以便能运行整个模型，并随后填充模块里的元素。

假如模块使用一个周期时间，我们也能生成这个模块的报告。

(4) 详述模块里的一个处理过程，将它保存到一个模块文件(*.mdl)中，这个文件包含所有这个模块的信息、元素和图标等，然后把这个文件载入另一个 Witness 模型中。

(5) 在一个模块中可以创建另一个模块，这就是阶层模型。

(6) 可以利用一个特殊的模块结构储存对话框所需元素的数据来建立自己的对话框。

(7) 可以用密码来保护模块。

### 2. 连续型元素

同离散型元素相对应，连续型元素用来表示加工或服务对象是流体的系统，如化工和饮料等，主要包括流体(Fluid)、管道(Pipe)、处理器(Processor)和容器(Tank)。

### 3. 运输逻辑型元素

运输逻辑型元素用于建立物料运输系统，主要包括运输网络(Network)、单件运输小车(Carriers)、路线集(Section)和工作站(Station)。

#### 1) 运输网络

运输网络把一系列的路线集、工作站和单件运输小车组合在一起。我们必须把每一个提供能量的单体元素分配到网络中。网络的建立方式影响着其内部提供能量的单体元素的行为。

运输网络可以分为自动提供能量和路线集提供能量两种类型。如果该网络是自动提供能量型的，则单件运输小车是主动的并推动自身向被动的路线集运动。例如，一个"ROBOT"单件运输小车在"LOAD_TUBE"工作站装载一个"TESTTUBE"部件，沿着一条叫做"SECTION1"的固定路径移动，并且在"UNLOAD_TUBE"工作站把该部件卸下。如果该网络是路线集提供能量型的，路线集的行动类似于附带有铁钩的带传送装置。路线集上的铁钩钩起非活动性的单件运输小车并且把它们带往下一个元素，然后放下这些单件运输小车。最后空钩子绕回路线集的起始处，准备钩起另一个单件运输小车。例如，一个"SCOOP"单件运输小车装载了一个"APPLE"部件，在一个叫做"BELT1"的路线集上把"SCOOP"单件运输小车用铁钩钩起，将它们移动到"BELT1"路线集的尾部，然后把"SCOOP"单件运输小车从铁钩上放下，空铁钩则沿着路线集返回起点。

使用运输网络时应注意以下两点：

(1) 在同一个网络中，只能使用路线集、工作站和单件运输小车。

(2) 网络所应用的类型和班次也被应用于所有配置在该网络中的路线集、单件运输小车和工作站。

#### 2) 单件运输小车

单件运输小车沿着路线集或工作站来运输部件，它的运输方式取决于网络的类型，它可以在两个网络之间移动。

使用单件运输小车时应注意以下七点：

(1) 每个单件运输小车的最大搬运量是一个部件。

(2) 单件运输小车可以从一个网络移动到另一个网络。

(3) 可以在每个网络中使用许多个类型的单件运输小车。

(4) 单件运输小车只有在路线集提供能量的网络中才能跨越式运动。

(5) 一个单件运输小车的入口规则支持"PUSH、PERCENT 和 SEQUENCE"输出规则。

(6) 可以把单件运输小车从一个模块推到另一个模块。

(7) 当定义一个单件运输小车的时候,必须把它配置到网络中。然而,Witness 只有在运行模型的时候才会去检查该搬运工具是否配置到了有效的网络中。

3) 路线集

路线集是一种代表单件运输小车所走路径的提供动力的单体要素。在模型中,路线集是网络的组成部分。

使用路线集时应注意以下三点:

(1) 只有在运行模型时,Witness 才会去检查这个路线集是否配置到了有效的网络中。

(2) 可视规则编辑器不支持路线集连接规则。

(3) 路线集连接规则支持"PUSH,PERCENT,SEQUENCE"输出规则。

4) 工作站

工作站是代表一个点的提供动力的单体元素,该点在路线集的起始或末尾,在这个点上,我们能对单件运输小车或者里面的部件实施操作。工作站的类型共有四种:① 基站(Basic)。当单件运输小车(或单件运输小车上面的部件)进入、离开或在工作站内时,可以对它们进行操作。② 装载站(Loading)。可将部件装入单件运输小车,指派劳动者去协助装载作业,并可以在单件运输小车装载部件的时候实施操作。③ 卸载站(Unloading)。可以从一个单件运输小车里卸载部件,指派劳动者去协助卸载作业,并可以在单件运输小车卸载部件的时候实施操作。④ 停泊站(Parking)。其工作与缓冲区十分相像。它是一个不引起路线集堵塞的可供单件运输小车等待的空间。

使用工作站时应注意以下五点:

(1) 只有运行模型的时候,Witness 才会去检查工作站是否已配置到了有效的网络中。

(2) 可视规则编辑器不支持工作站连接规则,但能利用可视的推、拉规则(如"SEQUENCE"和"PERCENT")去将部件推进或拉出合适的工作站。

(3) 所有工作站类型都支持自有处理法(在进行处理时,单件运输小车与传送装置分离),装载站和卸载站也支持由动力推动的处理方法(单件运输小车在处理的操作中始终与传送装置机构相连)。

(4) 不建议使用"系列"动力工作站,因为装载/卸载操作可能在进入后一个工作站之前没有完成,而且还可能因此产生意想不到的后果。

(5) 工作站连接规则支持"PUSH,PERCENT,SEQUENCE"输出规则。

4. 逻辑元素

逻辑元素是用来处理数据、定制报表、建立复杂逻辑结构的元素,通过这些元素可以提高模型的质量和实现对具有复杂结构的系统的建模。它主要包括属性(Attribute)、变量(Variable)、分布(Distribution)、函数(Function)、文件(File)、零部件文件(Part File)和班次(Shift)。

1) 属性

属性是反映单个部件、劳动者、机器或单件运输小车特性的元素。例如,可以用属性来形容颜色、大小、技能、成本、密度、电压或数列等。

可以在仿真的过程中改变属性的值。例如，一个部件的"颜色"属性的值开始是"灰"，在部件通过了一台"着色"机器之后变成了红色。可以用活动"Action"来设置、检查或改变任何属性的值。Witness 提供了许多能用于部件、劳动者、车辆、机器或者单件运输小车的系统属性，另外，也可以自己定义用于部件、劳动者、车辆、机器或单件运输小车的属性。

Witness 本身已经包含了一些能使用的属性，这些属性叫做系统属性。每个部件、单件运输小车、车辆、机器和劳动者都带有"PEN，ICON，DESC AND TYPE"属性；"CONTENTS AND FLUID"属性用于盛放液体的部件；"STAGE，NSTAGE，R_SETUP AND R_CYCLE"属性则用于部件走的路线。

当创建部件属性时，可以将它分配给 11 个组(0～10 组)中的任何一组，然后在部件详细的属性设置页上，将该组分配给该部件。部件的属性值可以是变量或者常数。

2) 变量

变量包含了一个值(或一系列的值，如这个变量的数量大于 1)。当定义一个变量时，还必须选定它的数据类型，这个数据类型说明了变量所含有的数据类型(整型、实数型、名型和字符型)。

Witness 共有三种类型的变量：

(1) 系统变量。这些变量是系统已经创建好了的(I、M、N、TIME、VTYPE 和 ELEMENT)并且具有特殊意义的变量，它们用于存储仿真中常用的数据。例如，TIME 表示现在的仿真时钟。

(2) 全局变量。全局变量是我们自己利用"Define，Display"和"Detail"过程创建的作为 Witness 元素的变量。

与局部变量比较起来，用全局变量的好处在于：

① 柔性。可以从模型的任何地方检查或更新一个全局变量的值。例如，变量"TOTAL_SHIPPED"变量中包含的值。

② 能生成全局变量的报告，但不能生成局部变量的。

③ 能在模型中显示全局变量和它们的值。

④ 全局变量可以被设定为数组。我们能通过给一个全局变量 1 以上的下标来创建数组(行、列和数据表格)，最多能创建 15 维的数组。

⑤ 能创建一个整型或实数型的变量作为动态变量，这意味着它能容纳多个值。例如，一个动态变量能包含每个部件离开模型的仿真时间。仿真开始时这个变量里没有值，而当第一个部件离开时有了 1 个值，当第二个部件离开时有 2 个值，以此类推。

(3) 局部变量。局部变量是一个我们能够在使用它的活动或函数中创建的变量。局部变量只能是一个数，而不能是带有下标的数组。

局部变量的定义方式为

　　　DIM 变量名{AS 数据类型}{!注释}

如果省略了数据类型的定义，系统赋予变量默认的数据类型为整型(Integer)。用局部变量而不用全局变量的好处在于：

① 安全。局部变量只有在一个行为(Action)或函数执行的时候才存在，所以不可能在

另一个行为(Action)或函数中使用或修改它。例如，变量"TOTAL_SHIPPED"已在一个机器的"Action"中被定义了，直到结束它都只能被那一系列行为更新或读取。

② 快速。当行为和函数使用局部变量而不是全局变量时，它们能被更快地执行。

③ 方便。局部变量在使用它们的行为中被定义了，而不必像全局变量那样要先进行定义。

3) 分布

分布是一个逻辑性元素，我们从"现实世界"搜集数据，并用分布代表模型中具有规律性的变化。例如，假设观察证明某一种特定部件的打磨操作需要 5~10 min，但大部分部件通常是 8.2 min 完成，我们就可以用分布把这些信息引入模型中。

Witness 提供了一些标准分布。其中有一些是将一系列理论分布返回到随机样本的分布。Witness 包含的理论分布曾在很长一段时间内被广泛研究并且被认为在仿真中是最有用的。还有一些是一系列整数和实数的分布。当使用一个标准分布时，必须为其输入一个伪随机数流和参数。

假如没有标准分布适用的情况，或者收集的现实生活中的数据是在未研究领域中的，则需要在 Witness 中建立自己的分布并从中取样。我们能创建整型、实数型和名型的分布，并且它们可以是离散的(从分布中选择实际值)或是连续的(从一串连续值中选择一个值)。

总的来说，假如我们有详尽的现实生活的数据，那就创建自己的分布。如果没有，那么就选择 Witness 提供的最适合的标准分布。

4) 函数

函数是能返回有关模型状态的信息或者使得模型显得更具有真实性的一组命令集合。Witness 提供了大量能直接使用的函数，同时我们也能创建自己的函数。

如下两种情况下创建自己的函数是特别有用的：

(1) 对许多元素使用相同的操作。

(2) 这些行为模块包含了很多说明。

例如，假设在计算一台机器的周期时间时要考虑多种因素，而我们在周期时间表达式中的输入又不能超过一行，在这种情况下就可以创建一个函数，可写任意多行，然后只要把这个函数的名称输入这台机器的周期时间表达式区域即可。

5) 文件

文件是可以使我们从仿真模型外部将数值输入模型(从一个"READ"型文件)或从模型中输出值(到一个"WRITE"型文件)的一个元素。例如，我们能从其他软件生成的文件读入如周期时间这样的值，或者生成适当的报告。

使用文件时应注意以下几点：

(1) 可以用文字处理工具或文本编辑工具(或其他能生成简单 ASCII 文本文件的程序)来创建"READ"文件。在这样的文件中，以"!"符号开头的行被略去不读。不要在仿真运行时对同一个文件进行读和写的操作。

(2) 假如有两个模型在仿真运行，应该保证它们不对同一个文件进行写入操作，但从同一个文件中读出是可行的。

(3) 假如要在运行中检查"WRITE"文件，应该在检查前先把它关掉，这样才能检查到一个完全更新了的文件。

6) 零部件文件

"READ"型零部件文件是从外部数据文件读入零部件清单到模型中去的一个逻辑元素。"WRITE"型零部件文件是将零部件清单写入外部文件的逻辑元素。零部件文件可用于从一个模型中生成输出，然后将其用于另一个模型中。零部件文件对于追溯零部件离开仿真的确切时间和零部件在当时的属性值也是很有用的。

使用零部件文件时应注意以下两点：

(1) 不要在一个仿真运行时对同一个文件进行读和写的操作。

(2) 假如有两个模型在仿真运行，应该保证它们不对同一个文件进行写入操作，但是从同一个文件中读出是可行的。

7) 班次

班次是一个能用来创建一个班次模式或一系列班次模式的逻辑元素，它作用于一连串的工作和非工作时期。其他元素仿真班次工作时可以引用班次模式。班次可以应用于下列元素：

| | | |
|---|---|---|
| 缓冲区(Buffer) | 运输网络(Network) | 输送链(Conveyor) |
| 饼状图(Pie Chart) | 流体(Fluid) | 管道(Pipe) |
| 劳动者(Labor) | 容器(Tank) | 机器(Machine) |
| 时间序列图(Timeseries) | 零部件(Part) | 车辆(Vehicle) |
| 零部件文件(Part File) | | |

我们可以以详细的方式输入包含有班次数据的".sft"文本文件。注意，班次数据不能涉及不存在的次级班次(Sub Shift)。

5. 图形元素

图形元素可以将模型的运行绩效指标在仿真窗口动态地表现出来。它主要包括时间序列图(Timeseries)、饼状图(Pie Chart)和直方图(Histogram)。

1) 时间序列图

时间序列图是以图形方式来画出仿真随时间变化的值，从而表现仿真结果的图形元素。垂直的 Y 轴代表值，水平的 X 轴代表时间。可以选择以下的一种方式来表示 X 轴：

(1) 仿真时间。当一个点在 X 轴上被标注时，一个仿真的时间就被记录下来了。

(2) 表达式。不论何时，只要表达式被求值，一个标注点就被确定下来了，而且标注该点时的仿真时间被记录在 X 轴上。

(3) 24 小时制。X 轴以 24 小时制列出小时数。

(4) 12 小时制。X 轴根据 12 小时制列出小时数。

(5) 8 小时制。X 轴根据 8 小时制列出小时数。

(6) 1 小时制。X 轴以 1、2、3 等列出小时数。

时间序列在预测模型的趋势和周期方面是非常有用的，因为它们提供了给定值的历史数据以及静态的平均值和标准差。

时间序列图类似于一个"Pen Plotter"，它在仿真时标注点。Witness 在给定的时间间隔从模型中"读取"，并且在一个图上"标注点"，在一段时间内建立一系列的值。一旦屏幕上分配给这个时间序列图的空间用完了，这个图形会"翻页"以使新的点可以被标注。虽然 Witness 时间序列的标注点以一条连续的线条显示，但该线条是将各个在仿真时间点收集的值点连接起来的标注点连线。这条连接标注点的线条仅仅说明了值的变化方向。我们可用 7 种不同的颜色来标注 7 个值。

2) 饼状图

饼状图用来在仿真窗口表示仿真结果，显示如何使用一个或一组元素的图形元素。例如，可以用一个饼状图来分块表示一个给定时段的空闲时间、装配时间和工作时间。

3) 直方图

直方图是一种在仿真窗口用竖条式的图形来表示仿真结果的图形元素。在模型中适当的地方可以用"Record"、"Drawbar"、"Addbar"行为在直方图中记下值。

## 5.3.2　Witness 规则

一旦在模型中创建了元素，就必须说明零部件、流体、车辆和单件运输小车的流动以及劳动者的分配状况，这就要用到规则。

Witness 有几类不同的规则，包括输入规则(Input Rules)、输出规则(Output Rules)和劳动者规则(Labor Rules)。

可以利用可视化规则对话框输入简单的规则，并且在模型窗口中显示流动方向；或者通过使用规则编辑器输入更复杂的规则。

### 1. 输入规则

输入规则控制零部件或者流体在系统中的流动过程，包括装载和填入规则。例如，一台空闲机器若要启动，则会按照输入规则输入零部件直到有足够的零部件启动它；一台尾部有空间的输送链在每向前移动一个位置时，按照输入规则输入零部件。

可以通过以下几种方法输入零部件或者流体：

(1) 具有相同名称的一组元素。

(2) 一组元素中的一种特殊的元素(需要指定那种元素的下标)。

(3) 在模型外的一个特定的位置(WORLD)中得到零部件或流体元素。

设定输入规则的方法主要有两种：

(1) 通过元素细节(Detail)对话框中的"FROM"按钮首先选中对象，然后双击鼠标左键，在弹出式 Detail 对话框中的 General 页中，点击该按钮就显示出输入规则编辑器。

(2) 使用可视化输入规则按钮。首先选中对象，然后点击 Element 工具栏上的"Visual Input Rules"图标 ，将会显示如图 5.4 所示的输入规则对话框，然后进行输入设定。

图 5.4　输入规则对话框

通过以上两种方法设定了元素的输入规则后，都会使得元素 Detail 对话框 General 页

中的"FROM"按钮下方显示出元素当前的输入规则的名称。当创建一个元素的时候,Witness
会自动给它一个默认的规则——WAIT,表示它不能接收零部件或者流体。为了规定零部件
和流体通过模型时的路线,我们必须用一个其他的规则来代替 WAIT 规则。

要注意的是,在设定输入规则之前要先弄清楚零部件、流体、车辆和单件运输小车在
模型中的路径,不能把它们弄反了。举例来说,不能在元素 A 向元素 B 输入零部件的同时,
元素 B 也向元素 A 输入零部件。另外,还可以考虑使用零部件路线(ROUTE)来控制它们通
过模型的路线。

Witness 提供的可以在输入规则中使用的命令有 BUFFER、FLOW、LEAST、MATCH、
MOST、PERCENT、PULL、RECIPE、SELECT、SEQUENCE、WAIT。

### 2. 输出规则

输出规则控制着当前元素中的零部件、流体、车辆和单件运输小车输出的目的地和数
量等,包括连接、卸载、空闲、单件运输小车进入、车辆进入和缓冲区退场管理。例如,
一台机器在完成对零部件的加工后按照一个输出规则将零部件输出到另一台机器上。如果
它出了故障而不能这样做,将会出现堵塞现象;当一个零部件到达一个有输出规则的输送
链前方时,输送链将把零部件输出,如果输送装置由于故障不能将零部件输出,将会出现
堵塞(固定输送链)或者排长队(队列式输送链);车辆到达有输出规则的轨道前方的时候,轨
道把车辆输送到另外一个轨道上,要是轨道输送失败,路线将会堵塞;一台有输出规则的
处理器完成对流体的处理后,把流体输出;一个单件运输小车到达一个有输出规则的路线
集的时候,路线集输出它到下一路线集。

可以输出零部件或者流体到:① 具有相同名称的一组元素;② 一组元素中的一种特
殊的元素(指定该元素的下标);③ 模型外的一个特定的位置(SHIP、SCRAP、ASSEMBLE、
WASTE、CHANGED、ROUTE 或者 NONE)。

设定输出规则的方法主要有两种:

(1) 通过元素细节(Detail)对话框中的"To…"按钮首先选中对象,然后双击鼠标左键,
在弹出式 Detail 对话框中的 General 页中,点击该按钮就显示出输出规则编辑器。

(2) 使用可视化输出规则按钮。首先选中对象,然后点击 Element 工具栏上的"Visual
Output Rules"图标,将会显示如图 5.5 所示的输出规则对话框,然后进行输出设定。

图 5.5　输出规则对话框

元素 Detail 对话框 General 页中的"To…"按钮的下方,Witness 会显示元素当前的输
出规则的名称。当创建一个元素的时候,Witness 会自动给它一个默认的规则——WAIT,
表示它没有传送零部件或者流体到其他元素的规则。为了规定零部件和流体通过模型时的
路线,必须用一个其他的规则来代替 WAIT 规则。

与输入规则类似,设置输出规则时,同样应先搞清楚零部件、流体、车辆和单件运输
小车的流动路线,也可考虑使用零部件路线记录来控制它们通过模型的路线。

Witness 提供的可以在输出规则中使用的命令有 BUFFER、CONNECT、DESTINATION、FLOW、LEAST、MOST、PERCENT、PUSH、RECIPE、SELECT、SEQUENCE、WAIT。

### 3. 劳动者规则

#### 1) 劳动者规则概述

机器、输送链、管道、处理器、容器、路线集和工作台都需要劳动者才能完成任务。劳动者规则可以让详细说明实体元素为完成任务所需要的劳动者类型和数量。可以通过创建劳动者规则来完成的任务有：调整机器，并为它设定时间周期或修理它；修理输送链；帮助流体通过管道，并且做好清洁、清洗和修理的工作；帮助处理器处理流体，并且做好填入、清空、清洁和修理工作；帮助流体通过管道，或做修理工作；修理各种类型的工作站，在行为站做好进入、处理、退出动作，在装载(卸载)站做好装载(卸载)工作，在停靠站做好停靠工作；修理路线集。

可以使用元素细节对话框进入劳动者规则。如果一个元素需要劳动者，点击元素细节对话中的相应按钮。一个细节对话框可能包含几种劳动者规则按钮。例如，一台机器就有装配、循环、修理几种劳动者规则。劳动者规则按钮旁边如果有打钩的标记，则表明已经为这项工作建立了劳动者规则；如果有打叉的标记，则表示没有为这个工作建立劳动者规则。点击劳动者规则按钮后，弹出规则编辑器，在这里可以输入劳动者规则。

可以使用"Visual Labor Rules" 按钮来输入劳动者规则，但要注意在使用元素的劳动者规则之前，必须建立 Labor 元素。输入劳动者规则最简单的方法是在元素的 Labor 规则编辑框中输入需要的劳动者元素的名称。例如，如果一台机器需要一个操作者处理零部件，只需要输入 OPERATOR 作为劳动者规则就可以了，当然先要定义一个 Labor 元素，其名称为 OPERATOR。

#### 2) 三种劳动者规则

可以使用如下三种劳动者规则，当然，有时也可将这三种劳动者规则结合起来使用。

(1) NONE 规则。

在某种情况下，当元素不需要劳动者时，可以在劳动者规则中使用 NONE 规则。例如，当一个元素完成某项任务不需要劳动者时，则不需要输入任何规则。该规则经常用在 IF 条件语句中，例如：

```
IF JOB_TYPE = RIBBON
    KNOTTER
ELSE
    NONE
ENDIF
```

在这个例子中，包装机包装两种不同类型的巧克力箱：一种是有带子的，一种是没有带子的。机器包装没有带子的巧克力箱时，不需要劳动者；包装有带子的巧克力箱时(JOB_TYPE= RIBBON)，需要进行打结的劳动者 KNOTTER。劳动者规则指示机器，当遇到有带子的巧克力箱时，获取劳动者；当遇到无带子的巧克力箱时，不获取劳动者。这里，如果我们使用"WAIT"规则而不是"NONE"规则，则只要无带子的巧克力箱一进入，机器就会阻塞。

(2) MATCH 规。

在 Witness 中，既可以用 MATCH 规则作为输入规则来输入一系列相匹配的零部件或者劳动力单位到机器，也可以用它来作为劳动者规则，设定某一元素，匹配完成某项工作所需的劳动力单位数。

MATCH 规则的语法如下：

MATCH/QUALIFIER Location1 {#(Qty)} {[AND | OR] Location2 {#(Qty)}} {...}

其中，关于 QUALIFIER 的设置在后面我们将会详述，Location 取决于我们是将 MATCH 规则作为机器的输入规则还是作为劳动者规则，#(Qty)是指 MATCH 规则从 Location 中所选的元素的数量。这是一个整型表达式。如果不具体说明匹配的数量，则 Witness 的默认数量为 1。

● 作为机器的输入规则的语法如下：

{Part_Name{FROM}}Location_Name{(Index_Exp)}{At Position_Exp}{With Labor_Name{#Labor_Qty}} {USING PATH}

其中，Part_Name 是指模型中零部件的名称。Location_Name 是指元素输入或输出零部件的地方，它可能是个名字表达式或模块的名称。如果发送零件的元素数量大于 1，我们可以细节说明一组元素中的哪一个用来发送该零件。Index_Exp 是一个含有括号的整数表达式，如果 Location_Name 是 Packing，则 Packing(3)表示第三台包装机，如果不使用 Index_Exp，规则从一组元素中的任何一个元素输入零部件。如果发送或者接收的零部件是输送链，则可以从特殊的位置输入或输出零部件。Position_Exp 是一个包含有输送链位置号的整型表达式，如果不使用该表达式，则 Witness 从输送链的后方输入零部件(或输出零部件到后方)。With Labor_Name 是模型中要求与机器项目匹配的劳动单位的名称。#Labor_Qty 是指被细节说明的与机器项目相匹配的劳动者数量。USING PATH 指定相匹配的项目从前一地点输入机器时使用一条路径。

● 作为劳动者规则的语法如下：

{Labor_Name} { (Index_Exp) } {USING PATH}

其中，Labor_Name 指模型中劳动者的名称。

语法结构中的限定词是如下几种之一：

① ANY 元素选择列出地点的任一个。

② ATTRIBUTE Attribute_Name{(Attribute_Index_Exp)}。

ATTRIBUTE 指元素具有特殊属性值的地方(如 Size=10)；Attribute_Name 是指系统属性的名字或是自己创建的属性的名字；Attribute_Index_Exp 是一个供选择的属性目录，它由一个整数表达式组成。如果使用目录，规则使用一组同类属性中的一种特殊的属性；如果不使用目录，规则使用一组同类属性中的任一种属性。

③ CONDITION Condition。

CONDITION 指元素的一般属性符合某种条件的地方；Condition 是一个条件，如 Size>10。

下面是有关 MATCH 作为机器的输入规则的例子：

【例 5.1】 MATCH/ANY Clock Store(1) #(2) AND Box Store(2) #(1)

在这个例子中，MATCH 规则从第一个 Store 元素中取出任意 2 个钟表零部件，再从第二个 Store 元素中取出 1 个盒子零部件，并把它们一起输入到机器中。

【例 5.2】 MATCH/ATTRIBUTE Color Chassis_Buff # (1) AND Door_Buff # (4)

在这个例子中，MATCH 规则从 Chassis_Buff 缓冲区中取出 1 个零部件，再从 Door_Buff 缓冲区中取出 4 个与之颜色属性相同的零部件，并把它们输入到机器中。

【例 5.3】 MATCH/CONDITION Size>10 Store_A #(7) OR Store_B #(7)

在这个例子中，MATCH 规则从 Store_A 缓冲区中取出 7 个 Size 属性值大于 10 的零部件或者从 Store_B 中取出 7 个 Size 属性值大于 10 的零部件，并将它们输入机器。

【例 5.4】 MATCH/ANY Help_Desk_Call #(1) AND Support_Engineer #(1)

在这个例子中，MATCH 规则使用一个 Support_Engineer 劳动者从 Help_Desk_Call 缓冲区取出 1 个零部件。

【例 5.5】 MATCH/ANY Clock Store(1) WITH Worker(1) USING PATH#(2) AND Box Store(2) #(1)

在这个例子中，MATCH 规则从第二个 Store 元素中取出一个盒子零部件，并且使用劳动者元素 Worker(1)从第一个 Store 元素中取出任意两个钟表零部件沿着适当的路径移动，并把它们一起输入到机器中。

下面是 MATCH 作为劳动者规则的例子(假设是机器加工，需要人员辅助)：

【例 5.6】 MATCH/ANY (Joe #(2) AND Fred #(1)) OR (Bill # (2) AND Tom #(1))

在这个例子中，MATCH 规则设定如果有两个 Joe 劳动者与 1 个 Fred 劳动者同时可以使用，或者 2 个 Bill 劳动者与 1 个 Tom 劳动者同时可以使用，就使用一组进行辅助操作。

【例 5.7】 MATCH/ATTRIBUTE Team_No Doctor # (1) AND Nurse # (2)

在这个例子中，如果有 Team_No 属性相同的 1 个 Doctor 劳动者与 2 个 Nurse 劳动者同时可用，就使用他们 3 个进行辅助操作。

【例 5.8】 MATCH/CONDITION Skill>5 Fitter # (1) OR Foreman # (2)

在这个例子中，任意 1 个 Skill 属性值大于 5 的 Fitter 劳动者可以辅助机器操作，或者任意 2 个 Skill 属性值大于 5 的 Foreman 劳动者可以辅助机器进行操作。

【例 5.9】 MATCH/ANY Fitter #(5) AND Foreman#(1) USING PATH

在这个例子中，MATCH 规则通过特定的路径匹配任意 5 个 Fitter 劳动者与任意 1 个 Foreman 劳动者来辅助机器进行操作。

(3) WAIT 规则。

① WAIT 规则定义一个元素如何等待。每一个元素的输入/输出规则在默认的情况下都设为 WAIT 规则。为了指明模型中零部件的走向，我们必须用其他规则来替代它。

在 IF 语句中，劳动者规则非常有用。例如：

    IF NPARTS (Widget_Buffer) < 50
        PUSH Widget to Widget_Buffer
    ELSE
        WAIT
    ENDIF

在这个机器的输入规则的例子中，如果缓冲区 Widget_Buffer 中的零部件少于 50 个，则机器把 Widget 零部件推入缓冲区；如果 Widget_Buffer 中的零部件不少于 50，则机器等待，直到缓冲区内的零部件数少于 50。

② WAIT 规则的语法如下，它没有其他的参数。

(i) WAIT 的输入规则。WAIT 的输入规则指的是元素等待，直到元素输入零部件或者流体到其中。下列元素可以用 WAIT 作为输入规则：

| | |
|---|---|
| 机器(Machine) | 输送链(Conveyor) |
| 轨道(Track) | 管道(Pipe) |
| 容器(Tank) | 处理器(Processor) |
| 工作站(Station) | 路线集(Section) |

(ii) WAIT 的输出规则。WAIT 的输出规则指的是元素等待，直到其中的零部件或流体被取出。如果没有其他元素从中将它的零部件取出，元素将会永远被阻塞。以下元素可以用 WAIT 作为输出规则：

| | |
|---|---|
| 零部件(Part) | 车辆(Vehicle) |
| 缓冲区(Buffer) | 机器(Machine) |
| 输送链(Conveyor) | 单件运输小车(Carriers) |
| 轨道(Track) | 零部件文件(Part File) |
| 流体(Fluid) | 管道(Pipe) |
| 容器(Tank) | 处理器(Processor) |
| 工作站(Station) | 路线集(Section) |

(iii) WAIT 的劳动者规则。WAIT 的劳动者规则指的是元素等待，直到劳动者有效。以下元素可用 WAIT 作为劳动者规则：

| | |
|---|---|
| 机器(Machine) | 输送链(Conveyor) |
| 行为站(Action Station) | 容器(Tank) |
| 处理器(Processor) | 停靠站(Parking Station) |
| 管道(Pipe) | 装载站(Loading Station) |
| 卸载站(Unloading Station) | |

【例 5.10】 Two_Ton#1　OR　One_Ton#2

这个例子展示了劳动者作为工具或者资源来使用的情况。元素需要 1 个 Two_Ton 工具或者 2 个 One_Ton 工具来完成任务，它将按照列表中的次序来选择劳动者，所以元素将会首先选择前者。

【例 5.11】 Operator OR NONE

元素需要一个操作者去执行任务，要是没有操作者可供选择，Witness 允许在没有操作者的情况下继续执行任务。

【例 5.12】 Novice　AND　Automatic　OR　Expert　AND　Manual

这个例子把操作者作为一种资源或者一个工具来使用。元素需要一个初学者和一个自动工具或者一个专家和一个手动工具一起才能完成任务，它将按照列表中的次序来选择劳动者，所以元素将会首先选择前者。

【例 5.13】

IF NPARTS (Packing (1)) < 3

```
        NONE
ELSEIF NPARTS (Packing (1)) < 9
        Operator AND Pack_Tool
    ELSE
        Operator#2 AND Pack_Tool#2 OR Robot
    ENDIF
    ENDIF
```

如果第一个包装机的零部件的数目小于 3，元素不需要劳动者。如果第一个包装机的零部件的数目少于 9，但是大于 3，元素需要 1 个单位的 Operator 劳动者和一个 Pack_Tool 工具去执行任务。如果零部件的数目等于 9 或者更多，元素就需要 2 个单位的 Operator 劳动者和 2 个单位的 Pack_Tool 工具，要是劳动者和工具不能被提供，那么用 Robot 来代替。

### 5.3.3  Witness 程序设计基础

#### 1. 变量类型

Witness 提供了四种类型的变量，用来进行数据处理。它们是整型、实型、名型、字符型。

1) 整型

整型(Integer)变量用来存储不包含小数点部分的数字，在 Witness 中，可以是 –2 147 483 648 到 +2 147 483 647 之间的整数。

使用整数变量能够比较精确地存储数据，并且处理速度比实数更快。但是由于整数的"循环"性，可能会使得它们过大或过小。例如：

$$2\ 147\ 483\ 647 + 1 = -2\ 147\ 483\ 648$$
$$-2\ 147\ 483\ 647 - 2 = 2\ 147\ 483\ 647$$

2) 实型

实型(Real)变量可以存储由数字(0~9)、小数点和正负号组成的数据，范围为(3.4E–38, 3.4E+38)。

3) 名型

名型(Name)变量用来存储 Witness 仿真系统组成元素的名称。例如：

Widget

Miller(3)

注：函数、数值型变量和数值型属性不能够存储为名型数据。

4) 字符型

字符型(String)变量用来存储不具有计算能力的字符型数据。字符型数据是由汉字和 ASCII 字符集中的可打印字符(英文字符、数字字符、空格以及其他专用字符)组成，长度范围是 0~4095 个字符。

5) 字符运算符

字符运算符有 =、+、= 三种，各自的作用如下：

= ——比较前后两个字符串是否相同。

+ ——连接两个字符串。

= ——对字符型数据赋值。

如果连接操作得出的字符型数据长度超出长度范围，Witness 显示出错信息。

6) 特殊用途字符串

字符型数据可以存储任何键盘上的字符。反斜线字符(\)是一个特殊的字符。

\" ——向字符串中引入一个引号( " )。引号标识字符的结束。

\\ ——向字符串中引入一个反斜线( \ )。

\n ——向字符串中引入换行符。

\r ——向字符串中引入回车。

\t ——向字符串中引入 8 个空格(TAB)字符。

\f ——向字符串中引入走纸字符。如果是打印(PRINT)操作，交互窗口被清空；如果是写(Write)操作，将另起一页进行写入。

**2. 运算符及表达式**

1) 算术运算符

算术运算符用来构成算术表达式，进行数值型数据的处理。算术运算符和表达式实例如表 5.1 所示。

**表 5.1　算术运算符及实例**

| 运算符 | 功　能 | 表达式 | 表达式值 |
| --- | --- | --- | --- |
| ** | 乘方 | 2**8，5**2 | 256，25 |
| *，/ | 乘，除 | 36*4/9 | 16 |
| +，− | 加，减 | 5＋6－7 | 4 |

在进行算术表达式的计算时，要遵循以下优先顺序：先括号，若在同一括号内，则先乘方、再乘除、后加减。

2) 关系运算符

关系运算符用来构成关系表达式，关系运算是运算符两边同类元素的比较，关系成立结果为真(T)；反之，结果为假(F)，如表 5.2 所示。

**表 5.2　关系运算符及表达式实例**

| 运算符 | 功　能 | 表达式 | 表达式值 |
| --- | --- | --- | --- |
| <> | 不等于 | 15<>20 | T |
| > | 大于 | 5>8 | F |
| < | 小于 | 8+4<10 | F |
| <= | 小于等于 | 12<=3*4 | T |
| >= | 大于等于 | 16>=20 | F |

3) 逻辑运算符

逻辑运算符用来构成逻辑表达式。逻辑表达式可与关系表达式一起组成满足 IF、

WHILE 语句的判断条件，如表 5.3 所示。

**表 5.3　逻辑运算符及表达式实例**

| 运算符 | 功　能 | 表达式 | 表达式值 |
|---|---|---|---|
| NOT | 逻辑非 | NOT 3+5>6 | F |
| AND | 逻辑与 | 3+5>6 AND 4*5=20 | T |
| OR | 逻辑或 | 6*9<45 OR 7< >8 | T |

4) 转换运算符

转换运算符主要有两种：

(1) &——将整数转换为英文字母。

如果变量值为 1，则返回 "A"；如果变量值为 2，则返回 "B"；以此类推，当变量值为 26 时，则返回 "Z"。如果变量值大于 26，将进行循环，如果变量值为 28，则返回 "B"。

如果变量值为 –1，则返回 "a"；如果变量值为 –2，则返回 "b"；以此类推，当变量值为 –26 时，则返回 "z"。如果变量值小于 –26，将进行循环，如果变量值为 –28，则返回 "b"。

(2) @——将数值型数据转换为字符型数据。

例如：DESC= "P" +@VAR1(此时数值型变量 VAR1 = 56)，则 DESC = P56。

**3. 程序的三种基本结构**

1) 顺序结构

顺序结构是在程序执行时，根据程序中语句的书写顺序依次执行的命令序列。Witness 系统中的大多数命令都可以作为顺序结构中的语句。

2) 分支结构

分支结构是在程序执行时，根据不同的条件，选择执行不同的程序语句，用来解决有选择、转移的诸多问题。

分支结构有单向分支和多向分支之分。

● 单向分支，也叫简单分支结构。其语法结构如下：

　　IF 〈条件表达式〉

　　〈命令行序列〉

　　ENDIF

该语句首先计算〈条件表达式〉的值，当〈条件表达式〉的值为真(T)时，执行〈命令行序列〉；否则，执行 ENDIF 后面的命令。

● 多向分支，也叫复杂分支结构。其语法结构如下：

　　IF 〈条件表达式 1〉

　　〈命令行序列 1〉

　　ELSE

　　〈命令行序列 2〉

　　ENDIF

该语句首先计算〈条件表达式 1〉的值，当〈条件表达式 1〉的值为真时，执行〈命令行序列 1〉中的命令；否则，执行〈命令行序列 2〉中的命令；执行完〈命令行序列 1〉或

〈命令行序列 2〉后都将执行 ENDIF 后面的第一条命令。

使用分支语句应注意以下几点：

(1) IF…ENDIF 必须配对使用。

(2)〈条件表达式〉可以是各种表达式或函数的组合，其值必须是逻辑值。

(3)〈命令行序列〉可以由一个或多个命令组成，也可以是条件控制语句组成的嵌套结构。

【例 5.14】

```
    IF (Water_Level >= 0) AND (Water_Level <= 5)
        PRINT "The level in the water tank is low"
    ELSEIF (Water_Level > 5) AND (Water_level <= 10)
        PRINT "The level in the water tank is normal"
    ELSE
        PRINT "The level in the water tank is high"
    ENDIF
```

这段程序是用来检测容器中水位的。变量 Water_Level 记录容器的水位，当水位在 [0，5]之间时，在交互窗口(Interact Box Window)中打印出“The level in the water tank is low”语句，提醒水位较低；如果第一个条件不满足，判断第二个条件表达式，看水位是否在 (5，10]之间，若表达式为真，在交互窗口中打印出“The level in the water tank is normal”语句，提醒水位正常；当条件二也不满足时，唯一的一种情况就是水位高于 10 了，此时在交互窗口中打印出“The level in the water tank is high”语句，提醒水位超高了。

3) 循环结构

循环结构允许有限次重复执行某一特定的程序。

(1) 计数型循环。

计数型循环的语法结构如下：

```
    FOR〈循环变量〉=〈循环变量初值〉TO〈循环变量终值〉[STEP〈循环变量步长〉]
        〈命令行序列〉

    NEXT
```

参数说明：

循环变量——一般情况下为整型变量，并且其数量为 1，即不是数组。

循环变量初值、循环变量终值——数值型常量、变量或表达式。

循环变量步长——每次步进的长度，可以为整数，也可以为负数；缺省时为 1。

语句功能：该语句用〈循环变量〉来控制〈命令行序列〉的执行次数。执行语句时，首先将〈循环变量初值〉赋给〈循环变量〉，然后判断〈循环变量〉是否大于或小于〈循环变量终值〉，若结果为“真”，则结束循环，执行 NEXT 后面的第一条命令；否则，执行〈命令行序列〉，〈循环变量〉自动按〈循环变量步长〉增加或减少，再重新判断〈循环变量〉当前的值是否大于或小于〈循环变量终值〉，直到其结果为真。

【例 5.15】

```
    Number_Found = 0
```

```
FOR Buffer_Index= 1 TO NPARTS (Store(1))
    IF Store (1) AT Buffer_Index: Color = Red
    Number_Found = Number_Found + 1
    ENDIF
NEXT
```

这段程序用来统计缓冲区 Store(1)中颜色为红色的部件的数量。变量 Number_Found 用来统计红色部件的数量，开始时被置零。Buffer_Index 是循环变量。NPARTS(Store(1))函数计算出缓冲区 Store(1)中的部件数量。IF 分支用来判断 Store(1)中排于第 Buffer_Index 位置的部件的属性 Color 是否等于"Red"，如果为真，统计变量 Number_Found 自动加 1；如果为假，则执行 ENDIF 后面的语句。执行完成一次 IF…ENDIF 语句后，则循环变量自动加 1，然后判断循环变量是否大于循环变量终值，如果为假，再执行 IF 语句；如果为真，结束循环，执行 NEXT 后面的程序，循环结束。

(2) "当"型循环。

"当"型循环语法结构如下：

```
WHILE 〈条件表达式〉
    〈命令行序列〉
ENDWHILE
```

注：ENDWHILE 可以缩写为 END。

语句功能：当〈条件表达式〉为真时，一直执行〈命令行序列〉，直到〈条件表达式〉为假，循环结束。

【例 5.16】

```
WHILE NPARTS (STOCK) > 90
    PRINT"Warning! The STOCK buffer is nearly full. "
ENDWHILE
```

该段程序实现当缓冲区 STOCK 中的部件数量大于 90 时，在交互窗口发出提醒信息 "Warning! The STOCK buffer is nearly full."。

使用循环语句时应注意以下两点：

① WHILE 和 ENDWHILE、FOR 和 NEXT 必须配对使用。

②〈命令行序列〉可以是任何 Witness 中的命令或语句，也可以是循环语句，即可以嵌套为多重循环。

### 5.3.4 Witness 常用系统函数

Witness 作为仿真平台，它的一个很重要的特点就是提供了丰富的系统函数。这些系统函数既有与元素有关的，又有与操作数据库有关的，还有大量的数学函数。由于系统函数的存在，使得在 Witness 环境下编写程序极为方便。

#### 1. 数学函数

数学函数常用来处理仿真过程中产生的数据，主要有 Abs( )、Amax( )、Amin( )、Max( )、Min( )、Sin( )、Cos( )、Ex( )、Ln( )、Log( )、Mod( )、Round( )和 Trunc( )等函数。

(1) Abs( )函数。

功能：该函数用来求某一实数的绝对值。

语法结构：

    Abs(real_number)

返回类型：返回实数型。

参数说明：

real_number——实数型。

(2) Amax( )函数。

功能：该函数用来求某一系列实数的最大值。

语法结构：

    Amax(real_number1，real_number2，…，real_numbern)

返回类型：返回实数型。

参数说明：

real_number1，real_number2，…，real_numbern——实数型。

注：与函数 Amax( )对应，函数 Amin( )用来求一系列实数的最小值。

## 2. 转换函数

转换函数常用来转换变量类型、求某一字符串的子串、字符串长度及大小写转换等。

(1) Chr( )函数。

功能：该函数用于求某一 ASCII 码对应的字符。

语法结构：

    Chr(integer_number)

返回类型：返回字符串型。

参数说明：

integer_number——整数型。

【例 5.17】

    Chr(67) 返回字符 "C"

(2) Float( )函数。

功能：该函数用来将某一整数转化为实数。

语法结构：

    Float (integer_number)

返回类型：返回实数型。

参数说明：

integer_number——整数型。

(3) Str( )函数。

功能：该函数用来将某一实数或整数转化为字符串型。

语法结构：

    Str (real_number or integer_number)

返回类型：返回字符串型。

参数说明：

real_number——实数型或整数型。

(4) Strstr( )函数。

功能：该函数用来返回 string_b 在 string_a 的第一个位置数。

语法结构：

    Strstr(string_a, string_b)

返回类型：返回整数型。

参数说明：

string_a——字符串型。

string_b——字符串型。

【例 5.18】

Strstr("You are welcome! ", "welcome! ") 返回整数值 9

(5) Leftstr( )函数。

功能：该函数将某一字符串返回指定个数的字符(从左边开始)。

语法结构：

    Leftstr(string，num_of_chars)

返回类型：返回字符串类型。

参数说明：

string——字符串型。

num_of_chars——整数型。

【例 5.19】

    Leftstr("You are welcome! "，7) 返回字符串"You are"

注：同函数 Rightstr( )将某一字符串返回指定个数的字符(从右边开始)。

### 3. 模型交互对话函数

交互对话函数主要有 Msgdlg( )、Inputdlg( )、Combodlg( )等，运行这些函数会弹出一对话窗口，此时用户可与模型进行交互。

(1) Msgdlg( )函数。

功能：该函数用来产生一消息框。

语法结构：

    Msgdlg(title, icon_id, dialog_text, button_text, default_button)

返回类型：返回整数型。

参数说明：

title——字符串型，用来产生信息框的标题。

icon_id——整数型，用来标记信息框的类型。若 icon_id=0，则信息框无任何图标；若 icon_id=1，则信息框的图标为"Stop"型；若 icon_id=2，则信息框的图标为"Question"型；若 icon_id=3，则信息框的图标为"Warning"型；若 icon_id=4，则信息框的图标为"Information"型。

dialog_text——字符串型，信息框中要显示的文本。

button_text——字符串型，信息框中按钮的显示文本。

一个消息框中至多有 4 个按钮，每个按钮的文本用"｜"分隔开，按钮的文本不超过 24 个字符，按钮文本显示在其中央，若采用加速键则在按钮文本前加" & "。

default_button——整数型，用来设置按钮的默认值。若 default_button=1，则默认第一个按钮；若 default_button=2，则默认第二个按钮；若 default_button=3，则默认第三个按钮。

【例 5.20】

Msgdlg("Chang the path"，2，"Do you want to chang the path"，"&Yes|&No"，1)此语句运行后，会弹出下列消息框，如图 5.6 所示。

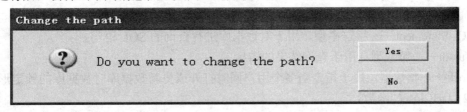

图 5.6    消息框

(2) Inputdlg( )函数。

功能：该函数用来产生用户可进行编辑的交互窗口。

语法结构：

Inputdlg(title, dialog_text, field_default，field_width，type_id)

返回类型：返回字符串型。

参数说明：

title——字符串型，用来产生交互窗口的标题。

dialog_text——字符串型，产生交互窗口中的要进行编辑的提示信息。

field_default——字符串型，在交互窗口中要输入的默认值。

field_width——整数型，在交互窗口中要输入的文本的宽度。

type_id——整数型，在交互窗口中要输入的类型。若 type_id=1，则应该输入字符串型；若 type_id=2，则应该输入整数型；若 type_id=3，则应该输入实数型。

【例 5.21】

Inputdlg("Number of Machine"，"Please input the number of machine! "，"2"，5，1)此语句运行后，会弹出如图 5.7 所示的可编辑的交互窗口。

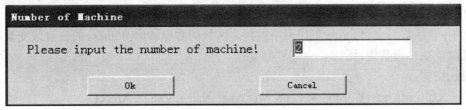

图 5.7    可编辑的交互窗口

### 4. 数据库函数

数据库函数主要用于数据库的打开与关闭、记录指针的移动、数据的添加、删除、更改和处理后信息的反馈等。

(1) DBOpen( )函数。

功能：该函数用来根据 ODBC 数据源及 SQL 语句对数据库进行查询。

语法结构：

    DBOpen (Datasource，UserId，Password，SQLStatement，Cursor，Lock)

返回类型：返回整数型。

参数说明：

Datasource——字符串型，用于指定查询的数据源。

UserId——字符串型，用于登录数据源的用户 ID。

Password——字符串型，用于登录数据源的用户密码。

SQLStatement——字符串型，用于对数据库进行查询的 SQL 语句。

Cursor——整数型，用于查询结果的游标。

Lock——整数型，用于指定当多个用户同时打开或更新数据库时数据库的锁定形式。

(2) DBClose( )函数。

功能：该函数用来关闭用函数 DBOpen( )打开的数据库。

语法结构：

    DBClose(handle)

返回类型：返回整数型，若成功关闭，则返回 1，否则返回 0。

参数说明：

handle——整数型，用于指定要关闭的数据库的句柄，该句柄来自于函数 DBOpen( )。

(3) DBAdd( )函数。

功能：该函数用来向打开的数据库添加记录，并且使记录指针指向当前记录。

语法结构：

    DBAdd (handle)

返回类型：返回整数型，若成功添加记录，则返回 1，否则返回 0。

参数说明：

handle——整数型，用于指定要关闭的数据库的句柄，该句柄来自函数 DBOpen( )。

### 5. Excel 函数

由于 Excel 对数据的处理十分方便，因此，Witness 提供了与 Excel 进行交互的许多函数，其中用的比较多的是 XLReadArray( )函数和 XLWriteArray( )函数。

(1) XLReadArray( )函数。

功能：该函数用来将 Excle 工作表中的特定区域的数据读给 Witness 的变量或变量数组。如果读取成功，该函数返回 1，否则返回 0。

语法结构：

    XLReadArray(WorkbookName, WorksheetName, Range, Array)

返回类型：返回整数型。

参数说明：

WorkbookName——字符型，指定包含需要数据的工作簿名称及其路径。

WorksheetName——字符型，指定包含数据的工作表的名称。

Range——字符型，指定包含数据的工作表中的区域。

Array——名型，指定将读取的数据赋予的变量的名称。

【例 5.22】

　　　XLReadArray("\\XLLinks.xls"，"InputData"，"$D$6：$D$8"，CycleTime)

此语句的作用是将与模型在同一路径下的工作簿 XLLinks.xls 打开，并将该工作簿中的工作表 InputData 中的 D6:D8 三个单元格的数据读出来，最后赋予 CycleTime(1)，CycleTime(2)，CycleTime(3)。

(2) XLWriteArray( )函数。

功能：该函数用来将 Witness 的变量或变量数组的值写入 Excel 中。如果写入成功，该函数返回 1，否则返回 0。

语法结构：

　　　XLWriteArray(WorkbookName, WorksheetName, Range, Array)

返回类型：返回整数型。

参数说明：

WorkbookName——字符型，指定写入数据的工作簿名称及其路径。

WorksheetName——字符型，指定写入数据的工作表的名称。

Range——字符型，指定写入数据的工作表中的区域。

Array——名型，指定所写入的数据变量的名称。

【例 5.23】

　　　XLWriteArray("\\XLLinks.xls"，"Output"，"$H$3"，ProcessTime)

此语句的作用是将变量 ProcessTime 的值写入与模型系统路径相同的工作簿 XLLinks.xls 的工作表 Output 中，单元格由第 H 列、第三行确定。

注：关于 Excel 的函数还有很多，如 XLCellToInteger( )、XLCellToName( )、XLCellToReal( ) 和 XLCellToString( )等。

### 6. 常用元素函数

Witness 的一个重要的特点是提供了大量的元素，并且提供了许多元素的函数。由于各元素所涉及的函数不完全一样，下面介绍多个元素具有的常用元素函数的使用方法。

(1) NQTY( )函数。

功能：该函数返回模型中特定元素的数量。

语法结构：

　　　NQTY(element_name)

返回类型：返回整数型。

参数说明：

element_name——名型，用于指定要统计的元素的名称。

注：与 NQTY( )函数相关的元素有 attribute、buffer、conveyor、labor、machine、pipe、processor、tank、track 及 vehicle 等。

(2) NPARTS( )函数。

功能：该函数返回模型中特定元素中部件(Part)的数量。

语法结构：

    NPARTS(element_name)

返回类型：返回整数型。

参数说明：

element_name——名型，用于指定要统计部件(part)的元素名称。

注：与 NPARTS( )函数相关的元素有 buffer、conveyor、machine、track、vehicle、stations 及 carrier 等。

### 7. 用户自定义函数

我们常常会根据实际需要来定义自己的函数，定义函数可通过在 Witness 的布局窗口中单击鼠标右键，再单击弹出菜单中的"Define…"，弹出如图 5.8 所示的窗口。

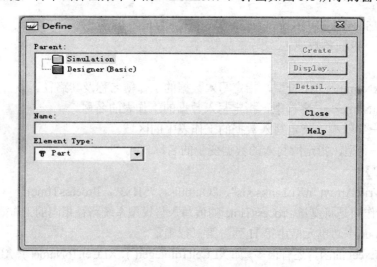

图 5.8　函数或其他元素定义窗口

在图 5.8 中通过下拉框选中"Function"项，并给要定义的函数命名，然后单击"Create"按钮，再单击"Detail…"按钮，如图 5-9 所示。

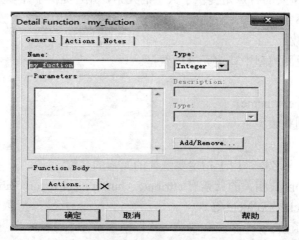

图 5.9　函数定义窗口

　　在图 5.9 中，通过"Type"的下拉框选择要定义的函数的返回数据类型；通过
"Add/Remove…"按钮添加或删除函数的自变量；通过单击"Actions…"按钮进行函数体
的编写。

# 思考与练习题

1. 仿真建模软件系统可以分为哪三种类型？
2. 简要论述系统仿真软件技术的发展历史。
3. 查阅资料，了解主流生产制造软件系统仿真软件的名称、功能、特点及其典型应用。
4. 选择生产制造系统仿真软件时需要考虑哪些因素？
5. Witness 仿真软件中的模型元素有哪些？简要说明它们的定义、功能及参数设置。

# 第6章 基于 Witness 的生产系统
# 可视化建模与仿真

在工业生产中，物流装备系统和商业流程系统多种多样，如何快速有效地建立准确描述行为和运行的逻辑是系统仿真的重要目标。

Witness 提供了大量的描述工业系统和商业流程的可视化模型元素(如生产线上的加工中心、传送设备、缓冲存储装置等)，以及逻辑控制元素(如流程的倒班机制、事件发生的时间序列、统计分布等)，用户可方便地将这些可视化的模型元素拖拉到屏幕中，快速建立起物流系统或商业流程的规划，进一步通过设置模型元素的对象属性，如加工中心的装夹时间、工作循环时间、故障措施等来完成所研究的物流系统和商业流程的规划设计。然后，通过定义模型元素之间的输入/输出关系，完成对物流系统和商业流程的逻辑行为建模，从而建立起物流系统和商业流程仿真模型。通过其内置的仿真引擎，可快速地进行模型的运行仿真，展示流程的运行规律。在整个建模与仿真过程中，用户可根据不同阶段的仿真结果，随时修改系统模型，如添加和删除必要的模型元素，动态地提高模型的精度，进而可方便地设计与测试新设计的工厂流程方案，平衡服务与花费，简化换班模式，评测可选的设计方案。

## 6.1 Witness 可视化建模与仿真的过程

使用 Witness 软件包进行物流与供应链系统的建模与仿真，同样要遵循建模与仿真的一般步骤。在使用它建立计算机模型时，有其特定的步骤。

### 1. 元素定义(Define)

在布置窗口中点击鼠标右键，选定快捷菜单中的"Define…"菜单项(图6.1)，弹出 Define 对话框(图6.2)，在该对话框中的 Name 下输入模型基本元素的类型，在 Quantity 下输入模型基本元素的数量，然后点击 Create 完成一个模型基本元素的定义。用同样的方法定义模型的其他基本元素，所有模型基本元素定义结束后点击 Close，回到布置窗口。

### 2. 元素可视化(Display)的设置

Witness 软件是一套优秀的可视化建模与仿真工具，它可以将被仿真系统的可视实体以二维或三维的图形显示出来；在仿真运行时，它可以显示原材料、零部件、人员、运输车辆在系统中的运动状态。本步骤的设置方法是，右击要定义显示特征的元素，选定弹出式菜单中的"Display"菜单项(图6.3)，弹出 Display 对话框(图6.4)，在该对话框中进行设定即可。

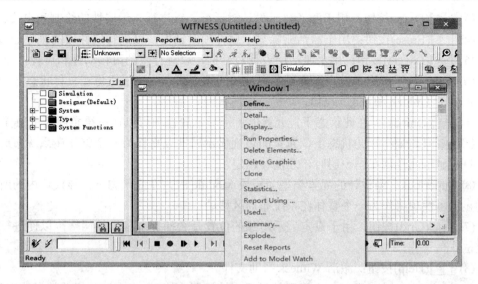

图 6.1　选定 Define 菜单项

图 6.2　Define 对话框

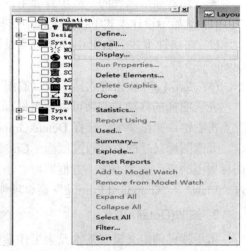

图 6.3　选定 Display 菜单项

图 6.4　Display 对话框

图 6.4 的元素显示工具栏中共有九个对象，下面从左到右，分别介绍这九个对象。

(1) 显示设计模式下拉列表框：有两个选项 Draw 和 Update，第一次设计建模元素的某一显示属性时，选择 Draw 项；对已经设计了的显示属性进行修改设计时，选择 Update 项。

(2) 属性下拉列表框：选择用于 Draw 或 Update 的元素的属性项，该列表框中的属性项目随着元素类型的不同而有所不同。可以通过更改属性项的 Lable 来更改属性项的名称，当多次使用同一类型的显示属性项时，可改变它们的名称以便于识别。例如，一个元素可能有多个 Icon 显示属性项，可以通过改变其名称来加以辨认。

(3) 按钮：用于激活显示设计对话框，以进行显示属性的绘制和更改。

(4) 按钮：用于激活删除显示属性项对话框，以进行属性项的删除。

(5) 按钮：用于激活层设计对话框，以进行层的可移动性和可视性设计。

(6) Lock 按钮：用于设定元素显示属性项的锁定状态，该按钮将在三种状态之间进行切换(Lock、Unlock 和 Superlock)。

① ：在此状态下，元素的可视显示属性项可以在系统布局区单独移动。

② ：在此状态下，元素的可视显示属性项将作为一个整体在系统布局区移动。只有显示属性项在同一层时，才能够锁定。

③ Superlock：当设计的元素类型为模块 Module 时，在此状态下，该模块内的所有元素的显示属性项将作为一个整体在系统布局区移动。

(7) 按钮：用于设定显示对象的位置是否捕捉屏幕上的网格，以便进行精确的定位。

(8) 按钮：激活 Witness 帮助文件。

(9) 按钮：当对一个元素的显示属性设置完毕时，点击该按钮关闭显示工具栏。

设计元素显示属性的一般步骤如下：

(1) 从显示设计模式下拉列表框中选择 Draw 或 Update。

(2) 在属性下拉列表框中选择所要设计的属性项，如机器的"Name"、"Icon"、"Part Queue"等。

(3) 点击 ![] 按钮进入显示项目的细节设定对话框，进行设定即可。

元素图标的移动和删除可以使用鼠标来完成。用鼠标左键选中要删除的图标，在图标上点击右键，弹出菜单，选择 Delete Graphics 选项，图标被删除。

元素图标尺寸的改变通过鼠标 + Ctrl 键来完成。用左键选中图标，按住 Ctrl 键，拖动图标周围的可改变大小的小方框即可。小方框只出现在可以改变大小的图标上，也可以通过"View"/"Graphical Editing"菜单项编辑图标。

### 3. 细节(Detail)设计

本步骤详细定义模型基本元素工作参数以及各元素之间的逻辑关系，如系统结构、被加工对象在各台机器上的加工时间分布、加工对象的工艺路线，以及其他规则等。双击鼠标左键，通过弹出的 Detail 对话框(图 6.5)来设定。

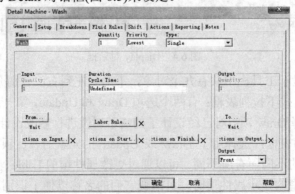

图 6.5　Detail 对话框

## 4. 运行(Run)

试运行和修改模型，重复前三个步骤，得到正确的计算机仿真模型之后，对系统进行一定时间范围的运行，并在屏幕上动画显示系统运行的过程，运行方式可以是单步的、连续的和设定时间的。本步骤通过 Witness 提供的"Run"工具栏(图 6.6)来进行操作。

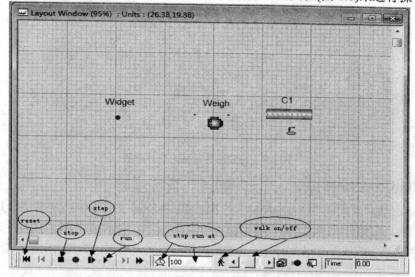

图 6.6　运行工具栏示意图

Witness 内置有安全系统，在运行模型时，如果缺少重要数据，将弹出提示和数据输入对话框，从而保护模型。

## 5. 报告(Report)

系统运行一段时间后，通过 Reports 菜单(图 6.7)显示系统中选中元素的运行状态统计报告(图 6.8)。通过该报告，可以分析系统中可能存在的各种问题，或通过某项指标来比较可选方案的优缺点，如机器的利用率、产品的通过时间、在制品库存等。

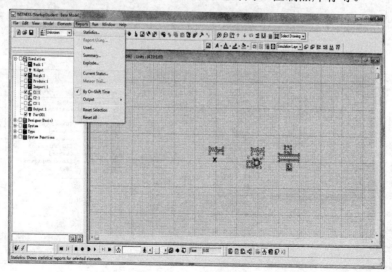

图 6.7　Reports 菜单

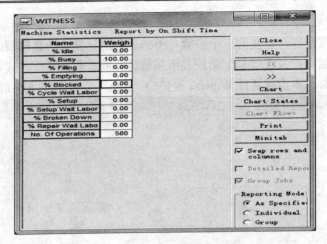

图 6.8　元素的运行状态统计报告

### 6. 归档(Documentor)

Witness 还提供了归档 "Documentor" 模块，通过 Model 工具栏(图 6.9)来打开 Documentor 模块(图 6.10)，在此可以提取计算机模型的各种信息，生成 Word 文档或直接打印出来。其中主要包括生产报告模块没有包含的有关元素的说明性文字、规则、活动、中断和基本信息。

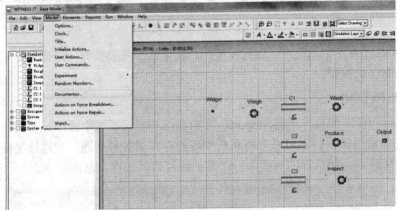

图 6.9　Model 工具栏

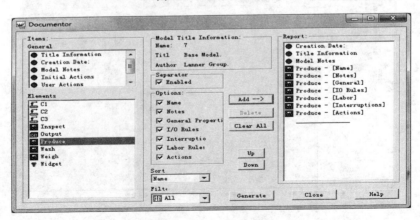

图 6.10　Documentor 模块

### 7. 优化(Optimizer)

Witness 还提供了系统优化"Optimizer"模块(图 6.11)。如果一个系统的绩效将因其构成元素的配置不同而得到不同的结果，则并不需要建立多种配置的计算机模型。我们可以直接使用同一个计算机模型，然后通过"Optimizer"模块来设定每一个元素的可变属性值的取值范围，得到一个取值范围集合，并设定表示绩效的目标函数是取最大值还是最小值，进行优化仿真运行，就可以得到前 n 个最优绩效的系统配置(n 可自行设定)。

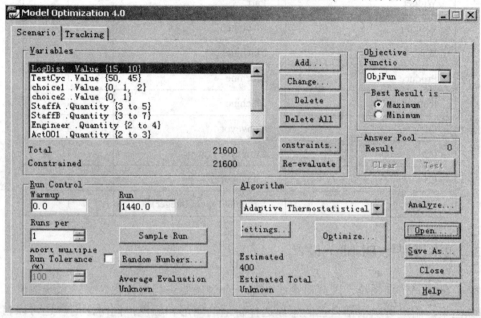

图 6.11　Model Optimization 4.0 设置窗口

## 6.2　Witness 可视化建模与仿真过程应用实例

下面通过一个实例来介绍使用 Witness 进行计算机建模的过程。

在该实例中，小部件(Widget)要经过称重(Weigh)、冲洗(Wash)、加工(Produce)和检测(Inspect)等操作。执行完每一步操作后小部件通过充当运输工具和缓存器的传送带(Conveyer)传送至下一个操作单元。小部件在经过最后一道工序"检测"后，脱离本模型系统。

本模型系统的流程如图 6.12 所示。

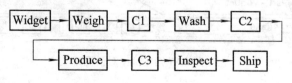

图 6.12　加工系统模型流程

模型元素说明：Widget 为加工的小部件名称；Weigh、Wash、Produce 和 Inspect 为四种加工机器，每种机器只有一台；C1、C2 和 C3 为三条输送链；Ship 是系统提供的特殊区域，表示本仿真系统之外的某个地方。

## 6.2.1　元素定义(Define)

通过 Define 菜单，分别定义各个元素的名称、类型和数量，如表 6.1 所示。

**表 6.1　元素名称、类型、数量信息**

| 名　　称 | 类　　型 | 数　　量 |
|---|---|---|
| Widget | Part | 1 |
| Weigh | Machine | 1 |
| Wash | Machine | 1 |
| Produce | Machine | 1 |
| Inspect | Machine | 1 |
| C1 | Conveyor | 1 |
| C2 | Conveyor | 1 |
| C3 | Conveyor | 1 |
| Output | Variable(Type：Integer) | 1 |

## 6.2.2　元素可视化(Display)设置

由于是动画仿真系统，因此对系统的每一个对象要进行可视化定义。系统提供了图形库和颜色集，用户可以根据自己的想象选择合适的图形和颜色；同时，用户还可以自己绘制系统中各个对象的图形。本步骤需要选定各个对象，然后可视化对象并进行定位。

### 1. Part 元素可视化的设置

在元素选择窗口中选择 Widget 元素，鼠标右键点击 Display，弹出 Display 对话框(图 6.13)。在该对话框的显示设计模式下拉列表框中选择 Draw 项，在属性下拉列表框中选择 Name 项，如图 6.14 所示，点击 ![按钮] 按钮进入 Display Name 对话框(图 6.15)。在 Display Name 对话框中分别设置颜色和字体，点击 Draw 按钮，鼠标呈现"+"形，把鼠标移动到适当位置单击即可。

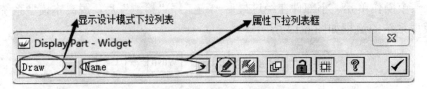

图 6.13　Display 对话框

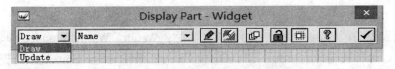

图 6.14　Part 元素 Name 显示

在属性下拉列表框中选择 Style 项，点击  按钮进入 Display Style 对话框(图 6.16)。在 Display Style 对话框中分别设置 Style 和选择合适的图标，然后点击 Draw 按钮即可。

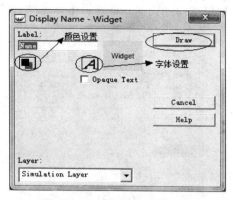

图 6.15　Display Name 对话框

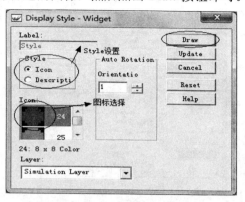

图 6.16　Display Style 对话框

### 2. Machine 元素可视化的设置

在元素选择窗口中选择 Weigh 元素，鼠标右键点击 Display，弹出 Display 对话框。在 Display 对话框的显示设计模式下拉列表框中选择 Draw 项，在属性下拉列表框中选择 Name 项，点击 ✎ 按钮进入 Display Name 对话框。在 Display Name 对话框中分别设置颜色和字体，点击 Draw 按钮，鼠标呈现"+"形，把鼠标移动到适当位置点击左键即可。

在属性下拉列表框中选择"Icon"，点击 ✎ 按钮进入 Display Icon 对话框(图 6.17)。在 Display Icon 对话框中选择合适的图标，点击 Draw 按钮，鼠标呈现"+"形，把鼠标移动到适当位置点击左键即可。

在属性下拉列表框中选择"Icon"，点击 ✎ 按钮进入 Display Icon 对话框(图 6.18)。在 Display Icon 对话框中选择白色的图标，选中 Color 下的 Show Status，点击 Draw 按钮，鼠标呈现"+"形，把鼠标移动到适当位置点击左键即可。

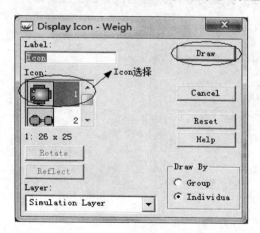

图 6.17　Display Icon 对话框

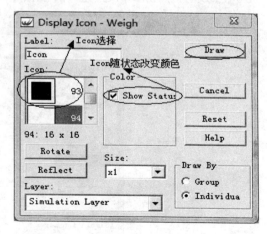

图 6.18　Display Icon(随状态改变颜色)对话框

在属性下拉列表框中选择"Part Queue"，点击 ✎ 按钮进入 Display Part Queue 对话框(图 6.19)。在 Queue Type 区域中选择 Queue，在 Direction 区域中选择 Right，将 Display Size 设置为 8，点击 Draw 按钮，鼠标呈现"+"形，把鼠标移动到适当位置点击左键即可。

在属性下拉列表框中选择"Labor Queue"，点击 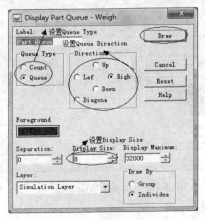 按钮进入 Display Labor Queue 对话框(图 6.20)。在 Queue Type 区域中选择 Queue，在 Direction 区域中选择 Up，将 Display Size 设置为 8，点击 Draw 按钮，鼠标呈现"+"形，把鼠标移动到适当位置点击左键即可。

图 6.19　Display Part Queue 对话框

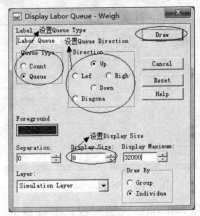

图 6.20　Display Labor Queue 对话框

其他的 Machine 元素 Wash、Produce、Inspect 的可视化设置与 Weigh 的可视化设置相同。

### 3. Conveyor 元素可视化的设置

在元素选择窗口中选择 C1 元素，鼠标右键点击 Display，弹出 Display 对话框。在 Display 对话框的显示设计模式下拉列表框中选择 Draw 项，在属性下拉列表框中选择 Name 项，点击 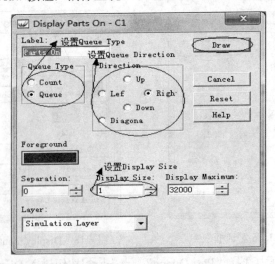 按钮进入 Display Name 对话框。在 Display Name 对话框中分别设置颜色和字体，点击 Draw 按钮，鼠标呈现"+"形，把鼠标移动到适当位置点击左键即可。

在属性下拉列表框中选择"Parts On"，点击  按钮进入 Display Part On 对话框(图 6.21)。在 Queue Type 区域中选择 Queue，在 Queue Direction 区域中选择 Right，将 Display Size 设置为 1，点击 Draw 按钮，鼠标呈现"+"形，把鼠标移动到适当位置点击左键即可。

图 6.21　Display Parts On 对话框

在属性下拉列表框中选择"Icon"，点击  按钮进入 Display Icon 对话框。在 Display

Icon 对话框中选择合适的图标，点击 Draw 按钮，鼠标呈现"+"形，把鼠标移动到适当位置点击左键即可。

其他的 Conveyor 元素 C2、C3 的可视化设置与 C1 的可视化设置相同。

### 4．Variable 元素可视化的设置

在元素选择窗口中选择 Output 元素，鼠标右键点击 Display，弹出 Display 对话框。在 Display 对话框的显示设计模式下拉列表框中选择 Draw 项，在属性下拉列表框中选择 Name 项，点击 按钮进入 Display Name 对话框。在 Display Name 对话框中分别设置颜色和字体，点击 Draw 按钮，鼠标呈现"+"形，把鼠标移动到适当位置点击左键即可。

在属性下拉列表框中选择"Value"，点击 按钮进入 Display Value 对话框(图 6.22)。在 Display Value 对话框中分别设置颜色和字体及变量宽度，点击 Draw 按钮，鼠标呈现"+"形，把鼠标移动到适当位置点击左键即可。

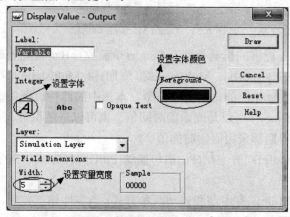

图 6.22　Display Value 对话框

在属性下拉列表框中选择"Icon"，点击 按钮进入 Display Icon 对话框。在 Display Icon 对话框中选择合适的图标，点击 Draw 按钮，鼠标呈现"+"形，把鼠标移动到适当位置点击左键即可。

### 5．模型的标志键图标(Displaying Status Keys For The Model)

通常为了用不同颜色显示元素的不同状态，在模型布局的边缘区域设置标志键，以起到提示作用。其设置步骤如下：

(1) 选择"View"/"Keys"菜单项。

(2) 选择 Machine 图标，改变背景颜色使之与窗口颜色相匹配，然后点击 Draw 按钮，当光标变成十字尖头的形状时，将光标移动到屏幕左上角要设置键(Key)的位置处，点击鼠标左键即创建所需的标志键。

## 6.2.3　元素细节(Detail)设计

本步要分别定义每个元素 Detail 对话框中的参数。

### 1．机器的细节定义

本模型中对机器主要定义它们的类型、加工周期、进入规则和送出规则(图 6.23)。

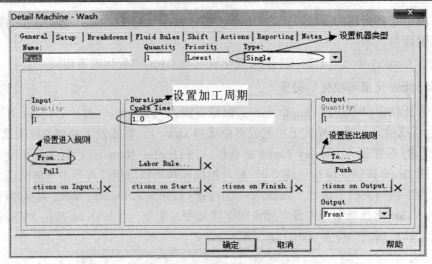

图 6.23　Detail Machine 对话框

机器类型：Witness 提供的机器类型有 Single(单流程)、Batch(批处理)、Assembly(组装)、Production(生产)、General(通用)、Multicycle(多周期)和 Multistation(多站点)七种。通过它们，可以很容易地对实际使用的机器建立模型。本例中的四种机器类型都是单流程的。

加工周期(Cycle Time)：可以是固定的时间值，也可以是随机分布函数或表达式。本例中的四种机器的加工周期都采用固定时间值。

进入规则(Input Rule)：有主动(Push)和被动(Pull)两种方式。对零件的进入采用拉进规则。

送出规则(Output Rule)：有主动和被动两种方式。当零件加工完后，采取主动送出规则。

各机器的加工周期、进入规则、送出规则如表 6.2 所示。

表 6.2　各机器的加工周期、进入规则、送出规则

| 项目<br>机器名 | 加工周期/min | 进入规则 | 送出规则 |
|---|---|---|---|
| Weigh | 5 | Pull from Widget out of World | Push to C1 |
| Wash | 4 | Pull from C1 | Push to C2 |
| Produce | 3 | Pull from C2 | Push to C3 |
| Inspect | 3 | Pull from C3 | Push to Ship |

变量 Output 用来计算从 Inspect 中输出的 Widgets 的量，将计数结果显示在屏幕上。可以通过设置 Inspect 机器的 Detail 来实现，具体步骤如下：

(1) 选中 Inspect 机器，双击其图标。

(2) 点击细节对话框中的 Actions on Finish 按钮。

(3) 在规则编辑框中输入语句：Output=Output+1。

(4) 点击 OK 按钮确认。

**2. Conveyor 的细节定义**

(1) 选中 C1 输送带，双击其图标。

(2) 在输送带的移动速度 Index Time(输送带将小零件向前移动一个零件的长度所需要的时间)下输入语句：0.5。

(3) 点击 OK 按钮确认。

其他 Conveyor 元素 C2、C3 的细节定义与 C1 的相同。

### 6.2.4　仿真运行(Run)

运行工具栏(图 6.6)中的第一个按钮 reset 用于进行仿真的复位操作，点击该按钮，系统仿真时钟和逻辑型元素(变量、属性、函数)的值将置零；step 按钮用于控制模型以步进的方式运行，同时在 Interact Box 窗口中显示仿真时刻所发生的事件，便于理解和调试模型；run 按钮用于控制模型的连续运行，如果没有设定运行时间，模型将一直运行下去，直到按下 stop 按钮，如果设定了运行时间，模型将连续运行到终止时刻；stop run at 包括一个按钮和一个输入框，用来设定仿真运行时间，按钮决定仿真是否受到输入框中的输入时间点控制，输入框用于输入时间点；walk on/off 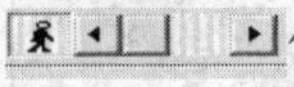包括一个按钮和一个滑动条，滑动条在仿真连续运行时，向左右滑动可以用来设置仿真运行的速度。

本例中，在运行工具栏中按下 stop run at 按钮，在输入框中输入模型运行终止时间 100，然后点击 run 按钮开始运行模型。

### 6.2.5　报告(Report)

在布局窗口中框选所有的模型元素，点击 Reports 菜单下的 Statistics 选项，弹出按照元素类型分类的统计报表(图 6.24)，要想查看其他类别元素的统计情况，可使用右边的“>>”或“<<”键进行转换。

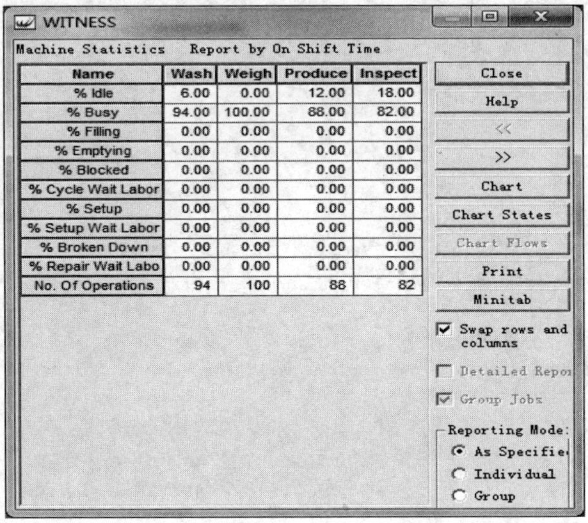

| Name | Wash | Weigh | Produce | Inspect |
|---|---|---|---|---|
| % Idle | 6.00 | 0.00 | 12.00 | 18.00 |
| % Busy | 94.00 | 100.00 | 88.00 | 82.00 |
| % Filling | 0.00 | 0.00 | 0.00 | 0.00 |
| % Emptying | 0.00 | 0.00 | 0.00 | 0.00 |
| % Blocked | 0.00 | 0.00 | 0.00 | 0.00 |
| % Cycle Wait Labor | 0.00 | 0.00 | 0.00 | 0.00 |
| % Setup | 0.00 | 0.00 | 0.00 | 0.00 |
| % Setup Wait Labor | 0.00 | 0.00 | 0.00 | 0.00 |
| % Broken Down | 0.00 | 0.00 | 0.00 | 0.00 |
| % Repair Wait Labo | 0.00 | 0.00 | 0.00 | 0.00 |
| No. Of Operations | 94 | 100 | 88 | 82 |



图 6.24　元素类型分类的统计报表

仿真分析：通过仿真运行的结果可以看出，称重机器满负荷运转，是本系统的瓶颈。小部件的产出量为 15 个。每个部件所用时间为 24.83 min，由于实际被加工的时间是 5 + 4 + 3 + 3 = 15 min，所以它的输送与排队时间占了较大的比率(49%)。

归档(Documentor)和优化(Optimizer)的过程将在后面的相关章节中进行具体描述。

## 思考与练习题

1. 简述采用 Witness 软件进行生产系统可视化建模与仿真的基本步骤。

2. 利用 Witness 软件，完成如图 6.25 所示生产车间的建模和仿真。其中，各工序加工时间的单位为分钟。根据以往数据，抛光后的产品经检验有90%合格则直接出厂，其余10%需要重新进行抛光加工。分别将仿真模型运行 1000 h、10000 h 和 1000 h，统计各工位及系统性能，分析系统的瓶颈环节，提出改进和优化意见。

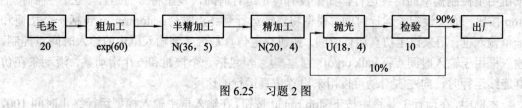

图 6.25　习题 2 图

# 第 7 章 典型生产系统的 Witness 仿真应用实例

## 7.1 基于 Witness 单排队系统(加工系统)的仿真

排队系统是离散系统中的典型问题。制造系统、生产系统、服务系统、设备维修和维护系统、交通运输系统和物资材料系统等都是典型的有形或无形的排队系统，如生产线上等待加工的毛坯，一个待处理的订单，机场预订中心等待订票的顾客，宾馆等待预订房间的电话和餐馆等待就餐的顾客等。由于排队系统的应用已越来越广泛，排队特征、排队规则、服务机构也越来越复杂，用解析方法已无法求解，计算机模拟是求解排队系统和分析排队系统性能的非常有效的方法。使用仿真系统建立对象得到服务请求的描述，对研究整个生产系统或商业服务流程的运作效率，有着至关重要的意义。

**1. 单服务台排队系统的描述与仿真目的**

在服务排队系统中，主要有两种类型的活动，即顾客到达和顾客接受服务。一般情况下，顾客到达的时间间隔是不确定的，从而在一定时间内到达的顾客数目也是一个随机变量；另一方面，顾客接受服务的时间也总是不确定的，从而造成队列的长短也是随机的。

下面介绍一个理发店顾客排队系统。这是一个单服务台排队系统的典型，通过改变不同的服务模式，力求改变顾客的等待时间以及队列长度。

仿真目的：

(1) 了解排队系统的设计。

(2) 熟悉系统元素 Part、Machine、Buffer、Variable、Timeseries 的用法。

(3) 深入研究系统元素 Part 的用法。

(4) 研究不同的顾客服务时间和顾客的到达特性对仿真结果的影响。

**2. 单服务台排队系统的工作流程**

1) 顾客到达特性

在该系统中，顾客的到达规模(成批到达还是单个到达)是单个到达，顾客到达率 $A_i$ 服从均值为 $\beta_A = 5$ min 的指数分布，即

$$f(A) = \frac{e^{-s/\beta_A}}{\beta_A} \quad (A \gg 0)$$

2) 顾客服务时间

顾客服务时间为 $S_i$，服从指数分布，均值为 $\beta_s = 4$ min，即

$$f(S) = \frac{\mathrm{e}^{-A/\beta_S}}{\beta_S} \quad (S \gg 0)$$

### 3. 仿真模型的设计

#### 1) 元素定义(Define)

本系统的元素定义如表 7.1 所示。

**表 7.1 实体元素定义**

| 元素名称 | 类 型 | 数量 | 说 明 |
|---|---|---|---|
| guke | Part | 1 | 顾客 |
| jifen | Part | 1 | 对队长积分 |
| paidui | Buffer | 1 | 排队队列 |
| fuwuyuan | Machine | 1 | 服务员 |
| jifen0 | Variable(type：real) | 1 | 积分结果显示 |
| duichang | Timeseries | 1 | 队列长度显示 |

#### 2) 元素可视化(Display)设置

各个实体元素的显示特征如图 7.1 所示。

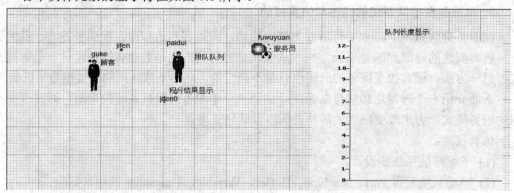

图 7.1  各个实体元素的显示特征

(1) Part 元素可视化的设置。

在元素选择窗口中选择 guke 元素，鼠标右键点击 Display，弹出 Display 对话框(图 7.2)，设置它的 Text(图 7.3)、Icon(图 7.4)。

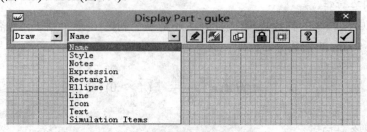

图 7.2  Display 对话框

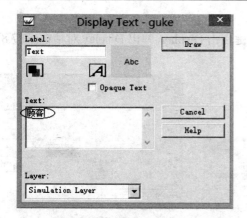

图 7.3　Display Text 对话框

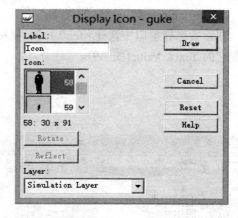

图 7.4　Display Icon 对话框

(2) Buffer 元素可视化的设置。

在元素选择窗口中选择 paidui 元素，鼠标右键点击 Display，弹出 Display 对话框，设置 Text、Icon、Rectangle(图 7.5)。

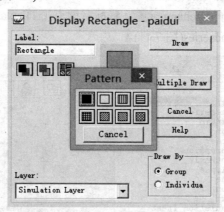

图 7.5　Display Rectangle 对话框

(3) Machine 元素可视化的设置。

在元素选择窗口中选择 fuwuyuan 元素，鼠标右键点击 Display，弹出 Display 对话框(图 7.6)，设置它的 Text、Icon、Part Queue(图 7.7)。

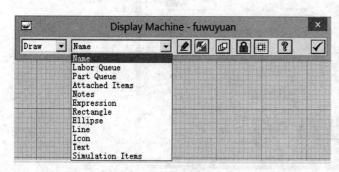

图 7.6　Display 对话框

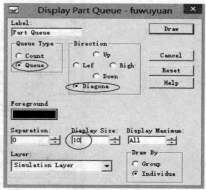

图 7.7　Display Part Queue 对话框

(4) Variable 元素可视化的设置。

在元素选择窗口中选择 jifen0 元素，鼠标右键点击 Display，弹出 Display 对话框(图 7.8)，设置它的 Text、Value(图 7.9)。

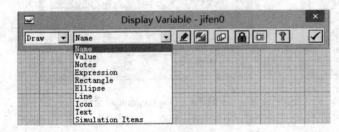

图 7.8　Display 对话框　　　　　　　　　　图 7.9　Display Value 对话框

(5) Timeseries 元素可视化的设置。

在元素选择窗口中选择 duichang 元素，鼠标右键点击 Display，弹出 Display 对话框(图 7.10)，设置它的 Text、Timeseries(图 7.11)。

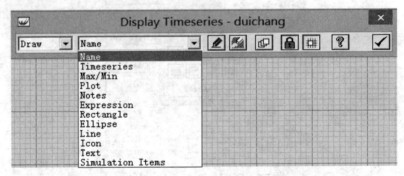

图 7.10　Display 对话框

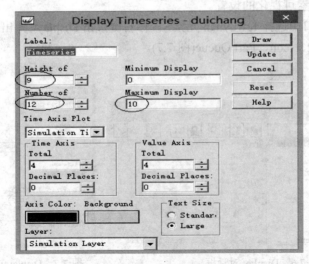

图 7.11　Display Timeseries 对话框

3) 元素细节(Detail)设计

(1) Part 元素 guke 的细节设计。

- Type：Active。
- Inter Arrival Time：-5*LN(RANDOM(1))。
- Lot Size：1。
- To …：Push to paidui。
- Actions on Create …：ICON=73。

设置好的 Detail Part 对话框如图 7-12 所示。

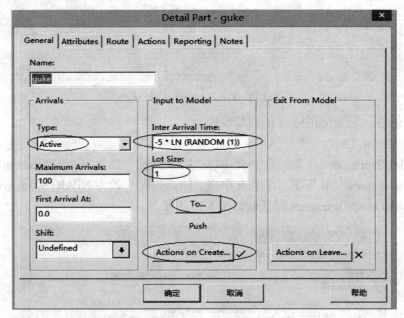

图 7.12　Detail Part 对话框

(2) 对 Part 元素 jifen 的细节设计。

- Type：Active。
- Inter Arrival Time：1.0。
- Lot Size：1。
- To…：Push to Ship。
- Action on Create …：jifen0=jifen0+NPARTS(paidui)。

(3) Buffer 元素 Paidui 的细节设计。

- Capacity：100。

(4) Machine 元素 fuwuyuan 的细节设计。

- Type：Single。
- From …：Pull from paidui。
- Cycle Time：-4*LN (RANDOM (2))。
- To …：Push to Ship。

设置好的 Detail Machine 对话框如图 7.13 所示。

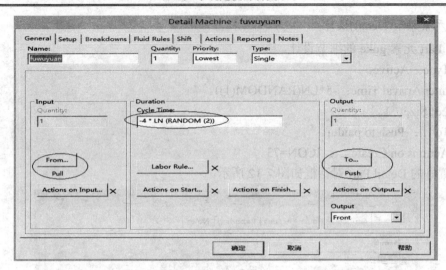

图 7.13　Detail Machine 对话框

(5) Timeseries 元素 duichang 的细节设计。

- Recording：5.0。
- 在 Plot Expressions 下第一个 Plot 中将"Undefined"改为 NPARTS(paidui)。
- 在 Plot Expressions 下第二个 Plot 中将"Undefined"改为 NPARTS(fuwuyuan)。

设置好的 Detail Timeseries 对话框如图 7.14 所示。

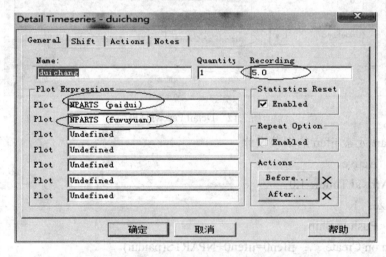

图 7.14　Detail Timeseries 对话框

以上是该排队系统的设计过程。

### 4. 模型运行和数据报告

模型仿真时钟取系统默认的 1 的时间单位为 1month，运行 5000 仿真时间单位，根据动态表格得到积分结果 5000。

在队列长度的二维图中，可以观察到该服务系统的即时队列长度。

选中系统中所有元素，点击 Reports 菜单下的 Statistics 选项(图 7.15)，得到如图 7.16 所示的数据统计报告。

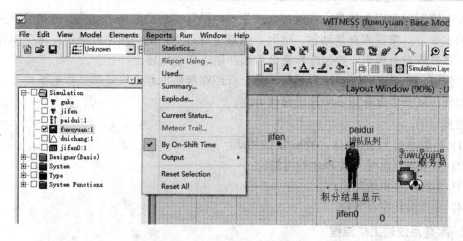

图 7.15   Reports 菜单下的 Statistics 选项

| Name | % Idle | % Busy | % Filling | % Emptying | % Blocked | % Cycle Wait Labor | % Setup | % Setup Wait Labor | % Broken | % Repair Wait | No. Of Operation |
|------|--------|--------|-----------|------------|-----------|--------------------|---------|--------------------|----------|---------------|------------------|
| fuwuyuan | 92.01 | 7.99 | 0.00 | 0.00 | 0.00 | 0.00 | 0.00 | 0.00 | 0.00 | 0.00 | 100 |

Machine Statistics   Report by On Shift Time

图 7.16   数据统计报告

点击 ">>"、"<<" 按钮可以看到不同类别元素的统计数据报告。通过 Buffer 类的报告，可以看到该排队系统的最大队长、最小队长和平均队长以及每位顾客的平均等待时间。

通过数据报告发现，不同顾客的服务时间和顾客的到达特性对应的仿真结果有所不同。顾客的到达特性以及顾客的服务时间都影响着排队系统的最大队长、最小队长、平均队长以及每位顾客的平均等待时间。

# 7.2   基于 Witness 库存系统的设计与优化

## 1. 库存系统的描述与仿真目的

从企业生产、经营活动的全过程而言，库存是指企业用于生产或服务所使用的，以及用于销售的储备物资，如商品、器材、银行现金、水库存水量等，还包括人才储备这样广义的库存。

库存，既是生产和服务系统合理存在的基础，又是合理组织生产和服务过程所必需的。以较低的库存成本，保证较高的供货率，不仅在理论上是成立的，在实践方面也是完全可以达到的。

设置库存的根本目的是保证在需要的时间、需要的地点，为需要的物料提供需要的数量。同时，库存还能起到以下作用：防止缺货，提高服务水平；节省开支，降低成本；保证生产、销售过程的顺利进行；提高生产均衡性，调节季节性需求。

库存控制的作用主要是：在保证企业生产、经营需求的前提下，使库存量经常保持在合理的水平上；掌握库存量动态，适时、适量进行订货，避免超储或缺货；减少库存空间占用，降低库存总费用；控制库存资金占用，加速资金周转。

下面以一个单品种随机库存系统为例，介绍在保持库存系统连续工作的条件下，仿真一段时间，从众多库存方案中选出最优方案。

仿真目的：

(1) 熟悉系统元素 Track、Vehicle 的用法。

(2) 深入研究系统元素 Part 的用法。

(3) 了解库存系统的设计。

(4) 寻找最佳库存策略。

**2. 库存系统的工作流程**

成品需求时间服从均值为 0.1 的指数分布。需求量也是随机变量，其概率质量函数为

$$D = \begin{cases} 1, & \text{概率为 } 1/6 \\ 2, & \text{概率为 } 1/3 \\ 3, & \text{概率为 } 1/3 \\ 4, & \text{概率为 } 1/6 \end{cases}$$

订货策略：

按月订货，每月月初检查库存水平，若库存水平 $I$ 超过下限 $L$，则不订货；若低于下限，则订货，假设 $S$ 为最大库存量，则订货量 $Z$ 为

$$Z = S - 1 \qquad (I < L)$$
$$Z = 0 \qquad (I \gg L)$$

若订货，从订货到货物入库的时间是 1 个月。

考虑如下几种费用：

(1) 订货费(C1)。

设每件的订货费用为 $m = 3$，订货附加费用为 $K = 32$，则每月的订货费用为

$$C1 = K + mZ = 32 + 3Z$$

(2) 保管费(C2)。

用 $h = 1$ 表示每件货物每月的保管费，显然，只有当库存水平 $I(t) > 0$ 时才需要计算保管费：

$$C2 = \int_0^n \frac{hI(t)\mathrm{d}t}{n} = \int_0^n \frac{I(t)\mathrm{d}t}{n}$$

其中，$n$ 为仿真运行的月数；C2 为平均每月的保管费。

(3) 缺货损失费(C3)。

用 $p = 5$ 表示每件的缺货损失费，显然，只有当 $I(t) < 0$ 时才需计算，平均每月缺货损失费用为

$$C3 = \int_0^n \frac{p\,|I(t)|\,\mathrm{d}t}{n} = \int_0^n \frac{5\,|I(t)|\,\mathrm{d}t}{n}$$

现需要比较如下九种订货策略，如表 7.2 所示，以便确定何种策略费用最少。

表 7.2　订　货　策　略

| 策略 | I | II | III | IV | V | VI | VII | VIII | IX |
|---|---|---|---|---|---|---|---|---|---|
| 下限(L) | 20 | 20 | 20 | 20 | 40 | 40 | 40 | 60 | 60 |
| 上限(S) | 40 | 60 | 80 | 100 | 60 | 80 | 100 | 80 | 100 |

**3. 仿真模型的设计**

1) 元素定义(Define)

本系统元素的定义如表 7.3 所示。

表 7.3　实体元素定义

| 元素名称 | 类　型 | 数量 | 说　明 |
|---|---|---|---|
| p | Part | 1 | 货物 |
| Kucun | Part | 1 | 费用统计 |
| Kucun1 | Buffer | 1 | 库存系统 |
| Xuqiu | Machine | 1 | 客户 |
| Load1 | Track | 1 | 货物运载 |
| Unload1 | Track | 1 | 货物卸载 |
| Car | Vehicle | 1 | 运输车 |
| C1 | Variable(Type：Real) | 1 | 订货费用统计 |
| C2 | Variable(Type：Real) | 1 | 保管费用统计 |
| C3 | Variable(Type：Real) | 1 | 缺货费用统计 |
| C | Variable(Type：Real) | 1 | 总费用统计 |
| Ra | Distribution(Type：Integer) | 1 | 随机数生成器 |
| kucunliang | Timeseries | 1 | 库存量显示 |

2) 元素可视化(Display)设置

各个实体元素的显示特征如图 7.17 所示。

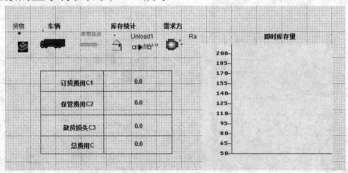

图 7.17　各个实体元素的显示特征

(1) Part 元素可视化的设置。

在元素选择窗口中选择 p 元素，鼠标右键点击 Display，弹出 Display 对话框(图 7.18)，设置它的 Text(图 7.19)、Style(图 7.20)。

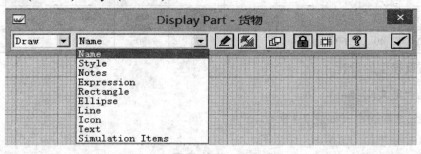

图 7.18 Display 对话框

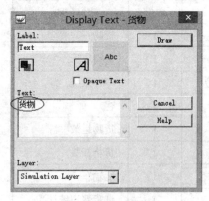

图 7.19 Display Text 对话框

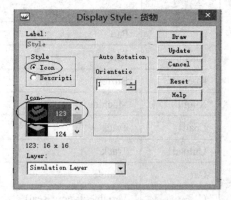

图 7.20 Display Style 对话框

(2) Buffer 元素可视化的设置。

在元素选择窗口中选择 Kucun1 元素，鼠标右键点击 Display，弹出 Display 对话框，设置它的 Text、Icon、Part Queue(图 7.21)。

(3) Machine 元素可视化的设置。

在元素选择窗口中选择 Xuqiu 元素，鼠标右键点击 Display，弹出 Display 对话框，设置它的 Text、Icon(机器图标)、Icon(可随状态改变颜色的图标，图 7.22)。

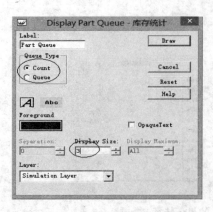

图 7.21 Display Part Queue 对话框

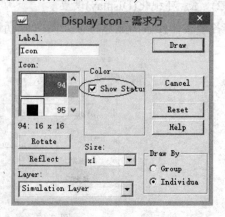

图 7.22 可随状态改变颜色的 Icon 设置

(4) Track 元素可视化的设置。

在元素选择窗口中选择 Load1 元素，鼠标右键点击 Display，弹出 Display 对话框，设置它的 Path(图 7.23)。

在元素选择窗口中选择 Unload1 元素，鼠标右键点击 Display，弹出 Display 对话框，设置它的 Path。

(5) Vehicle 元素可视化的设置。

在元素选择窗口中选择 Car 元素，鼠标右键点击 Display，弹出 Display 对话框，设置它的 Style(图 7.24)。

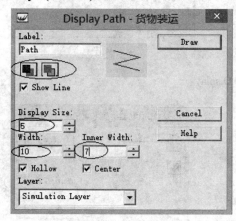
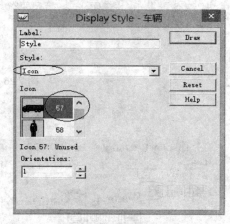

图 7.23　Display Path 对话框　　　　　　图 7.24　Display Style 对话框

(6) Timeseries 元素可视化的设置。

在元素选择窗口中选择 kucunliang 元素，鼠标右键点击 Display，弹出 Display 对话框，设置它的 Text、Timeseries(图 7.25)。

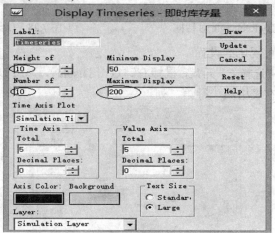

图 7.25　Display Timeseries 对话框

(7) 表格可视化的设置。

在系统选择窗口中选择 BACKDROP，鼠标右键点击 Display(图 7.26)，弹出 Display 对话框，设置它的 Rectangle(图 7.27)，三条横向 Line(图 7.28)和一条纵向 Line，这样就形成了一个四行二列的表格，将"订货费用 C1"放在第一行第一列，"保管费用 C2"放在第二行第一列，"缺货损失 C3"放在第三行第一列，"总费用 C"放在第四行第一列。

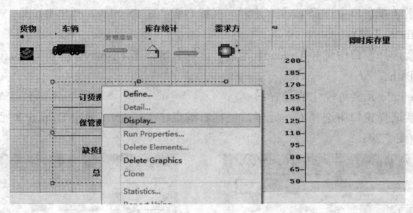

图 7.26 选择 Display

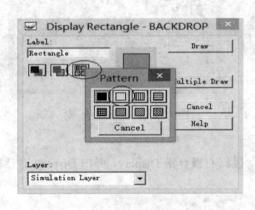

图 7.27 Display Rectangle 对话框

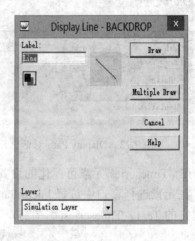

图 7.28 Display Line 对话框

(8) Variable 元素可视化的设置。

在元素选择窗口中选择 C1 元素，鼠标右键点击 Display，弹出 Display 对话框，设置它的 Value(图 7.29)，放在表格第一行第二列。

图 7.29 Display Value 对话框

在元素选择窗口中选择 C2 元素，鼠标右键点击 Display，弹出 Display 对话框，设置它的 Value，放在第二行第二列。

在元素选择窗口中选择 C3 元素，鼠标右键点击 Display，弹出 Display 对话框，设置它的 Value，放在第三行第二列。

在元素选择窗口中选择 C 元素，鼠标右键点击 Display，弹出 Display 对话框，设置它的 Value，放在第四行第二列。

3) 各个元素细节(Detial)设计

(1) Part 元素 Kucun 的细节设计。

- Type：Active。
- Inter Arrival Time：0.01。
- Lot Size：1。
- To …：Push to Ship。
- Actions on Create …：

    IF NPARTS (Kucun1) >100

      C2= (NPARTS (Kucun1) -100)*0.01+C2

      C= (NPARTS (Kucun1) -100)*0.01+C

    ELSE

      C3=C3+0.05*(100-NPARTS (Kucun1))

      C=C+0.05*(100-NPARTS (Kucun1))

    ENDIF

(2) Buffer 元素 Kucun1 的细节设计。

- Capacty：200。
- Actions on Input …：

  C1=C1+3

  C=C+3

设置好的 Detail Buffer 对话框如图 7.30 所示。

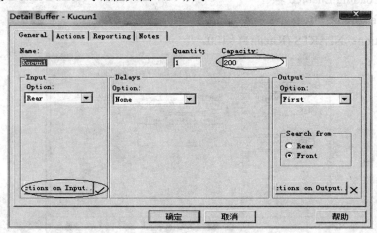

图 7.30　Detail Buffer 对话框

(3) Machine 元素 Xuqiu 的细节设计。

- Type：Assembly。
- Quantity：Ra(1)。
- From …：Pull from Kucun1。
- Cycle Time：NEGEXP (0.1, 1)。
- Output To …：Push to Ship。

(4) 对 Track 元素 Load1 的细节设计。

在 General 页面(7.31)中进行的定义如下：

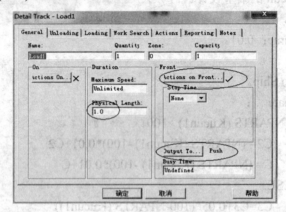

图 7.31　Detail Track 对话框(General 页面)

- Physical Length：1.0
- Actions on Front…：

    C1=C1+32

    C=C+32

- Output To…：PUSH to Unload1。

在 Loading 页面(图 7.32)中进行的定义如下：

- 勾选 Loading Enabled 项。
- Transfer Mode：If。
- Condition：NPARTS (Kucun1) <120。

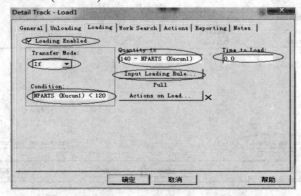

图 7.32　Detail Track 对话框(Loading 页面)

- Quantity to：140 - NPARTS (Kucun1)。
- Input Loading Rule…：Pull from P out of WORLD。
- Time to Load：0.0。

(5) Track 元素 Unload1 的细节设计。

在 General 页面中进行的定义如下：

- Physical Length：1.0。
- Output To…：Push to Load1。

在 Unloading 页面(图 7.33)中进行的定义如下：

- 勾选 Unloading Enabled 项。
- Transfer Mode：Always。
- Quantity to：All。
- Output Unloading Rule…：Push to Kucun1。
- Time to：0.0。

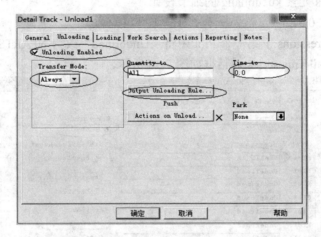

图 7.33　Detail Track 对话框(Unloding 页面)

(6) Vehicle 元素 Car 的细节设计。

- Capacity：200。
- To…：Push to Load1。
- Speed Unloaded：2.0。
- Speed Loaded：2.0。

设置好的 Detail Vehicle 对话框如图 7.34 所示。

(7) Distribution 元素 Ra 的细节设计。

- 依次设置 Value 为 1、2、3、4，对应的 Weight 为 1、2、2、1。注意每次设置完一组值，相应地单击一次 Add 按钮。

设置好的 Detail Distribution 对话框如图 7.35 所示。

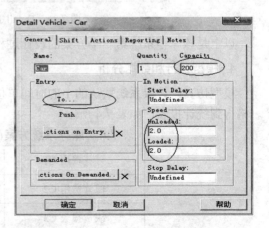

图 7.34　Detail Vehicle 对话框

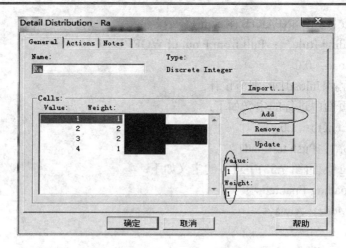

图 7.35　Detail Distribution 对话框

(8) Timeseries 元素 kucunliang 的细节设计。

● Recording：0.5。

● 在 Plot Expressions 下第一个 Plot 中将 "Undefined" 改为 NPARTS (Kucun1)。设置好的 Detail Timeseries 对话框如图 7.36 所示。

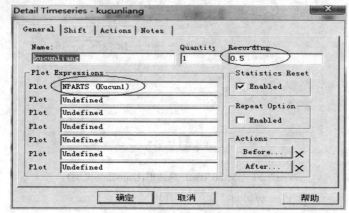

图 7.36　Detail Timeseries 对话框

以上是该库存系统第一个方案的设计过程。

### 4. 模型运行和数据分析

模型仿真时钟取系统默认的 1 的时间单位 1 month，运行 100 仿真时间单位，根据动态表格得到统计报表，如表 7.4 所示。

表 7.4　库存系统方案(L=20，S=40)统计表格

| 订花费用 C1 | 10721.00 |
|---|---|
| 保管费用 C2 | 3162.72 |
| 缺货损失 C3 | 524.70 |
| 总费用 | 14 408.42 |

从该表可以看出，库存系统方案(L=20，S=40)运行 100 个月的总费用为 14 408.42。

### 5. 其他方案的运行及分析

在第一个方案的基础上运行第二个方案，只需要做如下更改：

对 Track 元素 Load1 进行细节设计。

在 Loading 页面里的定义：

Quantity to：160-NPARTS(Kucun1)　　　　　　!S=60

在第一个方案的基础上运行第五个方案，只需要做如下更改：

对 Track 元素 Load1 进行细节设计。

在 Loading 页面里的定义：

Condition：NPARTS(Kucun1) < 140　　　　　!L=40

Quantity to：160-NPARTS (Kucun1)　　　　!S=60

运行九种方案后会得到如表 7.5 所示的结果。

### 表 7.5　各订货策略结果

| 方案(L,S) | 总费用 C | 订货费用 C1 | 保管费用 C2 | 缺货损失 C3 |
|---|---|---|---|---|
| (20, 40) | 1336.46 | 10 661.00 | 1344.06 | 1331.40 |
| (20, 60) | 14 216.03 | 10 721.00 | 2331.23 | 1163.80 |
| (20, 80) | 14 900.31 | 10 781.00 | 3318.61 | 800.70 |
| (20, 100) | 15 669.00 | 10 646.00 | 4325.65 | 697.35 |
| (40, 60) | 14 408.42 | 10 721.00 | 3162.72 | 524.70 |
| (40, 80) | 15 534.47 | 10 781.00 | 4190.97 | 562.50 |
| (40, 100) | 16 594.05 | 10 841.00 | 5240.90 | 512.15 |
| (60, 80) | 16 418.78 | 10 781.00 | 5137.78 | 500.00 |
| (60, 100) | 17 499.47 | 10 841.00 | 6158.47 | 500.00 |

由上表可以看出，方案(L=20，S=40)的总费用最少，因此，该方案最优。

# 7.3　基于 Witness 供应链系统的设计与优化

### 1. 模型概述与仿真目的

供应链是围绕核心企业，通过对信息流、物流和资金流的控制，从采购原材料开始，制成中间产品以及最终产品，最后由销售网络把产品送到消费者手中的将供应商、制造商、分销商、零售商和最终用户连成一个整体的功能网链结构模式。它是一个范围更广的企业结构模式，包含所有加盟的节点企业，从原材料的供应开始，经过链中不同企业的制造加工、组装和分销等过程，直到最终用户。它不仅是一条连接供应商到用户的物料链、信息链和资金链，而且是一条增值链，物料在供应链上因加工、包装、运输等过程而增加其价值，给相关企业都带来了收益。

下面介绍一个典型的供应链案例：钢材从钢铁公司到汽车厂需要经过钢材服务中心和部件生产商。上游环节根据下一环节的库存进行供货。

仿真的目的：

(1) 了解供应链仿真系统的设计与优化。

(2) 熟悉 Timeseries 的用法。

(3) 熟悉 Max 和 Min 的用法。

(4) 尝试对供应链系统进行改善，以缓解"牛鞭效应"。

**2. 供应链系统的数据**

当钢材服务中心的库存小于 15 批时，钢铁公司开始组织生产，每生产一批原钢卷材需要的时间服从 1～3 小时的均匀分布。

当部件生产商的库存小于 6 批时，钢材服务中心开始配货，每配一次货需要的时间服从 0.5～1 小时的均匀分布。

当三个汽车厂商中库存量最小的小于 3 时，4 个部件生产商开始组织生产，每生产一批部件需要的时间服从 2～6 小时的均匀分布。

汽车生产商每耗用一批部件需要 4 小时。

供应链每两个环节之间的路程需要 5 小时。

**3. 仿真模型的设计**

1) 元素定义(Define)

本系统的元素定义如表 7.6 所示。

表 7.6　实体元素定义

| 元素名称 | 类　型 | 数　量 | 说　　明 |
|---|---|---|---|
| P | Part | 1 | 钢材 |
| B2 | Buffer | 1 | 钢材服务中心库存 |
| B3 | Buffer | 1 | 部件生产商库存 |
| M1 | Machine | 2 | 钢铁公司 |
| M2 | Machine | 2 | 钢材服务中心 |
| M3 | Machine | 4 | 部件生产商 |
| M41 | Machine | 1 | 汽车厂 |
| M42 | Machine | 1 | 汽车厂 |
| M43 | Machine | 1 | 汽车厂 |
| C1 | Conveyor | 1 | 从钢铁公司到钢材服务中心的路径 |
| C2 | Conveyor | 2 | 从钢材服务中心到部件生产商的路径 |
| C31 | Conveyor | 1 | 从部件生产商到第一汽车厂的缓存 |
| C32 | Conveyor | 1 | 从部件生产商到第二汽车厂的缓存 |
| C33 | Conveyor | 1 | 从部件生产商到第三汽车厂的缓存 |
| Tubiao | Timeseries | 1 | 库存统计二维图 |

2) 元素可视化(Display)设置

各个实体元素的显示特征如图 7.37 所示。

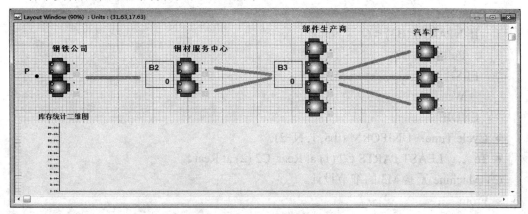

图 7.37　各个实体元素的显示特征

(1) Part 元素可视化的设置。

在元素选择窗口中选择 P 元素，鼠标右键点击 Display，弹出 Display 对话框，设置它的 Text 和 Icon。

(2) Buffer 元素可视化的设置。

在元素选择窗口中分别选择 B1、B2 元素，鼠标右击 Display，弹出 Display 对话框，设置它们的 Text 和 Count 形式的 Part Queue 和 Rectangle。

(3) Machine 元素可视化的设置。

在元素选择窗口中分别选择 M1、M2、M3、M41、M42 和 M43 元素，鼠标右击 Display，弹出 Display 对话框，设置它们的 Text、Icon(机器图标)、Icon(可随状态改变颜色的图标)、Part Queue 和 Labor Queue，再放置于适当的位置即可。

(4) Conveyor 元素可视化的设置。

在元素选择窗口中分别选择 C1、C2、C31、C32 和 C33 元素，鼠标右击 Display，弹出 Display 对话框，设置它们的 Path。

(5) Timeseries 元素可视化的设置。

在元素选择窗口中选择 Tubiao 元素，鼠标右击 Display，弹出 Display 对话框，设置它们的 Text 和 Timeseries。

3) 各个元素细节(Detail)设计

(1) Machine 元素 M1 的细节设计。

● From …：

　　IF NPARTS (B2) < 15

　　Pull from P out of WORLD

　　ELSE

　　　Wait

　　ENDIF

● Cycle Time：UNIFORM (1, 3, N)。

- To …：Push to C1 at Rear。

(2) Machine 元素 M2 的细节设计。

- From …：

  IF NPARTS (B3) < 6

  　Pull from B2

  ELSE

  　Wait

  ENDIF

- Cycle Time：UNIFORM (0.5, 1, N+2)。
- To …：LEAST PARTS C2 (1) at Rear, C2 (2) at Rear。

(3) Machine 元素 M3 的细节设计。

- From …：

  IF MIN (NPARTS (C31), NPARTS (C32), NPARTS (C33)) < 3

  　PULL from B3 (1)

  ELSE

  　Wait

  ENDIF

- Cycle Time：UNIFORM (2, 6, N+4)。
- To …：LEAST PARTS C31 at Rear, C33 at Rear。

(4) Machine 元素 M41 的细节设计。

- From …：Pull from C31 at Front。
- Cycle Time: 4.0。
- To …：Push to Ship。

(5) Machine 元素 M42 的细节设计。

- From …：Pull from C32 at Front。
- Cycle Time：4.0。
- To …：Push to Ship。

(6) Machine 元素 M43 的细节设计。

- From …：Pull from C33 at Front。
- Cycle Time：4.0。
- To …：Push to Ship。

(7) Conveyor 元素 C1 的细节设计。

- Length in Parts：10。
- Index Time：0.5。
- To …：Push to B2。

(8) Conveyor 元素 C2 的细节设计。

- Length in Parts：10。
- Index Time：0.5。
- To …：Push to B3。

(9) Conveyor 元素 C31、C32 和 C33 的细节设计。

- Length in Parts：10。
- Index Time：0.5。
- To …：Wait。

(10) Timeseries 元素 Tubiao 的细节设计。

通过 Tubiao 图标，在弹出的对话框中选择其 General 页面，如图 7.38 所示。

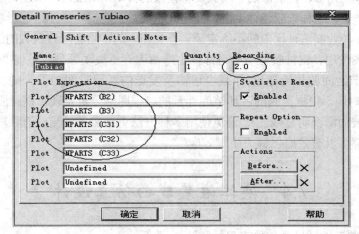

图 7.38　Timeseries 元素的 General 页面

- Recording：2.0。　　　　　　　! 每 2 仿真时间取一个点
- Plot：NPARTS (B2)。　　　　　! 该图线显示 B2 上部件数量
- Plot：NPARTS (B3)。
- Plot：NPARTS (C31)。
- Plot：NPARTS (C32)。
- Plot：NPARTS (C33)。

### 4. 模型运行和数据分析

模型仿真时钟取系统默认的 1 的时间单位 1 hour，运行 365×24=8760 仿真时间单位，得到各环节库存量的二维图标，如图 7.39 所示。

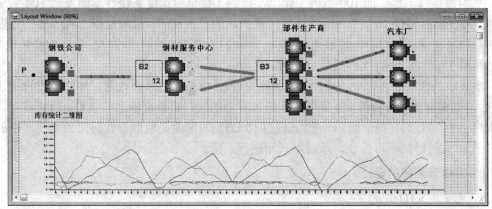

图 7.39　模型运行界面

### 5. 改善

"牛鞭效应"是供应链上的一种需求变异放大(方差放大)现象,其原因是信息流从最终客户端向原始供应商端传递时,无法有效地实现信息的共享,使得信息扭曲而逐级放大,导致了需求信息出现越来越大的波动。这种信息扭曲的放大作用在图形上显示很像一根甩起的鞭子,因此被形象地称为"牛鞭效应"。最下游的客户端相当于鞭子的根部,而最上游的供应商端相当于鞭子的梢部,在根部的一端只要有轻微的抖动,对上游的供应商就会产生强大的影响。在供应链上,这种效应越往上游,变化就越大,距终端客户越远,影响就越大。这种信息扭曲如果和企业制造过程中的不确定因素叠加在一起,将会导致巨大的经济损失。

通过二维图发现,钢材服务中心与部件生产商库存量波动强烈,呈现"牛鞭效应"。通过提高相邻环节之间的传输速度(如减少运输及发送的耗用时间为原来的 1/2,运行模型 8760 仿真单位时间,根据得到的各环节库存量的二维图标分析发现,钢材服务中心与部件生产商库存量波动情况明显减弱),避免使用多种方法更新需求预测、消除短缺情况下的博弈行为等策略都可以有效地化解"牛鞭效应"。

# 7.4 液体灌装线的仿真设计

## 1. 液体灌装系统的描述与仿真目的

液体灌装系统用于化工、医药、食品填充设备。液体灌装线是一个自动定量连续生产的工程,其功能就是将大量的散装液体物料自动分成预定重量的小份载荷形式的定量容器包装。下面介绍某饮料生产线按订单进行灌装生产的仿真。

仿真目的:

(1) 了解液体灌装系统设计。

(2) 了解 Tank、Fluid、Processor 及 Pipe 元素的用法。

(3) 学会分析连续生产工艺利用率。

在液体灌装系统连续工作的条件下仿真一段时间,观察液体灌装系统的运行情况。

## 2. 液体灌装的工作流程

平均每小时下达一批 100 听的工作单,接到工作单后调度系统往车间发送 100 听空易拉罐,冲洗组以每批 10 听 2 min 的速度冲洗到达的空易拉罐,检验组以 2 听/min 的速度对冲洗后的易拉罐进行检验,灌装组以 10 听/min(235 mL/听)的速度往空易拉罐中灌装饮料,封箱组用 3 min 将 24 听饮料封装为一箱。

灌装前的饮料要在一个 100 L 的杀菌器中经过 45 min 的杀菌处理,然后经过管道运到 200 L 的储藏容器中等待灌装,提取组根据该容器的饮料容量提取散装饮料,当储藏容器中的饮料小于 70 L 时,提取组以一批/min(约 10 L/批)的速度提取散装饮料,当杀菌器中的饮料多于 80 L 的时候不再提取,杀菌器开始进行杀菌。

## 3. 液体灌装线的设计

1) 元素定义(Define)

本系统的元素定义如表 7.7 所示。

### 表 7.7　元 素 定 义

| 元素名称 | 类　型 | 数　量 | 说　明 |
|---|---|---|---|
| Drum | Part | 1 | 散装饮料 |
| Tin | Part | 1 | 易拉罐 |
| Buf | Buffer | 2 | 临时库存 |
| Emptydrum | Machine | 1 | 散装饮料提取 |
| Filltin | Machine | 5 | 灌装 |
| Wash | Machine | 1 | 钢材冲洗组服务中心 |
| Inspection | Machine | 1 | 检验组 |
| Pack | Machine | 1 | 装箱/装箱组 |
| Toinspection | Conveyor | 1 | 从冲洗组到检验组的输送系统 |
| Topack | Conveyor | 2 | 从灌装组到装箱/装箱组的输送系统 |
| Toship | Conveyor | 1 | 装箱/装箱组到库存的输送系统 |
| Beans | Fluid | 1 | 液体计量 |
| Cooker | Tank | 1 | 杀菌后饮料储藏容器 |
| Process | Processor | 1 | 杀菌器 |
| Pipe | Pipe | 2 | 饮料输送系统 |

2) 元素可视化(Display)设置

各个实体元素的显示特征如图 7.40 所示。

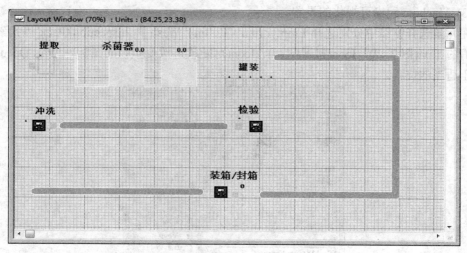

图 7.40　各个实体元素的显示特征

(1) 绘制易拉罐、散装饮料容器和纸箱图标。

① 选择系统菜单项 "View" / "Picture Gallery…"。

② 选中一个没有图标的位置，假设为 217。

③ 右击 217，选择弹出菜单中的 "Editor" 菜单项，弹出 Icon Editor 窗口，如图 7-41

所示。

选中对话框中三支笔的第一只，当选中该笔时，它将灰化；点击颜色按钮的第一个按钮，设置成白色；鼠标左键点击右侧绘图区，绘制成模型布局图中所要求的形状；勾选Monochrome 项，这样改图时才能够改变颜色；单击 OK 按钮确认。

分别在 217、218 和 219 中绘制易拉罐、散装饮料器和纸箱图标。

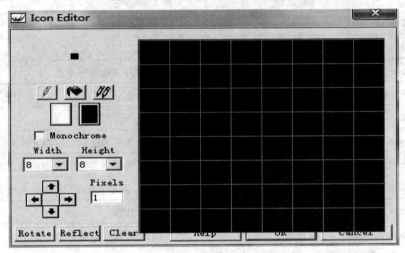

图 7.41　图标编辑窗口

(2) Buffer 元素可视化的设置。

在元素选择窗口中选择 Buffer 元素，鼠标右键点击 Display，弹出 Display 对话框，设置它的 Queue 形式和 Count 形式的 Part Queue。

(3) Machine 元素可视化的设置。

在元素选择窗口中分别选择 Emptydrum、Filltin、Wash 和 Inspection Pack 等元素，设置它们的 Text(图 7.42)、Icon(机器图标)、Icon(可随状态改变颜色的图标)和 Part Queue，并放置于适当的位置。

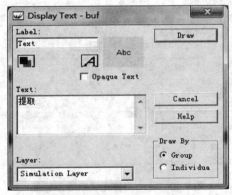

图 7.42　Display Text 对话框

(4) Conveyor 元素可视化的设置。

在元素选择窗口中分别选择 Toinspection、Topack 和 Toship 等元素，设置它们的 Path (图 7.43)。

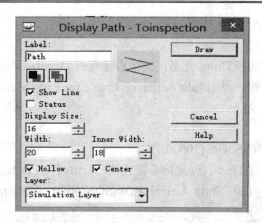

图 7.43  Display Path 对话框

(5) Tank 元素可视化的设置。

在元素选择窗口中选择 Cooker 元素，设置它的 Contents(图 7.44)和 Vessel(图 7.45)。

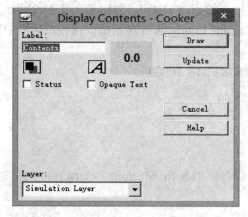

图 7.44  Display Contents 对话框

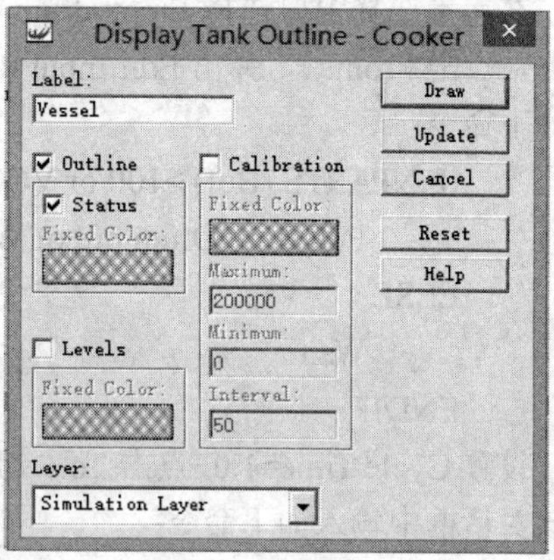

图 7.45  Display Tank Outline 对话框

(6) Process 元素可视化的设置。

在元素选择窗口中选择 Process 元素，设置它的 Contents 和 Vessel。

(7) Pipe 元素可视化的设置。

在元素选择窗口中选择 Pipe 元素，设置它的 Pipe(图 7.46)。

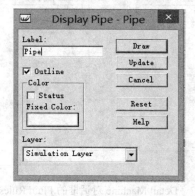

图 7.46  Display Pipe 对话框

3) 各个元素细节(Detail)设计

(1) Part 元素的细节设计。

在元素选择窗口中选择 Drum 元素，鼠标右键点击 Detail，弹出 Detail Part 对话框，点击 Action on Create…按钮，弹出 Edit Action on Create for Part Drum 对话框，在该对话框中输入如下命令：

  FLUID=beans
  CONTENTS=POISSON (10000,1)

在元素选择窗口选择 Tin 元素，鼠标右键点击 Detail，弹出 Detail Part 对话框，设置 Type 为 Active，First Arrival=120，Inter Arrival=POISSON(60,2)，Lot Size=100，在 To…中输入 Push to buf(1)。

(2) Buffer 元素 Buf 的细节设计。

  Capacity=1000

(3) Machine 元素的细节设计。

在元素选择窗口选择 Emptydrum 元素，鼠标右键点击 Detail，弹出 Detail Machine 对话框，点击 From…，弹出 Edit Input Rule for Machine Emptydrum 对话框，在该对话框中输入如下命令：

  IF NPARTS (Buf) >100 or VCONTS (COOKER) < 70000
    Pull from Drum out of World
  ELSE
    Wait
  ENDIF

设置 Cycle Time=1.0，点击 To…，弹出 Edit Output Rule for Machine Emptydrum 对话框，在该对话框中输入如下命令：

  Push to SCRAP

点击 Fluid Rules，转到如图 7.47 所示对话框，在 Emptydrum Detail 的 Volume per Part 下输入 CONTENTS，在 Relation to Cycle 中选择 After 选项，在 To…中输入 Connect with Pipe(1)。

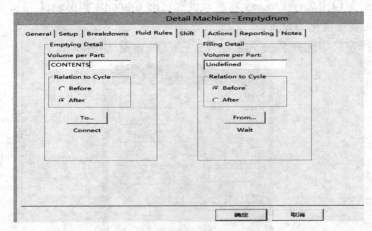

图 7.47  Detail Machine 对话框的 Fluid Rules 页面

在元素选择窗口中选择 Filltin 元素，鼠标右键点击 Detail，弹出 Detail Machine 对话框，点击 From…，弹出 Edit Input Rule for Machine Filltin 对话框，在该对话框中输入如下命令：

Pull from Buf(2)

设置 Cycle Time=0.1，点击 To…，弹出 Edit Output for Machine Filltin 对话框，在该对话框中输入如下命令：

Push to Topack at Rear

点击 Fluid Rules，转到如图 7.47 所示对话框，在 Filling Detail 的 Volume per Part 下输入 235.0，在 Relation to Cycle 中选择 Before 选项，在 From…中输入 Flow from Cooker RATE(100.0)。

在元素选择窗口中选择 Inspection 元素，鼠标右键点击 Detail，弹出 Detail Machine 对话框，点击 From…，弹出 Edit Input Rule for Machine Filltin 对话框，在该对话框中输入如下命令：

Pull from Toinspect at Front

设置 Cycle Time=0.5，点击 To…，弹出 Edit Output Rule for Machine Inspection 对话框，在该对话框中输入如下命令：

Push to Buf (2)

在元素选择窗口中选择 Pack 元素，鼠标右键点击 Detail，弹出 Detail Machine 对话框，设置 Type 为 Assembly，在 Input 下设置 Quantity=24，点击 From…，弹出 Edit Output Rule for Machine Pack 对话框，在该对话框中输入如下命令：

Pull from Topack (1) at Front

设置 Cycle Time=3.0，点击 Actions on Finish，弹出 Edit Actions on Finish Cycle for Machine Pack 对话框，在该对话框中输入如下命令：

ICON=219

点击 To…，弹出 Edit Output Rule for Machine Pack 对话框，在该对话框中输入如下命令：

Push to Toship at Rear

在元素窗口中选择 Wash 元素，鼠标右键点击 Detail，弹出 Detail Machine 对话框，设置 Type 为 General，在 Input 下设置 Quantity=10，点击 From…，弹出 Edit Input Rule for Machine Wash 对话框，在该对话框中输入如下命令：

Pull from Buf (1)

设置 Cycle Time=2.0，在 Output 下设置 Quantity=10，点击 To…，弹出 Edit Output Rule for Machine Wash 对话框，在该对话框中输入如下命令：

Push to Toinspection at Rear

(4) Conveyor 元素的细节设计。

在元素选择窗口中选择 Toinspection 元素，鼠标右键点击 Detail，弹出 Detail Conveyor 对话框(图 7.48)，设置 Type 为 Queuing，Length in Parts=25，Index Time=0.05。

在元素选择窗口中选择 Topack 元素，鼠标右键点击 Detail，弹出 Detail Conveyor 对话框，设置 Type 为 Queuing，Length in Parts=75，Index Time=0.1。

在元素选择窗口中选择 Toship 元素，鼠标右键点击 Detail，弹出 Detail Conveyor 对话框，设置 Type 为 Queuing，Length in Parts=20，Index Time=2.0。

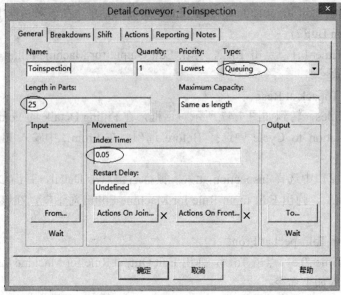

图 7.48　Detail Conveyor 对话框

(5) Tank 元素的细节设计。

在元素选择窗口中选择 Cooker 元素，鼠标右键点击 Detail，弹出 Detail Tank 对话框(图 7.49)，设置 Capacity=200000.0，点击 Fill 下的 From…，弹出 Edit Input Rule for Tank Cooker 对话框，在该对话框中输入如下命令：

Connect with Pipe (2)

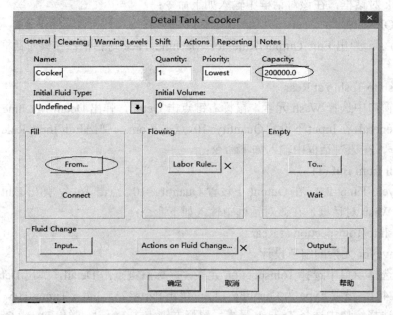

图 7.49　Detail Tank 对话框

(6) Processor 元素的细节设计。

在元素选择窗口中选择 Processor 元素，鼠标右键点击 Detail，弹出 Detail Processor 对话框(图 7.50)，设置 Capacity=100000.0，Minimum Process=75000.0，点击 Fill 下的 From…，弹出 Edit Input Rule for Processor Process 对话框，在该对话框中输入如下命令：

Connect with Pipe (1)

在 Process 下设置 Time=45.0，在 Empty 下点击 To…，弹出 Edit Output Rule for Processor Process 对话框，在该对话框中输入如下命令：

Connect with Pipe (2)

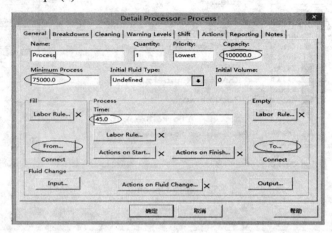

图 7.50　Detail Processor 对话框

(7) Pipe 元素的细节设计。

在元素选择窗口中选择 Pipe 元素，鼠标右键点击 Detail，弹出 Detail Pipe 对话框，设置 Capacity=10.0，在 Flow 下设置 Rate=1500.0。在 Fluid Change 下点击 Input…，弹出 Fluid Change 对话框(如图 7.51)，在 Fluid Color Change 下选中 Constant 选项，设置 Color 为饮料颜色。

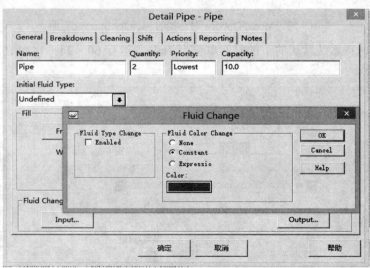

图 7.51　Fluid Chang 对话框

### 4. 模型运行和数据分析

在 Model 菜单中点击 Options(图 7.52)，弹出 Model Options 对话框，点击 Events 转到 Monitor Interval 页面，如图 7.53 所示，设置 Monitor Interval=1。

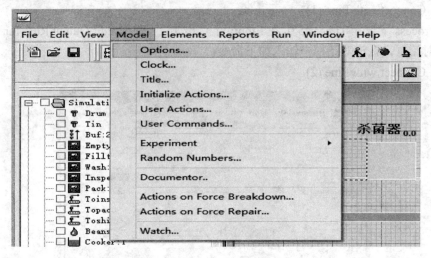

图 7.52　选择 Option…菜单项

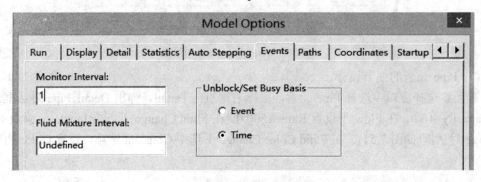

图 7.53　Model Options 对话框的 Monitor Interval 页面

模型仿真时钟系统默认的 1 的时间单位为 1min，运行 $60 \times 24 = 1440$ 仿真时间单位，如图 7.54 所示。

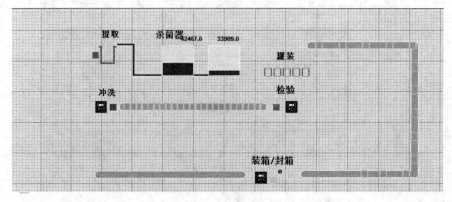

图 7.54　模型运行界面

### 5. 运行结果及分析

通过使用系统提供的 Report 工具，得到 Machine 的统计报表，如图 7.55 所示。

| Machine Statistics | Report by On Shift Time | | | | | | | | | |
|---|---|---|---|---|---|---|---|---|---|
| Name | % Idle | % Busy | % Filling | % Emptying | % Blocked | % Cycle Wait Labor | % Setup | % Broken | No. Of Operation |
| Emptydrum | 0.76 | 6.80 | 0.00 | 92.44 | 0.00 | 0.00 | 0.00 | 0.00 | 8 |
| Filltin(1) | 93.62 | 0.23 | 6.16 | 0.00 | 0.00 | 0.00 | 0.00 | 0.00 | 3 |
| Filltin(2) | 93.99 | 0.23 | 5.78 | 0.00 | 0.00 | 0.00 | 0.00 | 0.00 | 3 |
| Filltin(3) | 94.37 | 0.23 | 5.40 | 0.00 | 0.00 | 0.00 | 0.00 | 0.00 | 3 |
| Filltin(4) | 94.71 | 0.15 | 5.14 | 0.00 | 0.00 | 0.00 | 0.00 | 0.00 | 2 |
| Filltin(5) | 95.09 | 0.15 | 4.76 | 0.00 | 0.00 | 0.00 | 0.00 | 0.00 | 2 |
| Wash | 90.67 | 7.56 | 0.00 | 0.00 | 1.78 | 0.00 | 0.00 | 0.00 | 5 |
| Inspection | 93.12 | 6.88 | 0.00 | 0.00 | 0.00 | 0.00 | 0.00 | 0.00 | 18 |
| Pack | 100.0 | 0.00 | 0.00 | 0.00 | 0.00 | 0.00 | 0.00 | 0.00 | 0 |

图 7.55　Machine 的统计报表

通过改变投产顺序(如投产顺序为 10 min 20 易拉罐等)，比较采用不同的投产顺序后以下几个方面的数值：

(1) 生产时间(Time)。

(2) 设备利用率(%Busy)。

(3) 产品在该设备处的等待时间(%Block × Time)。

(4) 设备停歇时间(%Idle × Time)。

从而找出最合适的投产顺序。

# 7.5　基于 Witness 混合流水线系统的设计与优化

### 1. 混合流水线系统的描述与仿真目的

多对象流水生产有两种基本形式。一种是可变流水线，其特点是：在计划期内，按照一定的间隔期，成批轮番生产多种产品；在间隔期内，只生产一种产品；在完成规定的批量后，转生产另一种产品。

另一种是混合流水线，其特点是：在同一时间内，流水线上混合生产多种产品。按固定的混合产品组织生产，即将不同的产品按固定的比例和生产顺序编成产品组。一个组一个组地在流水线上进行生产。

下面介绍一个典型的混合流水线案例的仿真。

仿真目的：

(1) 熟悉系统元素 Route 的用法。

(2) 了解工艺视图 Process Views 的用法。

(3) 了解多原料多阶段加工仿真系统的设计。

(4) 找出影响系统的瓶颈因素，并力求对模型加以改善。

### 2. 混合流水线系统的工作流程

某一个制造车间有 5 台不同的机器，加工 A、B 和 C 三种产品。每种产品都要完成五道工序，而每道工序必须在指定的机器上按照事先规定好的工艺顺序进行。其工艺路线如图 7.56 所示。

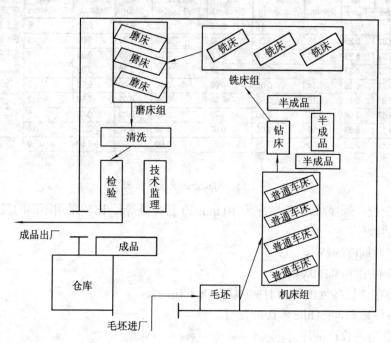

图 7.56　产品的工艺路线

假定在保持车间逐日连续工作的条件下，仿真在多对象平均化生产中采用不同投产顺序生产 1000 个 A、500 个 B、200 个 C 的工作情况。通过改变投产顺序使产量、品种、工时和负荷趋于均衡，来减少时间损失。

三种产品的工艺路线如表 7.8 所示。

表 7.8　产品加工工艺路线与各工序加工时间参数

| 产品类型 | 机器组别 | 相继工序平均服务时间/min |
|---|---|---|
| A | 1，2，3，4，5 | 5，5，4，4，6 |
| B | 1，2，3，4，5 | 4，4，3，4，3 |
| C | 1，2，3，4，5 | 4，5，3，4，1 |

产品的投产顺序为 10 个 A、5 个 B、2 个 C。

如果一项作业在特定时间到达车间，发现该组机器全都忙着，该作业就在该组机器处排入一个 FIFO 规则的队列，如果有前一天没有完成的任务，则第二天继续加工。

### 3. 仿真模型的设计

#### 1) 元素定义(Define)

本系统的元素定义如表 7.9 所示。

表 7.9　实体元素定义

| 元素名称 | 类　型 | 数　量 | 说　明 |
|---|---|---|---|
| A | Part | 1 | 产品 A |
| B | Part | 1 | 产品 B |
| C | Part | 1 | 产品 C |
| Machine001 | Machine | 1 | 机器组 1 |
| Machine002 | Machine | 1 | 机器组 2 |
| Machine003 | Machine | 1 | 机器组 3 |
| Machine004 | Machine | 1 | 机器组 4 |
| Machine005 | Machine | 1 | 机器组 5 |
| Buffers001 | Buffer | 1 | 机器组 1 的输入缓冲区 |
| Buffers002 | Buffer | 1 | 机器组 2 的输入缓冲区 |
| Buffers003 | Buffer | 1 | 机器组 3 的输入缓冲区 |
| Buffers004 | Buffer | 1 | 机器组 4 的输入缓冲区 |
| Buffers005 | Buffer | 1 | 机器组 5 的输入缓冲区 |

2) 元素可视化(Display)设置

各个实体元素的显示特征如图 7.57 所示。

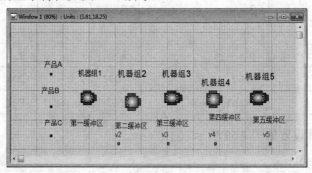

图 7.57　各个实体元素的显示特征

3) 各个元素细节(Detail)设计

(1) Buffers 元素的细节设计(表 7.10)。

表 7.10　Buffers 元素的细节设计

| 产品名称 | Capacity |
|---|---|
| Buffers001 | 1700 |
| Buffers002 | 1000 |
| Buffers003 | 1000 |
| Buffers004 | 1000 |
| Buffers005 | 1000 |

Buffers 元素的具体设置如图 7.58 所示。

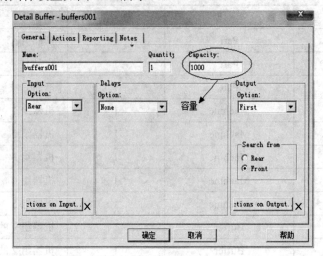

图 7.58  Detail Buffer 对话框

(2) Part 元素的细节设计(表 7.11)。

表 7.11  Part 元素的细节设计

| 产品名称 | A | B | C |
| --- | --- | --- | --- |
| Arrivals Type | Active | Active | Active |
| Inter Arrival | 3 | 3 | 3 |
| Lot Size | 10 | 5 | 2 |
| First Arrival | 0 | 1 | 2 |
| Maximum | 1000 | 500 | 200 |
| To… | Push to Route | Push to Route | Push to Route |

Part 元素的具体设置如图 7.59 所示。

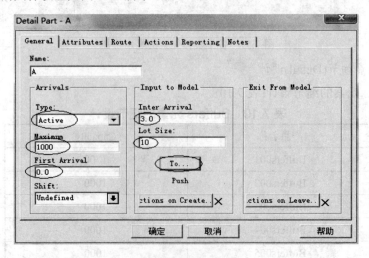

图 7.59  Detail Part 对话框

产品 A、B 和 C 的加工路径 Route 设计：通过双击各个产品图标，在弹出的对话框中选择 Route 页，如图 7.60 所示，分别进行设计。其参数设置如表 7.12 所示。

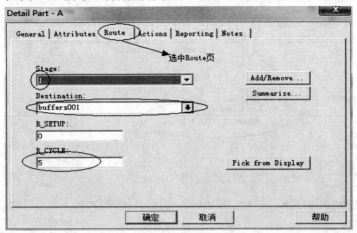

图 7.60　Route 页面

表 7.12　产品 A、B 和 C 的加工路径 Route 设计

| | | 1 | 2 | 3 | 4 | 5 | 6 |
|---|---|---|---|---|---|---|---|
| A | Stage | 1 | 2 | 3 | 4 | 5 | 6 |
| A | Destination | Buffers001 | Buffers002 | Buffers003 | Buffers004 | Buffers005 | Ship |
| A | R_CYCLE | 5 | 5 | 4 | 4 | 6 | 0 |
| B | Stage | 1 | 2 | 3 | 4 | 5 | 6 |
| B | Destination | Buffers001 | Buffers002 | Buffers003 | Buffers004 | Buffers005 | Ship |
| B | R_CYCLE | 4 | 4 | 3 | 4 | 3 | 0 |
| C | Stage | 1 | 2 | 3 | 4 | 5 | 6 |
| C | Destination | Buffers001 | Buffers002 | Buffers003 | Buffers004 | Buffers005 | Ship |
| C | R_CYCLE | 4 | 5 | 4 | 4 | 1 | 0 |

(3) Machine(机器组)元素的细节设计(表 7.13)。

表 7.13　Machine(机器组)元素的细节设计

| 机器组名称 | FROM | Cycle Time | To… |
|---|---|---|---|
| Machine001 | Pull from Buffers001 | ERLANG(R_CYCLE,1,1) | Push to Route |
| Machine002 | Pull from Buffers002 | ERLANG(R_CYCLE,1,2) | Push to Route |
| Machine003 | Pull from Buffers003 | ERLANG(R_CYCLE,1,3) | Push to Route |
| Machine004 | Pull from Buffers004 | ERLANG(R_CYCLE,1,4) | Push to Route |
| Machine005 | Pull from Buffers005 | ERLANG(R_CYCLE,1,5) | Push to Route |

Machine 元素的具体设置如图 7.61 所示。

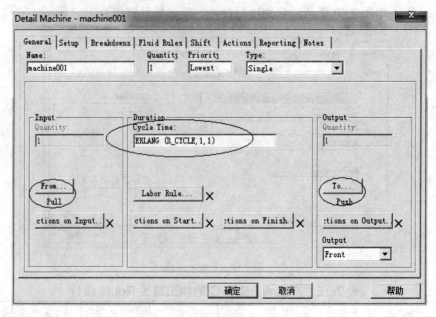

图 7.61　Detail Machine 对话框

### 4. 工艺流程图的显示

工艺流程图也称全局工艺流程图，是 Witness 提供的模型简化图。在工艺流程图中，模型中的每个元素由一个方框和元素名称来表示，如果某一元素的数量多于 1 个，也仅显示一个框图；各元素之间的输入/输出关系由带方向的线条表示；不过它不显示元素中所包含的函数或变量等逻辑元素。

选择"View" / "Process Views…"菜单项，得到 Process Views 对话框，在该对话框中设定工艺流程图的显示窗口、字体颜色和布局方式等内容。设计完毕后，即得到工艺流程图，如图 7.62 所示。

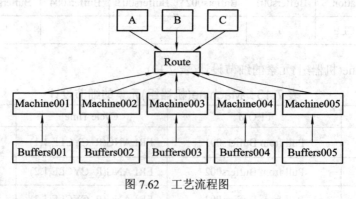

图 7.62　工艺流程图

### 5. 模型运行和数据分析

模型仿真时钟取系统默认的 1 的时间单位 1 min，按如图 7.63 所示操作，最后得出总的加工时间 8446.6 min。

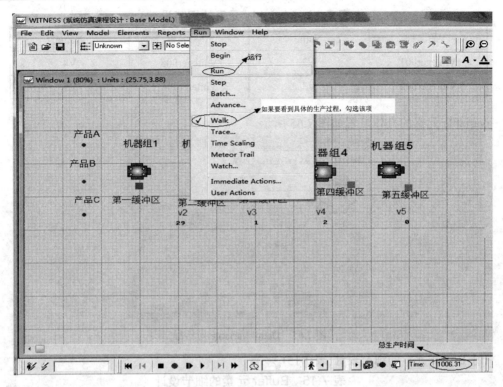

图 7.63　模型仿真界面

### 6. 统计在制品数

如果要统计出在制品数在什么时候能到达最大值，可以考虑添加变量来统计出每个
Buffer 中的数量，并用图表表示出来。

1) 新增加元素可视化(Display)设置

各个实体元素的显示特征如图 7.64 所示。

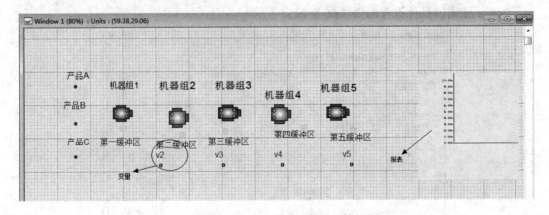

图 7.64　各个实体元素的显示特征

2) 新增加元素细节(Detail)设计

(1) Variable 元素的细节设计(表 7.14)。

表 7.14　Variable 元素的细节设计

| 产品名称 | Name | 产品名称 | Name |
| --- | --- | --- | --- |
| Vinteger001 | V2 | Vinteger003 | V4 |
| Vinteger002 | V3 | Vinterer004 | V5 |

Variable 元素的具体设置如图 7.65 所示。

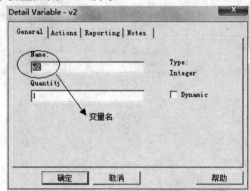

图 7.65　Detail Variable 对话框

(2) Buffer 元素的细节设计(表 7.15)。

表 7.15　Buffer 元素的细节设计

| 产品名称 | Action on Input | Action on Output |
| --- | --- | --- |
| Buffers002 | V2 = V2 + 1 | V2 = V2 − 1 |
| Buffers003 | V3 = V3 + 1 | V3 = V3 − 1 |
| Buffers004 | V4 = V4 + 1 | V4 = V4 − 1 |
| Buffers005 | V4 = V5 + 1 | V5 = V5 − 1 |

Buffer 元素的具体设置如图 7.66 所示。

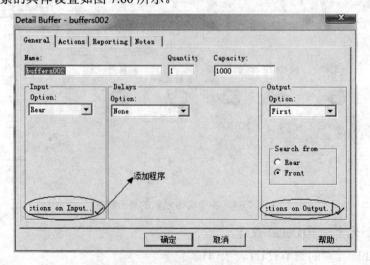

图 7.66　Detail Buffer 对话框

(3) Timeseries 元素的细节设计。

选择 Timeseries 统计报表，点击鼠标右键，选择 Detail 选项，具体设置如图 7.67 所示。

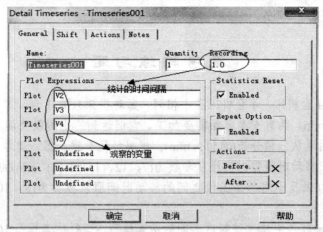

图 7.67　Detail Timeseries 对话框

3) 运行结果与分析

通过比较最大在制品数，可以方便地发现瓶颈。

Timeseries 的统计报表如图 7.68 所示。

| Name | Plot | Mean | Standard Deviation | Min Value | Min Recorded | Max Value | Max Recorded At | Observation Index | Observation Value | Observation Time |
|---|---|---|---|---|---|---|---|---|---|---|
| 报表 | 1 | 19.3 | 0.7810 | 0.0000 | 1.0000 | 21.000 | 452.00 | | | |
| | | | | | | | | 1 | 19.000 | 465.00 |
| | | | | | | | | 2 | 19.000 | 466.00 |
| | | | | | | | | 3 | 19.000 | 467.00 |
| | | | | | | | | 4 | 19.000 | 468.00 |
| | | | | | | | | 5 | 18.000 | 469.00 |
| | | | | | | | | 6 | 19.000 | 470.00 |
| | | | | | | | | 7 | 20.000 | 471.00 |
| | | | | | | | | 8 | 19.000 | 472.00 |
| | | | | | | | | 9 | 20.000 | 473.00 |
| | | | | | | | | 10 | 21.000 | 474.00 |
| 报表 | 2 | 2.70 | 1.1000 | 0.0000 | 1.0000 | 4.0000 | 299.00 | | | |
| | | | | | | | | 1 | 1.0000 | 465.00 |
| | | | | | | | | 2 | 1.0000 | 466.00 |
| | | | | | | | | 3 | 2.0000 | 467.00 |
| | | | | | | | | 4 | 2.0000 | 468.00 |
| | | | | | | | | 5 | 3.0000 | 469.00 |
| | | | | | | | | 6 | 3.0000 | 470.00 |
| | | | | | | | | 7 | 3.0000 | 471.00 |
| | | | | | | | | 8 | 4.0000 | 472.00 |
| | | | | | | | | 9 | 4.0000 | 473.00 |
| | | | | | | | | 10 | 4.0000 | 474.00 |
| 报表 | 3 | 0.00 | 0.0000 | 0.0000 | 1.0000 | 7.0000 | 87.000 | | | |
| | | | | | | | | 1 | 0.0000 | 465.00 |
| | | | | | | | | 2 | 0.0000 | 466.00 |
| | | | | | | | | 3 | 0.0000 | 467.00 |
| | | | | | | | | 4 | 0.0000 | 468.00 |
| | | | | | | | | 5 | 0.0000 | 469.00 |
| | | | | | | | | 6 | 0.0000 | 470.00 |
| | | | | | | | | 7 | 0.0000 | 471.00 |
| | | | | | | | | 8 | 0.0000 | 472.00 |
| | | | | | | | | 9 | 0.0000 | 473.00 |
| | | | | | | | | 10 | 0.0000 | 474.00 |
| 报表 | 4 | 4.30 | 0.4583 | 0.0000 | 1.0000 | 8.0000 | 390.00 | | | |
| | | | | | | | | 1 | 4.0000 | 465.00 |
| | | | | | | | | 2 | 4.0000 | 466.00 |
| | | | | | | | | 3 | 4.0000 | 467.00 |

图 7.68　Timeseries 统计报表

通过改变投产顺序(如投产顺序为 5 个 B，10 个 A，2 个 C 等)，比较采用不同的投产顺序后以下几个方面的数值：

(1) 生产时间(Time)。

(2) 设备利用率(%Busy)。

(3) 产品在该设备处的等待时间(%Block × Time)。

(4) 设备停歇时间(%Idle × Time)。

从而找出最合适的投产顺序。

# 思考与练习题

1. 某车间有 4 台机床，4 台机床各不相同，每种机床只有 1 台。零件按指数分布到达车间，间隔为 10 min。共有 5 类零件需要加工，它们达到的比例以及加工计划如表 7.16 所示，其中加工时间服从三角分布(单位：min)。根据经验数据，第一类零件在到达工位以及不同加工工位之间移动时所需时间服从参数为(7，12，15)(单位：min)的三角分布，其余 4 类零件在到达工位以及不同加工工位之间的移动时间服从参数为(8，10，12)(单位：min)的三角分布。要求：

(1) 在 Witness 软件中建立该制造车间的仿真模型，运行仿真模型 1000 h，仿真次数为 5 次，分析系统生产效率、各工位利用率和堵塞率等数据，并提出改进方案。

(2) 在完成系统建模、仿真和结果分析的基础上，撰写仿真分析报告，提交仿真模型及报告。

表 7.16    习题 1 表

| 零件号 | 百分比/(%) | 工序号 | 所用机床号 | 加工时间/min |
|--------|-----------|--------|-----------|-------------|
| 零件 1 | 12 | 1 | 机床 1 | 10.5，11.9，13.2 |
|  |  | 2 | 机床 2 | 7.1，8.5，9.8 |
|  |  | 3 | 机床 3 | 6.7，8.8，10.1 |
|  |  | 4 | 机床 4 | 6，8.9，10.3 |
| 零件 2 | 14 | 1 | 机床 1 | 7.3，8.6，10.1 |
|  |  | 2 | 机床 3 | 5.4，7.2，11.3 |
|  |  | 3 | 机床 2 | 9.6，11.4，15.3 |
| 零件 3 | 31 | 1 | 机床 2 | 8.7，9.9，12 |
|  |  | 2 | 机床 4 | 8.6，10.3，12.8 |
|  |  | 3 | 机床 1 | 10.3，12.4，14.8 |
|  |  | 4 | 机床 3 | 8.4，9.7，11 |
| 零件 4 | 24 | 1 | 机床 3 | 7.9，9.4，10.9 |
|  |  | 2 | 机床 4 | 7.6，8.9，10.3 |
|  |  | 3 | 机床 3 | 6.5，8.3，9.7 |
|  |  | 4 | 机床 2 | 6.7，7.8，9.4 |
| 零件 5 | 19 | 1 | 机床 2 | 5.6，7.1，8.8 |
|  |  | 2 | 机床 1 | 5.6，7.1，8.8 |
|  |  | 3 | 机床 4 | 9.1，10.7，12.8 |

2. 选择典型的制造系统(如齿轮生产车间、摩托车装配线、模具制造车间、数控机床装配车间等)、物流系统(公共汽车、运输公司、公交线路、物流中心、配送中心等)或服务系统(如理发店、食堂、超市、图书馆、银行、邮局等)，分析系统结构和功能，采集系统基础数据，采用 Witness 软件建立系统仿真模型，根据仿真运行结果评价系统性能，并对系统配置、参数及性能进行优化。

# 参 考 文 献

[1] Law A M. Simulation Modeling and Analysis[M]. 4ed. 影印版. 北京：清华大学出版社，2009.

[2] Banks J, 等. 离散事件系统仿真[M].肖田元，范文慧，译. 北京：机械工业出版社，2007.

[3] Roff J T. UML 基础教程[M]. 张瑜，等译. 北京：清华大学出版社，2003.

[4] Schmuller J. UML 基础、案例及应用[M]. 李虎，等译. 北京：人民邮电出版社，2002.

[5] 冯允成，杜端甫，梁叔平. 系统仿真及其应用[M]. 北京：机械工业出版社，1992.

[6] 顾启泰. 离散事件系统建模与仿真[M]. 北京：清华大学出版社，1999.

[7] 冯允成，邹志红，周泓. 离散系统仿真[M]. 北京：机械工业出版社，1998.

[8] 白思俊，等. 系统工程[M]. 北京：电子工业出版社，2006.

[9] 方美琪，张树人. 复杂系统建模与仿真[M]. 北京：中国人民大学出版社，2005.

[10] 胡斌，周明. 管理系统模拟[M]. 北京：清华大学出版社，2008.

[11] 齐欢，王小平. 系统建模与仿真[M]. 北京：清华大学出版社，2004.

[12] 冯惠君，冯允成. 面向对象的仿真综述[J]. 系统仿真学报，1995，7(3)：58-64.

[13] 郭齐胜，等. 系统建模[M]. 北京：国防工业出版社，2006.

[14] 郭齐胜，董志明，李亮，等. 系统建模与仿真[M]. 北京：国防工业出版社，2007.

[15] 孙小明. 生产系统建模与仿真[M]. 上海：上海交通大学出版社，2006.

[16] 侯扬，范秀敏，严隽琪，等. 基于仿真的制造系统对象建模及其应用[J]. 计算机集成制造系统-CIMS，2001(5)：42-46.

[17] 周明，胡斌. 计算机仿真原理及其应用[M]. 武汉：华中科技大学出版社，2005.

[18] 李忠学，武福，等. 现代制造系统[M]. 西安：西安电子科技大学出版社，2013.

[19] 黄科棣，查亚兵. 系统仿真可靠性研究综述[J]. 系统仿真学报，1997，9(1)：4-9.

[20] 刘兴堂，吴晓燕. 现代系统建模与仿真技术[M]. 西安：西北工业大学出版社，2001.

[21] 沈斌，陈炳森，张曙. 生产系统学[M]. 2 版. 上海：同济大学出版社，1999.

[22] 周泓，邓修权，高德华. 生产系统建模与仿真[M]. 北京：机械工业出版社，2012.

[23] 苏春. 制造系统建模与仿真[M]. 北京：机械工业出版社，2008.

[24] 彭扬，吴承健. 物流系统建模与仿真[M]. 杭州：浙江大学出版社，2009.

[25] 王亚超，马汉武，等. 生产物流系统建模与仿真[M]. 北京：科学出版社，2006.

[26] 李永先. 物流系统仿真研究综述[J]. 系统仿真学报，2007(7)：1411-1416.

[27] 王维平，等. 离散事件系统建模与仿真[M]. 2 版. 北京：科学出版社，2007.

[28] 贾国柱. 基于 Petri 网建模与仿真的制造企业生产系统流程再造方法[J]. 系统工程，2007，25(3)：46-54.

[29] 肖田元，张燕云，陈加栋. 系统仿真导论[M]. 北京：清华大学出版社，2000.

[30] 王永利，朱小冬，张柳. 离散事件系统模拟[M]. 北京：北京航空航天大学出版社，2003.

[31] 王红卫. 建模与仿真[M]. 北京：科学出版社，2002.

[32] 郑永前，周炳海，陆志强，等. 生产系统工程[M]. 北京：机械工业出版，2011.

[33] 贾仁耀，刘湘伟. 建模与仿真的校核与验证技术综述[J]. 计算机仿真，2007，24(4)：49-52.

[34] 贾启君，王凤岐，郭伟. 计算机仿真在生产系统分析中的应用[J]. 工业工程，2004，7(2)：42-46.

[35] 江志斌. Petri 网及其在制造系统建模与控制中的应用[M]. 北京：机械工业出版 社，2004.

[36] 隽志才，孙宝凤. 物流系统仿真[M]. 肖田元，范文慧，译. 北京：电子工业出版社，2007.

[37] 廖瑛，邓方林，梁加红，等. 系统建模与仿真的校核、验证与确认(VV&A)技术[M]. 长沙：国防科技大学出版社，2006.

[38] 许晓栋，李从心. 基于 UML 的车间作业管理系统建模研究[J]. 计算机工程，2006，32(15)：227-229.

[39] 徐之伟，刘永贤，盛忠起. 基于 UML 的装备制造产品生产线仿真模型与实现[J]. 组合机床与自动化加工技术，2006(12)：96-101.

[40] 谢子松，武友新，牛德雄，等. 基于 UML 的工作流建模的研究与应用[J]. 计算 机系统应用，L2005(12)：22-25.

[41] 王养延，等.UML 基础与应用[M]. 北京：清华大学出版社，2006.

[42] 李云峰. 系统仿真 VV&A 的研究与发展[J]. 武汉大学学报，工学版，2004，37(4)：101-104.

[43] 林健. 三阶段法与活动周期图[J]. 北京航空航天大学学报，1995，21(3)：76-82.

[44] 刘庆泓，陈德源，王子才. 系统建模与仿真校核、验证与确认综述[J]. 系统仿真学报，2003，15(7)：925-930.

[45] 马光毅，郭荷清，黎伟健，等. 面向对象建模方法研究[J]. 华南师范大学学报：自然科学版，1999(1)：53-58.

[46] 孙成松，花传杰，李永. 关于仿真可信度评估及仿真 VV&A 的探讨[J]. 计算机仿真，2005，22(5)：74-77.

[47] 孙雅峰，黄芝平，杨小品. 建模与仿真 VV&A 技术研究与发展[J]. 电子测量技术，2009，32(8)：1-4,11.

[48] 唐见兵，黄晓慧，焦鹏，等. 复杂大系统仿真的 VV&A 理论及过程研究[J]. 国防科技大学学报，2009，31(3)：122-126，131.

[49] 魏华梁，单家元，李钟武. 建模与仿真过程及模型 VV&A[J]. 计算机仿真，2001，18(1)：7-10.

[50] 吴晓燕，刘兴堂，任淑红. 仿真系统 VV&A 研究[J]. 空军工程大学学报：自然科学版，2006，7(5)：91-94.

[51] 许素红，吴晓燕，刘兴堂. 关于建模与仿真 VV&A 原则的研究[J]. 计算机仿真，2003，20(8)：39-42.

[52] 宣慧玉，张发. 复杂系统仿真及应用[M]. 北京：清华大学出版社，2008.

[53] 宣慧玉，高宝俊. 管理与社会经济系统仿真[M]. 武汉：武汉大学出版社，2002.

[54] 张晓华. 系统建模与仿真[M]. 北京：清华大学出版社，2006.

[55] 张青山，赵忠华. 生产系统的演变及其演变规律[J]. 系统工程，2001，19(2)：25-28.

[56] 张晓萍，等. 物流系统仿真原理与应用[M]. 北京：中国物资出版社，2005.

[57] 张发，宣慧玉，赵巧霞. 复杂系统多主体仿真方法论[J]. 系统仿真学报，2009，21(8)：2386-2390.

[58] 徐晓飞，许映秋，谈英姿. 基于多智能体的企业生产运作系统仿真与实现[J]. 系统仿真技术，2009，5(2)：116-121.

[59] 张晓萍. 仿真技术及其在生产中的应用[J]. 计算机辅助设计与制造，1995(5)：22-24.

[60] 高焕明，王爱民，陈华伟，等. 面向机加与装配混合生产系统的建模与仿真技术[J]. 机械工程学报，2010(19)：155-164.

[61] 朱华炳，吴文涛. 基于 UML 的桥壳生产系统仿真建模研究[J]. 制造技术与机床，2009(12)：151-154.

[62] 赵美云，许和国，瞿夔. 基于 Witness 的某企业生产系统改进仿真研究[J]. 三峡大学学报，2011，33(2)：88-91.

[63] 唐一，周炳海. 基于 Witness 仿真的生产线规划评价[J]. 组合机床与自动化加工技术，2009(07).

[64] 朱华炳，吕冬梅. 基于 Witness 的生产物流系统仿真与优化[J]. 机械工程师，2006(03)：135-137.

[65] 李兵. WITNESS 环境下的服务系统仿真建模[J]. 时代经贸，2006(03).

[66] 韦尧兵，谢晓利，雷春丽. 基于 Witness 的配送中心系统仿真设计[J]. 中国制造业信息化，2007(17)：12-14，18.

[67] 刘加友. 基于 WITNESS 的集装箱码头闸口仿真分析[J]. 中国水运：学术版，2007(10)：51-53.

[68] 王建青，邵延君. 基于 WITNESS 的排队系统仿真[J]. 机械管理开发，2008(01)：96-97.

[69] 高丽娜，王亚超，张玉波. 基于 Witness 2003 仿真技术的图书馆服务系统的仿真实现及优化分析[J]. 现代图书情报技术，2005(12)：78-81.

[70] 夏守长，奚立峰，王炬香，等. WITNESS 环境下基于改进型 IDEF3 方法的离散事件仿真建模[J]. 上海交通大学学报，2004(06)：49-50.

[71] Australian Defense Simulation Office. Simulation Verification, Validation and Accreditation Guide [S]. Canberra: Department of Defense, 2005.

[72] Banks J. Handbook of Simulation: Principles, Methodology, Advances, Application, and Practice [M]. New York :John Wiley,1998.

[73] Banks J. Getting Started with AutoMod[M]. Bountiful: AutoSimulations Inc, 2000.

[74] Anglani A, Grieco A, Pacella M, et al.Object-oriented Modeling and Simulation of Flexible Manufacturing Systems: A Rule-based Procedure. Simulation Modelling Practice and Theory. 2002(05): 46-51.

[75] Sargent R G. Verification and Validation of Simulation Models[R]. Proceedings of the 1998 Winter Simulation Conference, 1998: 121-130.

[76] Tsinarakis G J, Tsourveloudisn C, Valavanis K P.Studying Multi-assembly Machine

Production Systems with Hybrid Timed Petri-nets[R]. Proceedings of the2005IEEE International Conference on Automation Science and Engineering, August1-2, 2005：285-293.

[77]    Wainer G A. Discrete-Event Modeling and Simulation: A Practitioner's Approach [M]. Boca Raton: Taylor & Francis Group, 2009.

[78]    Witness 中国官方网站：www.witness-china.com.

[79]    Arena 官方网站：www.arenasimulation.com.

[80]    Flexsim 官方网站：www.flexsim.com.